中宣部2022年主题出版重点出版物

"十四五"国家重点图书出版规划项目

纪录小康工程

全面建成小康社会

云南大事记
YUNNAN DASHIJI

本书编写组 编

云南出版集团
云南人民出版社

责任编辑：杨昆芹
封面设计：石笑梦　马　滨
版式设计：胡欣欣　马　滨

图书在版编目（CIP）数据

全面建成小康社会云南大事记/本书编写组编．—昆明：云南人民出版社，
　2022.10
（"纪录小康工程"地方丛书）
ISBN 978－7－222－21069－1

Ⅰ．①全…　Ⅱ．①本…　Ⅲ．①小康建设－大事记－云南　Ⅳ．①F127.74

中国版本图书馆 CIP 数据核字（2022）第 093933 号

全面建成小康社会云南大事记

QUANMIAN JIANCHENG XIAOKANG SHEHUI YUNNAN DASHIJI

本书编写组

云南出版集团　云南人民出版社　出版发行
（650034　昆明市环城西路 609 号）

昆明瑆煋印务有限公司印刷　新华书店经销

2022 年 10 月第 1 版　2022 年 10 月昆明第 1 次印刷
开本：710 毫米 × 1000 毫米 1/16　印张：19
字数：240 千字
ISBN 978－7－222－21069－1　定价：67.00 元

邮购地址 650034　昆明市环城西路 609 号
图书销售中心　电话：(0871) 64108507

版权所有·侵权必究

凡购买本社图书，如有印制质量问题，我社负责调换。
服务电话：(0871) 64191534

总　序
为民族复兴修史　为伟大时代立传

　　小康，是中华民族孜孜以求的梦想和夙愿。千百年来，中国人民一直对小康怀有割舍不断的情愫，祖祖辈辈为过上幸福美好生活劳苦奋斗。"民亦劳止，汔可小康""久困于穷，冀以小康""安得广厦千万间，大庇天下寒士俱欢颜"……都寄托着中国人民对小康社会的恒久期盼。然而，这些朴素而美好的愿望在历史上却从来没有变成现实。中国共产党自成立那天起，就把为中国人民谋幸福、为中华民族谋复兴作为初心使命，团结带领亿万中国人民拼搏奋斗，为过上幸福生活胼手胝足、砥砺前行。夺取新民主主义革命伟大胜利，完成社会主义革命和推进社会主义建设，进行改革开放和社会主义现代化建设，开创中国特色社会主义新时代，经过百年不懈奋斗，无数中国人摆脱贫困，过上衣食无忧的好日子。

　　特别是党的十八大以来，以习近平同志为核心的党中央统揽中华民族伟大复兴战略全局和世界百年未有之大变局，团结带领全党全国各族人民统筹推进"五位一体"总体布局、协调推进"四个全面"战略布局,万众一心战贫困、促改革、抗疫情、谋发展,党和国家事业取得历史性成就、发生历史性变革。在庆祝中国共产党成立100周年大会上,习近平总书记庄严宣告:"经过全党全国各族人民持续奋斗,我们实现了第一个百年奋斗目标,在中华大地上全面建成了小康社会,历史性地解决了绝对贫困问题,正在意气风发向着全面建成社会主义现代化强国的第二个百年奋斗目标迈进。"

这是中华民族、中国人民、中国共产党的伟大光荣!这是百姓的福祉、国家的进步、民族的骄傲!

全面小康,让梦想的阳光照进现实、照亮生活。从推翻"三座大山"到"人民当家作主",从"小康之家"到"小康社会",从"总体小康"到"全面小康",从"全面建设"到"全面建成",中国人民牢牢把命运掌握在自己手上,人民群众的生活越来越红火。"人民对美好生活的向往,就是我们的奋斗目标。"在习近平总书记坚强领导、亲自指挥下,我国脱贫攻坚取得重大历史性成就,现行标准下9899万农村贫困人口全部脱贫,建成世界上规模最大的社会保障体系,居民人均预期寿命提高到78.2岁,人民精神文化生活极大丰富,生态环境得到明显改善,公平正义的阳光普照大地。今天的中国人民,生活殷实、安居乐业,获得感、幸福感、安全感显著增强,道路自信、理论自信、制度自信、文化自信更加坚定,对创造更加美好的生活充满信心。

全面小康,让社会主义中国焕发出蓬勃生机活力。经过长期努力特别是党的十八大以来伟大实践，我国经济实力、科技实力、国防实力、综合国力跃上新的大台阶，成为世界第二大经济体、第一大工业国、第一大货物贸易国、第一大外汇储备国，国内生产总值从1952年的679亿元跃升至2021年的114万亿元，人均国内生产总值从1952年的几十美元跃升至2021年的超过1.2万美元。把握新发展阶段、贯彻新发展理念、构建新发展格局、推动高质量发展，全面建设社会主义现代化国家，我们的物质基础、制度基础更加坚实、更加牢靠。全面建成小康社会的伟大成就充分说明，在中华大地上生气勃勃的创造性的社会主义实践造福了人民、改变了中国、影响了时代，世界范围内社会主义和资本主义两种社会制度的历史演进及其较量发生了有利于社会主义的重大转变，社会主义制度优势得到极大彰显，中国特色社会主义道路越走越宽广。

全面小康，让中华民族自信自强屹立于世界民族之林。中华民族有五千多年的文明历史，创造了灿烂的中华文明，为人类文明进步作出了卓越贡献。近代以来，中华民族遭受的苦难之重、付出的牺牲之大，世所罕见。中国共产党带领中国人民从沉沦中觉醒、从灾难中奋起，前赴后继、百折不挠，战胜各种艰难险阻，取得一个个伟大胜利，创造一个个发展奇迹，用鲜血和汗水书写了中华民族几千年历史上最恢宏的史诗。全面建成小康社会，见证了中华民族强大的创造力、坚韧力、爆发力，见证了中华民族自信自强、守正创新精神气质的锻造与激扬，实现中华民族伟大复兴有了更为主动的精神力量，进入不可逆转的历史进程。今天，我们比历史上任何时期都更接近、更有信心和能力实现中华民族伟大复兴的目标，中国人民的志气、骨气、底气极大增强，奋进新征程、建功新时代有着前所未有的历史主动精神、历史创造精神。

全面小康，在人类社会发展史上写就了不可磨灭的光辉篇章。中华民族素有和合共生、兼济天下的价值追求，中国共产党立志于为人类谋进步、为世界谋大同。中国的发展，使世界五分之一的人口整体摆脱贫困，提前十年实现联合国2030年可持续发展议程确定的目标，谱写了彪炳世界发展史的减贫奇迹，创造了中国式现代化道路与人类文明新形态。这份光荣的胜利，属于中国，也属于世界。事实雄辩地证明，人类通往美好生活的道路不止一条，各国实现现代化的道路不止一条。全面建成小康社会的中国，始终站在历史正确的一边，站在人类进步的一边，国际影响力、感召力、塑造力显著提升，负责任大国形象充分彰显，以更加开放包容的姿态拥抱世界，必将为推动构建人类命运共同体、弘扬全人类共同价值、建设更加美好的世界作出新的更大贡献。

回望全面建成小康社会的历史，伟大历程何其艰苦卓绝，伟大胜利何其光辉炳耀，伟大精神何其气壮山河！

这是中华民族发展史上矗立起的又一座历史丰碑、精神丰碑！这座丰碑，凝结着中国共产党人矢志不渝的坚持坚守、博大深沉的情怀胸襟，辉映着科学理论的思想穿透力、时代引领力、实践推动力，镌刻着中国人民的奋发奋斗、牺牲奉献，彰显着中国特色社会主义制度的强大生命力、显著优越性。

因为感动,所以纪录;因为壮丽,所以丰厚。恢宏的历史伟业,必将留下深沉的历史印记,竖起闪耀的历史地标。

中央宣传部牵头,中央有关部门和宣传文化单位,省、市、县各级宣传部门共同参与组织实施"纪录小康工程",以为民族复兴修史、为伟大时代立传为宗旨,以"存史资政、教化育人"为目的,形成了数据库、大事记、系列丛书和主题纪录片4方面主要成果。目前已建成内容全面、分类有序的4级数据库,编纂完成各级各类全面小康、脱贫攻坚大事记,出版"纪录小康工程"丛书,摄制完成纪录片《纪录小康》。

"纪录小康工程"丛书包括中央系列和地方系列。中央系列分为"擘画领航""经天纬地""航海梯山""踔厉奋发""彪炳史册"5个主题,由中央有关部门精选内容组织编撰;地方系列分为"全景录""大事记""变迁志""奋斗者""影像记"5个板块,由各省(区、市)和新疆生产建设兵团结合各地实际情况推出主题图书。丛书忠实纪录习近平总书记的小康情怀、扶贫足迹,反映党中央关于全面建成小康社会重大决策、重大部署的历史过程,展现通过不懈奋斗取得全面建成小康社会伟大胜利的光辉历程,讲述在决战脱贫攻坚、决胜全面小康进程中涌现的先进个人、先进集体和典型事迹,揭示辉煌成就和历史巨变背后的制度优势和经验启示。这是对全面建成小康社会伟大成就的历史巡礼,是对中国共产党和中国人民奋斗精神的深情礼赞。

历史昭示未来，明天更加美好。全面建成小康社会，带给中国人民的是温暖、是力量、是坚定、是信心。让我们时时回望小康历程，深入学习贯彻习近平新时代中国特色社会主义思想，深刻理解中国共产党为什么能、马克思主义为什么行、中国特色社会主义为什么好，深刻把握"两个确立"的决定性意义，增强"四个意识"、坚定"四个自信"、做到"两个维护"，以坚如磐石的定力、敢打必胜的信念，集中精力办好自己的事情，向着实现第二个百年奋斗目标、创造中国人民更加幸福美好生活勇毅前行。

目　录

一九四九年 …………………………………………………… 1
一九五〇年 …………………………………………………… 2
一九五一年 …………………………………………………… 4
一九五二年 …………………………………………………… 6
一九五三年 …………………………………………………… 8
一九五四年 …………………………………………………… 10
一九五五年 …………………………………………………… 12
一九五六年 …………………………………………………… 13
一九五七年 …………………………………………………… 15
一九五八年 …………………………………………………… 16
一九五九年 …………………………………………………… 18
一九六〇年 …………………………………………………… 20
一九六一年 …………………………………………………… 21
一九六二年 …………………………………………………… 22
一九六三年 …………………………………………………… 23
一九六四年 …………………………………………………… 24
一九六五年 …………………………………………………… 25
一九六六年 …………………………………………………… 26

一九六七年	27
一九六八年	28
一九六九年	29
一九七〇年	30
一九七一年	31
一九七二年	32
一九七三年	33
一九七四年	34
一九七五年	35
一九七六年	36
一九七七年	37
一九七八年	39
一九七九年	41
一九八〇年	43
一九八一年	46
一九八二年	48
一九八三年	51
一九八四年	53
一九八五年	55
一九八六年	57
一九八七年	59
一九八八年	62
一九八九年	65
一九九〇年	68
一九九一年	72

一九九二年	76
一九九三年	80
一九九四年	83
一九九五年	86
一九九六年	89
一九九七年	92
一九九八年	95
一九九九年	100
二〇〇〇年	104
二〇〇一年	108
二〇〇二年	112
二〇〇三年	116
二〇〇四年	121
二〇〇五年	126
二〇〇六年	129
二〇〇七年	135
二〇〇八年	138
二〇〇九年	143
二〇一〇年	149
二〇一一年	156
二〇一二年	163
二〇一三年	169
二〇一四年	175
二〇一五年	183
二〇一六年	190

二〇一七年 ……………………………………………………………… 199

二〇一八年 ……………………………………………………………… 209

二〇一九年 ……………………………………………………………… 215

二〇二〇年 ……………………………………………………………… 227

二〇二一年 ……………………………………………………………… 260

后　　记 ………………………………………………………………… 291

一九四九年

12月9日 10月1日，中华人民共和国宣告成立。经过中国共产党长期的、多层次、多渠道的统战工作，促成了卢汉在昆明率部起义，宣布接受中国共产党的领导，欢迎解放军入滇。12月12日，云南人民临时军政委员会成立，卢汉任主席。

12月11日 毛泽东主席和朱德总司令致电卢汉："云南宣告脱离国民党反动政府，服从中央人民政府，加速西南解放战争之进展，必为全国人民所欢迎。"

12月16日—22日 在中国人民解放军的进击下，进攻昆明的国民党军队向南撤退，昆明保卫战胜利结束。

12月26日 中共云南地方组织创办的《云南人民日报》创刊。

一九五〇年

2月23日 中共云南省委发出《关于财经工作的指示》，指出要迅速征粮、收税，开展贸易等工作增加收入。征粮中要统一货币，执行公平合理负担政策，促进城乡物资交流，活跃经济。

2月24日 全省地师以上领导干部会议在昆明召开。中国人民解放军第二野战军第四兵团司令员陈赓在会上宣布："解放军和云南人民、云南的党会师了，云南从今天起已经完全获得解放了！"会上，中共云南省委委员周保中传达了刘少奇、朱德、周恩来、陈云等中央领导人对云南工作的指示。会上宣布：云南解放，中共云南省委成立，中共滇桂黔边区委员会工作结束。以此会议为标志，云南历史翻开了新的一页。云南的社会主义革命和建设事业开始了一个新的伟大征程，云南各族人民进入了翻身解放、当家作主的新时代。2000年1月17日，中共云南省委确认1950年2月24日为云南解放日。

2月28日 中共中央西南局向中共中央提出中共云南省委的组成人员及干部分工意见，宋任穷任省委第一书记，陈赓任省委第二书记。3月6日，中共中央批准同意。

3月4日 中国人民解放军西南军区昆明市军事管制委员会成立，陈赓任主任，周保中任副主任。

3月8日 中国人民银行昆明分行正式成立，开始对外营业。为统一货币、统一金融工作和加强金融管理，军管会宣布人民币为市场流通的唯一合法货币。

3月10日 中央人民政府政务院任命卢汉为云南省军政委员会主任，宋任穷、周保中为副主任。

同日 经中央人民政府政务院第23次会议通过，提请中央人民政府批准，正式成立云南省人民政府。3月24日，中央人民政府政务院任命陈赓为云南省人民政府主席，周保中、张冲、杨文清为副主席。

6月27日 省政府发布《关于严禁鸦片烟毒的指示》，全省开展了声势浩大的禁绝鸦片烟毒的斗争。12月9日，云南省禁烟委员会成立，各专区、县也相继成立禁毒领导机构。

7月20日—31日 中国共产党云南省第一次代表会议在昆明召开。会议强调，要保证全党的高度统一，结束独立分散、各自为政的游击状态，加强全党的组织性、纪律性，建立和加强各级党委制。

8月3日—19日 云南省第一次农民代表会议在昆明召开。会议着重讨论即将开始的减租退押群众运动问题，通过《云南农民协会组织章程》，发出《为实行减租退押告农民书》。至1951年9月，减租退押运动基本结束。

8月6日 中央访问团第二分团（即云南分团）到达昆明，访问团先后访问了全省9个专区、42个县，历时10个月。

12月25日—翌年1月2日 云南省第一届第一次各界人民代表会议在昆明召开，正式组成云南省各界人民代表会议协商委员会，选举周保中为主席，张冲、由云龙、白小松为副主席。此后，全省政治协商的机制逐步健全。

一九五一年

1月1日 宁洱专区所属15个县、26个民族的代表,举行第一届兄弟民族代表会议,即民族团结盟誓大会。各族代表共48人在民族团结誓词碑上用汉文、傣文、拉祜文签上自己的名字。碑文上写道:"从此我们一心一德,团结到底,在中国共产党的领导下,誓为建设平等自由幸福的大家庭而奋斗!"这块民族团结誓词碑也被誉为"新中国民族团结第一碑"。

1月15日—20日 云南省第一次工人代表会议在昆明举行。会议的中心议题是讨论如何依靠工人、团结职员,搞好生产,健全工会组织,贯彻管理民主化、经营企业化。

1月27日 《云南省建立乡村政权试行方案》制定出台。11月,省政府颁发《云南省划乡建政及城关和场(镇)政权建设试行办法(草案)》。至1953年底,全省共设立10067个乡,确立了省、专区(市)、县、区、乡五级人民政权组织体系。

3月18日—27日 云南省第一届卫生工作会议在昆明举行。会议传达、讨论了全国卫生会议和西南卫生会议决定的"面向农工,以预防为主,团结中西医"的卫生工作总方针,研究了开展天花、鼠疫、疟疾等疾病的防疫工作,决定建立和健全卫生机构的基层组织。

4月10日 省委发出《关于目前少数民族工作问题的指示》,指出:一是关于少数民族地区组织联合政府或实行区域自治问题,应当愈早愈好;二是少数民族建政应成为沿边区各专县的中心工作,结合其他工作一并进行;三是宗教势力较大的少数民族地区,必须把抗美援朝和"三自"革新运动的工作做好,以便开展其他工作。

4月17日 省委批示:各专区、各县根据民族杂居或聚居的具体情况,尽快有准备地组成联合政府或区域自治,是当前民族工作的主要任务。

5月12日 云南第一个县级民族区域自治地方——峨山民族自治县正式成立。

6月22日 为支援抗美援朝运动,省委发出《关于执行〈中央、西南局开展捐献武器运动指示〉的指示》,提出坚持自觉自愿和增加生产的基本捐献原则,把增产节约的一部分或全部用于捐献。到年底,全省捐款入库数达489亿元(旧币),超额完成认捐飞机20架、大炮2门、高射炮1门的捐献任务,以实际行动有力支援了抗美援朝战争。

11月15日—17日 云南省第一次文艺工作会议在昆明召开。会议的中心议题是动员一切文艺工作者为土地改革服务。

12月8日 省政府发出指示,要求各地认真宣传贯彻《中华人民共和国婚姻法》,废除包办强迫、男尊女卑的封建婚姻制度,实行男女婚姻自由的新婚姻制度。

12月10日—17日 云南省首届妇女代表会议在昆明举行。会议号召全省妇女团结起来,积极参加农村土地改革及城市民主改革工作。

12月18日 根据中央关于开展"三反"运动的指示精神,云南省委召开扩大会议,决定在全省范围内开展反对贪污、反对浪费和反对官僚主义的"三反"运动。1952年1月8日,省各族各界人民代表协商委员会及昆明协商委员会召开省、市各族各界人民代表会议,讨论大张旗鼓、雷厉风行地开展反贪污、反浪费、反官僚主义运动。

一九五二年

5月 按照省委第一次少数民族工作会议所作的"向边疆民族地区派驻民族工作队"的决定,以云南民族学院部分学员为主,从省民委、云南民族学院及省级机关中抽调干部,组成了以王连芳任总队长的云南省人民政府民族工作队第一队,到保山专区傣族、景颇族地区开展工作。

6月26日 省委向西南局、党中央作出《关于山区及缓冲区土改问题的报告》,明确提出处于国境线上的26个县不考虑土地改革,其余接近国境线而又处于内地的县(市)及一部分内地县中靠近这些县份的部分边界地区划为缓冲区,用缓冲区政策进行土地改革。

10月 省政府决定,在昆明市东郊建设一座生产标准红砖的云南机制砖瓦厂,并列入省重点投资项目。1954年7月1日建成投产,是云南首批兴建的地方国营建材企业之一。

11月7日 省委根据中央和西南局电示,发出《关于检查民族政策执行情况的指示》,要求各级党委必须十分重视民族政策执行情况的全面检查,检查的重点是民族关系、民族干部、民族民主建政、社会改革和边疆问题等。

12月4日 省禁烟委员会发出《关于肃毒工作的通报》,指出,至11月底,云南全省先后开展肃毒工作的12个专区、2个省辖市肃毒运动结束。

12月13日—14日 云南省第一届工农业劳动模范生产代表会

议在昆明召开。这次会议是进一步开展爱国增产节约运动、迎接国家大规模经济建设的动员大会。

一九五三年

1月23日 云南省第一个专区级民族自治区——西双版纳傣族自治区宣告成立。西双版纳傣族自治区的成立，探索出了一条行之有效的民主建政途径，对中国共产党在云南边疆民族地区民主建政的推进有着重大的政治意义。自治区政府主席召存信在9月给中央人民政府主席毛泽东的报告中称："我们已经从民族压迫时代走到民族平等的时代了！"

2月15日 云南省第一个农业生产合作社——晋宁县李凤仪村农业生产合作社建成。

3月28日—4月5日 中国新民主主义青年团云南省第一次代表大会在昆明召开。大会选举产生了新民主主义青年团云南省委员会。

4月13日 省委发出《关于山区生产的指示》，规定山区生产改造的方针是：大力扶助，就地逐步发展。

7月 全省开始进行第一次普选，全部工作到1954年5月结束，直接选举了基层人代会代表，建立了人民代表大会制的基层政权。

12月31日 云南省各族各界人民代表会议协商委员会举行（扩大）会议，传达国家过渡时期逐步实现国家的社会主义工业化，实现国家对农业、手工业和资本主义的社会主义改造的总路线和总任务，并布置将在全省开展的基层普选工作。

本年 在中共云南省委领导下，全省党员干部和人民坚持"重点建设，稳步前进"的方针。从1953年开始，经过艰苦奋斗，到1957年底，提前或超额完成了第一个五年计划各项指标。

同年 从1953年开始，遵照中国共产党过渡时期的总路线，中共云南省委领导全省各族人民，开展对农业、手工业和资本主义工商业的社会主义改造。1956年，三大改造基本完成。

一九五四年

1月9日 私营云茂纺织厂被批准为昆明第一家公私合营企业，标志着云南资本主义工商业的改造迈开步伐。

1月 云南省第一次手工业工作会议召开。会议明确了对手工业的社会主义改造是通过合作化道路，把手工业经济纳入国家计划的轨道，使落后的手工业经济成为先进的机器生产或半机器生产的社会主义集体经济。

3月1日 西南局民族工作委员会召开西南民族工作会议。会议指出，对于仍保持着很大原始性、阶级分化不明显的云南佤族、傈僳族以及景颇族地区，可以不经过土改，逐渐过渡到社会主义社会。

3月7日 全国人民慰问人民解放军代表团总团、第一总分团（志愿军）、第三总分团的代表在昆明举行慰问大会，慰问云南省军区领导机关和驻昆明部队的全体指战员。随后，慰问团又深入到边防各地进行慰问。

5月15日 云南民族识别组正式成立，并分成7个小组，进行了以彝族为中心的共31个民族单位的识别工作，于6—10月间共分为两阶段完成了识别工作。至此，全省初步确定了彝族、白族、哈尼族、傣族、壮族、苗族、傈僳族、回族、拉祜族、佤族、纳西族、景颇族、瑶族、藏族、布朗族、阿昌族、怒族、普米族、崩龙族（现改称德昂族）、独龙族、蒙古族共21个少数民族，并经由省委、省政府同意，由国家民委正式列入全国少数民族族别。

8月6日—12日 云南省第一届人民代表大会第一次会议在昆明人民胜利堂举行。

8月20日—28日 云南省第一次妇女代表大会在昆明召开。

10月4日—13日 云南省青年第一次代表大会在昆明召开。

一九五五年

2月21日—24日 中国人民政治协商会议第一届云南省委员会第一次全体会议在昆明举行。

3月15日—19日 云南省体育运动委员会召开云南省第一次体育工作会议。

3月28日—4月6日 云南省第一次公私合营干部会议在昆明召开。

4月1日—9日 云南省第一次初等教育会议在昆明举行。

4月8日 国务院总理周恩来和副总理陈毅率出席亚非会议的中国代表团抵达昆明。周恩来在昆期间，参观了昆明植物研究所和云南大学等。29日，周恩来、陈毅参加完亚非会议后回到昆明。30日，到圆通寺参观云南民族文物展览。5月1日，参加昆明市庆祝五一国际劳动节集会，检阅了游行队伍。

8月8日 省委常委会召开扩大会议，传达学习毛泽东主席《关于农业合作化问题》的报告。30日，省委将传达学习的情况报告中央。中央于9月9日作出批示，同意云南省委关于发展农业生产合作社的报告，认为报告中所提的方针及各项措施是正确的。

11月9日 国务院正式批准《云南省发展国民经济的第一个五年计划》。从1953年7月开始，云南一边编制"一五"计划一边实施，把建设重点转移到社会主义工业化上来，开始了第一次有计划的大规模经济建设。

一九五六年

1月23日 省委向中共中央作出《关于对私营工商业改造规划意见的报告》。

1月25日 昆明市15000多名手工业者在人民胜利堂举行集会,庆祝全市手工业社会主义改造的胜利完成。

2月 被列入国家"一五"计划重点建设项目的昆明水泥厂破土动工,这是云南第一家机械化的大中型水泥生产企业。它建成后,将结束云南依靠国外、省外供应水泥的历史。

同月 考古工作者在开远小龙潭第三纪煤系中发现5枚森林古猿牙齿化石,根据地层和共生的哺乳动物判断,其时代应为中新世晚期,约相当于1400万年以前。开远古猿化石的出土,首次揭开了云南古人类发展的信息。

3月24日 云南第一座半自动化、现代化的火力发电厂——开远发电厂隆重举行发电剪彩大会。

6月25日—30日 中国共产党云南省第一次代表大会在昆明召开。大会审议通过《中国共产党云南省委员会向省的第一次党代表大会的工作报告》《关于发展农业生产的报告》《关于民族工作的报告》。

9月20日 宁蒗彝族自治县成立。10月,宁蒗彝族自治县实行和平协商民主改革,废除奴隶制和封建领主制,解放奴隶,至1958年2月结束。

11月中旬 中央慰问团第五分团前往滇西北地区,慰问世居在那里的彝族、藏族等人民。慰问活动持续到次年 3 月中旬。

11 月 22 日 云南内地第一个自治州——大理白族自治州宣告成立。

12 月 15 日—17 日 中缅两国在云南德宏举行边民大联欢。15 日，在缅甸访问后的周恩来、贺龙及随行人员和中国驻缅甸使馆人员，与应邀前来的缅甸总理吴巴瑞和副总理藻昆卓、吴觉迎等高级官员及随行人员一起，前来芒市参加边民联欢大会。

本年 农业、手工业和资本主义工商业的社会主义改造在云南基本完成。这一生产关系的深刻变革，标志着社会主义制度在云南初步确立。

一九七五年

2月24日—27日 云南省举行首届农民运动会。

5月15日—24日 云南省先进生产者代表会议在昆明举行，全省13个地（市）、5个自治州的1648位代表出席会议。

6月1日 《云南日报》报道，云南省人民委员会高寒贫瘠山区民族访问团，经过两个多月的访问工作，现已基本结束。他们访问了永善、巧家、彝良、元阳、红河、金平、富宁、广南、麻栗坡等县的苗族、瑶族、哈尼族、彝族等少数民族地区人民。

12月18日 昆河（昆明—河口）铁路修复通车。25日，碧色寨至河口的接轨典礼在倮姑举行，中断15年的铁路全部修复。

一九五八年

1月24日 省人委会发出《关于立即广泛深入开展以除四害、讲卫生、防疾病为中心的爱国卫生运动的指示》，指出，过去几年来全省爱国卫生运动取得很大成绩，思茅、潞西、双江、耿马、澜沧等城区已基本消灭了几百年来危害人民的疟疾，保证了工农业生产的顺利发展。

5月31日 省民委党组向省委报送《关于少数民族语文工作的报告》，指出，已帮助10个民族创造和改进714种文字，并已在各少数民族地区试验推行。

6月 云南开始在玉溪烤烟厂的基础上建设玉溪卷烟厂，后来发展成为国内外著名的大型现代化企业。

7月 昆明机床厂试制成功中国第一台2430型电感应坐标镗床。这种镗床被誉为"精密机床之王"，当时只有瑞士、美国、苏联等少数几个工业发达的国家能制造。

8月16日 《云南日报》报道，内昆（内江—昆明）线云南段、昆一（昆明——平浪）线、草白（草坝—白沙冲）线和东川支线4条铁路，到8月上旬已全部动工。

8月26日 省教育厅、共青团云南省委联合提出，立即在全省范围内掀起扫盲高潮。全省已组织450万人入学，占全省青壮年文盲的90%以上。扫盲工作取得了很大的进展，农村有80万人摘掉了文盲帽子，为新中国成立以来历年扫盲总数的6倍多。

8月30日 云南省第一个跨流域开发梯级水电站——以礼河水电站二级电站，提前一年正式发电。

12月4日 省委批准省委防治血吸虫病五人小组《关于全省除五害、灭六病、讲卫生的跃进规划报告》，指出，今年头十个月，全省以除"四害"为中心的爱国卫生运动成绩显著，在15个县的血防工作已取得决定性胜利。

本年 云南第一座日榨甘蔗1000吨的大型机械白糖厂开远糖厂兴建。

一九五九年

6月23日 省委发出《关于立即宣布口粮分配到户的通知》,要求立即向群众宣布口粮以人定量、分配到户、分配到社员。11月3日,中共中央批转了云南省委关于粮食分配问题的两个文件。中央批示:粮食问题是生产建设中的一个根本问题,但是也决不能忽视消费和分配。……云南的做法是好的,他们的分配办法是比较细致、比较周到的。请各地研究参考。

9月25日 省委发出《关于加强边疆工作的指示》,提出:为从根本上解决边疆问题,要加强对各族人民的爱国主义、社会主义和阶级教育,并作为长期根本的战略任务;充分肯定1958年上半年调整所有制的意义,继续巩固新建立的人民公社和合作社;大力培养民族干部是解决民族问题的核心和关键。

10月19日 向国庆献礼的电影《五朵金花》拍摄完成。影片是50年代末60年代初在中国和亚非拉的一些国家最受欢迎的中国电影之一。

10月31日 参加第一届全国运动会的云南省代表团共获4项全国冠军,33人打破全国纪录13项。

本年 为庆祝新中国成立十周年,北京建成了十大建筑。与此相呼应,在这一时期,号称昆明十大建筑的工程项目相继建成。它们是云南省博物馆、翠湖宾馆、云南艺术剧院、昆明百货大楼、昆明饭店、东风大楼、云南省体育馆、昆明邮电大楼、云南省农业展览馆、云南饭店。这些建筑各具特色，彰显了新云南欣欣向荣的发展景象，也印证了新云南不断发展的历史足迹。

一九六〇年

4月14日 省委发出《中共云南省六级干部会议执行中央关于反对官僚主义指示的决议》，要求各级领导必须迅速地改进领导作风，坚持与群众同吃、同住、同劳动的"三同"。同时，规定省级各部门的领导干部1年至少要有4个月的时间，地（州、市）、县（区）的领导干部1年至少要有5至6个月的时间，下乡下厂进行调查研究，及时发现解决问题。为此，省委领导以身作则，深入边境一线地区村寨，与各族群众同吃、同住、同劳动，推动省委集体和各级部门调查研究工作的开展。

6月30日 省委发出《关于执行〈中共中央关于在农村中开展"三反"运动的指示〉的指示》，规定"三反"运动的内容是反贪污、反浪费、反官僚主义，其中以反贪污为重点。

一九六一年

2月6日 省委发出《关于加强调查研究的决定》。《决定》根据毛泽东同志的指示,强调了调查研究的重要性。

3月4日 国务院公布云南石钟山石窟、崇圣寺三塔、爨宝子碑、爨龙颜碑、段氏与三十七部会盟碑、太和城遗址(包括南诏德化碑)为第一批全国重点文物保护单位。

本年 按照中央"调整、巩固、充实、提高"方针,从1961至1965年,云南对国民经济进行全面调整。经过5年多的全面调整,云南各方面发展取得了显著成绩,全省的社会主义建设重新走上了健康稳定的发展轨道。

一九六二年

6月27日—8月4日 省委边委和省委统战部分别召开省委边疆工作委员会（扩大）会议和民族工作会议，讨论研究民族区域自治、团结民族上层、宗教、培养民族干部以及边疆所有制等工作问题。

6月 朱德委员长视察云南锡业公司，并题写"以锡为主，综合利用，重质重量，经济核算"题词赠云锡公司。

7月2日—14日 省委召开地、市委书记会议，传达和贯彻5月中央工作会议和西南局委员会精神，作出了全面贯彻执行"八字方针"和国民经济进行大幅度调整的重大决策，并要求切实按照农、轻、重的次序对国民经济进行综合平衡。

10月25日—11月29日 省委常委会召开扩大会议，传达党的八届十中全会精神。会议先根据毛泽东讲话精神进行务虚，然后结合云南实际反复进行讨论，认为云南农村没有必要也不应该从开展两条道路斗争入手来解决目前存在的问题，而应该以改善集体经济的经营管理、发展生产为中心，结合对农民进行正面的社会主义教育，达到巩固集体经济的目的。

一九六三年

1月20日 省委发出《关于开展多种经营，增强生产队的经济力量，促进农业生产发展的指示》，提出了促进生产队多种经营的多项措施。

3月 教育部召开云、贵、川三省民族教育座谈会，听取各省民族教育发展情况汇报，会后，以教育部的名义给三省的教育厅厅长写了一封信，指出三省民族教育中值得注意的一些问题，并提出解决办法。10月，全省民族教育工作会议召开，这次会议确定了民族教育的办学思想和具体方法措施，对全省民族教育的发展起到了重要的推动作用。

6月7日 为根治洱海周围良田的涝灾，洱海沿岸各族人民联合疏挖、修整的洱海唯一出水口——下关西洱河竣工放水。

11月8日 省委、省人委批转了省计划生育领导小组《关于实行计划生育的若干问题的意见》。

一九六四年

3月6日 省委发出《关于改进领导作风，克服故步自封、骄傲自满的决定》和《关于农村各级领导干部参加农业生产劳动，大种试验田的决定》。

5月28日 中央对云南省委1962年10月8日所作《关于加强边疆工作和民族工作的报告》作了批复。中央同意给云南增加1500人的编制，加上原有的500人，组建一支2000人的边疆民族工作队，到德宏、思茅（含西双版纳）、临沧、红河、丽江（含怒江、迪庆）等地（州）的边疆二线地区，帮助各族群众发展生产，解决群众的具体困难，沟通党和群众关系。边疆各地（州）遵照云南省委的指示，相应组建了民族工作队，在当地开展工作。驻云南部队也在原来工作的基础上，调整充实了边境一线地区的民族工作队（组）。

5月 毛泽东要求制定"三五"计划时要考虑一、二、三线的战略布局，加强三线建设。8月，国务院国防工业办公室同意云南划分为三线，建立战略后方的报告。

8月23日 国家主席刘少奇到云南视察。24日，刘少奇对省、市600多名干部讲话。25日，刘少奇在云南省级机关干部会上作《两种教育制度、两种劳动制度》的讲话。

一九六五年

3月27日 省委、省人委作出《关于充分发动群众,大搞植树造林的决定》。

4月3日 省委发出《关于加强内地山区少数民族工作的意见》,确定组织固定的工作队到山区工作。

12月2日—5日 中共中央总书记邓小平在视察四川和贵州后,到云南视察工作。邓小平对边疆农场建设问题作了重要指示,并先后视察了昆明钢铁厂、昆明机床厂。

12月20日—翌年1月13日 中共云南省委和昆明军区党委共同召开全省边疆工作会议。会后,省委印发了《关于培养少数民族干部的意见》,对少数民族干部队伍建设作出规定。

12月 省委召开边疆工作会议,就进一步做好民族地区卫生工作提出意见。会后,各地按照所提的意见开展边疆地区卫生工作,边疆地区医疗卫生落后状况进一步改变。

一九六六年

3月 1962年铁道部确定的滇黔铁路贵阳至树舍段和内昆铁路树舍至昆明段合并的贵昆铁路在观音岩大桥接轨通车。该铁路全长620.7公里。7月1日，交成都、昆明铁路局接管。

7月1日 贵昆铁路建成正式交付营运，云南与全国铁路隔绝及没有准轨铁路的历史从此宣告结束。

一九六七年

3月31日 中共中央批准成立云南省军事管制委员会。4月5日,省军管会正式成立并开始办公。同时,自上而下对全省实行全面军事管制。在已建立6个边疆专(州)军管会的基础上,又建立了昆明市、东川市、曲靖专区、玉溪专区、楚雄州、昭通专区、大理州7个军管会,并对省级35个机关、37个大型企事业单位派驻了军管代表。

一九六八年

4月19日—5月9日 云南省卫生工作会议在昆明召开。会议按照毛泽东关于"把卫生工作的重点放到农村去"的指示,研究卫生工作面向农村、面向群众,从根本上扭转卫生工作的方向问题。会议要求建立各级贯彻执行毛主席指示的领导小组,发动群众,组织卫生工作队,分期分批轮流到农村去、到山区去、到边疆重疫区去,更好地为贫下中农服务。

8月13日 云南省革命委员会正式成立。云南省革命委员会成立时设办事组、政工组、生产指挥组、人民保卫组4个工作机构。截至12月15日,云南16个专区(州、市)和128个县都建立了革命委员会。

12月26日 省革委发出《关于知识青年上山下乡劳动的通知》。大批昆明及全省城镇知识青年开始到农村生产队插队和到农场劳动,北京、上海、四川等地知识青年也成批来到云南边疆农场劳动。

一九六九年

9月20日 《云南日报》报道，昆明机床厂试制成功一台世界先进水平的高精度圆刻线机。10月11日，《云南日报》又报道，该厂又试制成功具有世界先进水平的光电跟踪长刻线机。

10月6日 经国务院、中央军委批准，中国人民解放军云南生产建设兵团组建。云南生产建设兵团知识青年主要从事橡胶种植业，此外，还参加兵团的水泥、化工、化肥、胶鞋等工业生产项目新建工作。

一九七〇年

1月5日 玉溪、通海、峨山、建水、华宁地区发生7.7级强烈地震。地震发生后,省革委、昆明军区立即召开紧急会议,成立抗震救灾指挥部。7日,中共中央发来慰问电,号召灾区党员、群众和解放军指战员团结起来,向自然灾害作斗争,相信灾区群众在国家支援下定能发愤图强、自力更生、重建家园。北京、上海、四川、湖南、广西、贵州等省(区、市)先后派来慰问团、医疗队,携带大批医疗器械和药物支援救灾。

1月13日 《云南日报》报道,由昆明机床厂、昆明二九八厂和国家计量局合作研究试制的我国第一台光电波比长仪在昆明机床厂诞生。

1月26日—30日 省革委在昆明召开血吸虫防治工作会议,提出,消灭血吸虫病是贯彻毛泽东主席"备战、备荒、为人民"的重要内容,是广大贫下中农的迫切愿望,是疫区党组织和各级革委会必须带领群众办好的一件大事。12月,省革委批转省革委血防领导小组的报告,称全省流行血吸虫病的15个县(市)中,已有8个县(市)消灭了血吸虫病。

7月1日 成昆(成都—昆明)铁路正式建成通车交付营运。这条铁路全长1090公里,云南境内有293公里。整个筑路工程历时12年,耗资33.1亿元。成昆铁路是国家铁路网中一条南北干线,对促进西南边疆民族团结、社会进步,以及政治、经济、国防建设都具有重要意义。

一九七一年

3月3日 《云南日报》报道，昆明工学院、昆明师范学院、昆明医学院、云南中医学院4所大学分别于3月、4月开始，从农村、厂矿、部队和企业事业单位招收工农兵学员。5月1日，昆明师范学院、昆明医学院、云南中医学院举行开学典礼，来自全省各地18个民族的1000多名工农兵学员入学。

5月31日—6月3日 中国共产党云南省第二次代表大会在昆明召开。

一九七二年

2月27日 我国地质工作者在云南省首次发现了两颗猿人牙齿化石，对进一步研究古人类和我国西南地区第四纪地质具有重要的科学价值。

3月9日 据《云南日报》报道，目前全省已形成中短波结合的无线广播发射网，各县（市）建立了有线广播站，通广播的农村生产队已占全省生产队总数的74.6%。3月21日，省委发出《关于加强农村广播网工作的通知》。

6月24日 省革委发出《关于大力开展计划生育工作的决定》，《决定》要求：在全省推行计划生育，提倡晚婚，实行免费供应避孕药械；在"四五"期间，全省人口自然增长率在1971年24.7‰的基础上逐年降下来，1975年达到国务院的要求，即城市控制在10‰左右，农村控制在15‰以下。

11月30日 以礼河梯级水电站全部建成投产。它的建成使云南进入了开发中型河流高水头梯级水电站的新阶段。

一九七三年

3月29日 《云南日报》报道，云南血吸虫病防治工作取得新胜利。1972年全省共出动41.7万多人次查螺灭螺，消灭钉螺面积达811万多平方米，查病47.4万多人，治疗3.5万多名病人。楚雄彝族自治州有35个生产队已找不到钉螺，大理白族自治州有15个大队基本消灭血吸虫病。

10月31日 《云南日报》报道，根据国务院制定的《关于保护和改善环境的若干规定（试行草案）》，省革委召开全省环境保护会议。会议要求，根据"全面规划，合理布局，综合利用，化害为利，依靠群众，大家动手，保护环境，造福人民"的方针，有计划、有步骤、有重点地治理"三废"。环境保护被列入工作日程。

一九七四年

5月7日 省革委批转《云南天然气化工厂建设会议纪要》，要求集中力量打歼灭战，确保按照国家规定的建设期限，高质量、高水平地把云南天然气化工厂建成投产。工程于1974年10月2日正式破土动工，1977年10月建成投产，每年可为农业提供48万吨尿素，为云南增产粮食提供了重要物质条件。

10月31日 省革委发出《中缅、中老边境边民互市暂行管理办法》，允许参加互市者为边界20公里内居民，农副产品、农药、化肥及小农具等免征税。

一九七五年

2月17日—4月19日 云南省委在北京召开解决云南问题的常委扩大会议。经过100天的学习讨论，形成《中共云南省委常委扩大会议向中央的请示报告》，提出克服派性、增强党性，贯彻落实"安定团结"的方针，彻底纠正"划线站队"。

4月27日 国务院、中央军委发出《关于加强边防工作的指示》。根据省委指示，省委办公厅于6月7日印发了这一文件，要求各有关部门认真组织学习讨论，研究贯彻落实的具体措施。

7月25日 省革委同意省财办关于恢复建立供销合作社的报告。省供销社于12月15日起与省商业局正式分开办公，并恢复建立了各级供销合作社。

一九七六年

10月23日 云南省、昆明市和昆明军区举行了有50多万人参加的庆祝大会,庆祝党中央一举粉碎"四人帮"的伟大胜利,声讨"四人帮"反党集团篡党夺权的罪行。10月24日,《云南日报》发表《振奋人心的伟大胜利》的社论。

一九七七年

3月 云南省粮食工作会议召开。省委决定对沿边27个县、108个公社,总共约123万人口的地区,实行基本口粮保证供应的办法。这一办法得到边疆民族群众的拥护,既解决了这些地方群众口粮严重不足的困难,又利于保障这些地区的稳定。

6月15日—24日 省革委召开全省畜牧、水产会议,要求各地坚决执行党在农村的各项方针政策,尽快把以养猪为中心的畜牧、家禽、水产事业搞上去。

10月22日 省委邀集各民主党派和工商联云南省地方组织负责人举行座谈会,传达中共中央批转中央统战部《关于爱国民主党派问题的请示报告》,以及中央《关于召开五届人大的通知》《关于召开五届政协会议的通知》。会议重申了党提出的"长期共存,互相监督"的方针,要求人民政协和各民主党派把工作活跃起来。从此,云南省各民主党派地方组织开始恢复工作,逐步开展了正常的政治活动。

10月24日—11月6日 省委在昆明召开全省化肥、农机会议,要求全面贯彻"以农业为基础、工业为主导"发展国民经济的总方针,围绕农业办支农工业,围绕支农工业办基础工业,办"五小"和社队企业,集中一切力量,以化肥、农机带头,加速建设全省支农工业体系。

10月30日 全省高等学校招生工作会议召开。按照国务院批转教育部《关于1977年高等学校招生工作的意见》,会议决定对当年的招生工作作出重大改革，实行德、智、体全面衡量，择优录取的原则，采取自愿报名、统一考试、地（州、市）初选、学校录取、省招生委员会批准的方法。会议研究制定了云南省当年招生工作的简章，并对当年高等学校和中等专业学校的招生工作作了具体部署。

一九七八年

1月 全省召开治理螳螂川污染工作会议和省环境保护座谈会，提出要通过抓螳螂川这个典型，推动全省环境保护工作。

3月 全省林业会议召开，要求发动群众，大打植树造林的人民战争，用八九年时间绿化全省，消灭宜林的荒山荒地。

4月14日 云南省边疆民族地区第一座人民广播电台——西双版纳人民广播电台建成并开始播音，除每天转播中央人民广播电台和云南人民广播电台的节目外，还用汉、傣双语广播自办节目。

5月13日 《云南日报》全文转载5月11日发表于《光明日报》的《实践是检验真理的唯一标准》文章。

5月31日 省委发出《关于恢复云南省民族事务委员会通知》，决定恢复云南省民族事务委员会，同时撤销省民族边疆工作委员会。

7月31日 省委发出通知，要求全省党组织认真学习党中央向全党转发湖南省湘乡县委《关于认真落实党的政策，努力减轻农民不合理的负担的报告》，切实采取有效措施落实党在农村的经济政策，解决农民负担过重的问题。同时，省委发布了《关于减轻农民不合理负担的14条具体政策》。

11月15日 省委召开理论座谈会，讨论实践是检验真理的唯一标准问题。同日，新华社向全国播发云南省委表态支持真理标准讨论的消息。

12月18日—22日 党的十一届三中全会在北京举行。会议作出把党和国家工作中心转移到经济建设上来、实行改革开放的历史性决策。云南认真学习贯彻党的十一届三中全会制定的路线、方针、政策，开始了工作重点的转移，云南社会主义建设从此进入了一个以改革开放为特征的历史发展时期，实现了历史性的伟大转折。

12月31日 根据《中共中央关于加快农业发展若干问题的决定（草案）》和《农村人民公社工作条例（试行草案）》两个文件，云南省革命委员会通知各地，决定开放粮、油上市，进行品种、余缺调剂。随后，省级有关部门制定了《对当前农村几项经济政策问题的调查情况和我们的意见（初稿）》《关于加强农作物种子的意见（初稿）》等5个文件。

一九七九年

1月4日 中共中央副主席邓小平与中央政治局委员、国务院副总理王震交谈时指出：西双版纳这个地方一定要搞好，要搞一个规划，这个地区还可以用联合企业的办法搞农场；农场不要只注意发展橡胶，还可以发展多种经营，一方面可以供出口换外汇，另一方面将来国内旅游业发展也需要；总之，国家可投入大一点，但是要搞好。根据邓小平的指示，国务院和云南省有关部门组成规划组开展工作。21日，省委常委会召开会议，专门讨论邓小平关于建设西双版纳的发展规划问题。3月25日，省委报送中央《关于西双版纳经济发展规划的方针政策性意见的报告》。

1月11日—24日 省委召开全省县委书记会议，传达学习党的十一届三中全会和中央工作会议精神，讨论了如何把党的工作重点转移到社会主义现代化建设上来，以及如何加快云南农业发展等问题。

5月28日—6月5日 省革委在昆明召开全省基本建设工作会议，贯彻党中央提出的"调整、改革、整顿、提高"的方针和全国基建工作会议精神。

5月31日 国务院批复同意正式确定基诺族为我国的一个单一的少数民族，是全国55个少数民族中最后确认的一个。

6月14日—15日 省委从省级机关中抽调了一批处级以上干部，组成了5个民族工作、民族政策检查组，分别到红河、文山、西双版纳、德宏、怒江、大理、楚雄7个自治州，思茅、临沧、昭通、曲靖

4个地区，以及宁蒗彝族自治县，检查了解党的民族政策执行情况，协助当地党委进行民族政策的宣传和再教育以及解决当前急需解决的一些问题。1980年11月，省委又从省级机关和各地（州、市）、县抽调了2000多名干部组成民族政策检查团，对全省各地各部门执行民族政策情况作了一次全面检查，解决了一些实际问题。这次民族政策检查和再教育前后历时一年半，是全省历史上时间最长、投入人数最多和教育范围最广的一次民族政策再教育。

6月16日 省革委发出《关于做好调减粮食征购基数及有关问题的通知》，决定调减高寒贫瘠山区生产队粮食征购基数原粮1.5亿斤，从1979年起，5年不变。9月18日，省革委正式发出《关于实行粮食起购点和调整公余粮"一定五年"基数（试行草案）的通知》。

8月25日—29日 中国共产党云南省第三次代表大会在昆明召开。大会审议通过《同心同德　聚精会神　为加快我省社会主义现代化建设而奋斗》的工作报告。

9月5日 省委、省革委联合发出《关于划分社员自留山的通知》。

11月15日—29日 省委召开全省山区经济建设和民族工作座谈会，提出高寒、边沿分散的几个民族大约有100万人口，推行包产到户。

12月27日—31日 云南省五届人大第二次会议在昆明举行。会议总结了1978、1979两年各方面的成就，提出云南从1979年起3年调整国民经济的要求。会议根据《中华人民共和国地方各级人民代表大会和地方各级人民政府组织法》，将云南省革命委员会更名为云南省人民政府。

一九八〇年

1月5日 省委决定恢复和建立地（州）、县民族事务委员会。

同日 省委发出《重新印发〈关于当前农村几项经济政策的补充规定〉等4个文件的通知》。《通知》指出，《关于当前农村几项经济政策的补充规定》《关于划分社员自留山的通知》《关于充分利用现有耕地资源多种多收的通知》《关于充分利用机关、团体、学校、厂矿企业事业单位闲散土地资源多种水果、蔬菜、粮油作物的通知》4个文件都不是权宜之计，而是需要长期执行的重要政策。

1月13日—17日 省政府召开全省烤烟工作会议，提出"稳定面积、主攻质量、优质丰产、增加收入"的方针，决定采取调整四个方面的烤烟政策措施。

2月1日—8日 省政府在昆明召开全省茶叶工作会议，提出大力推行专业管理和联系产量计算报酬的生产责任制，实行"定、包、奖"。

2月18日 省委宣传部、省委民族工作部发出《关于深入进行民族政策再教育的报告》，指出，在今年上半年，适当地集中一段时间，在全省干部和群众中进行一次民族政策再教育，进一步落实党的民族政策，搞好民族关系，充分调动各民族干部群众的积极性十分必要。

3月5日 云南省第一届盲人、聋哑人代表会议在昆明召开，选举产生了云南省盲人、聋哑人协会第一届委员会。

3月15日—4月12日 省政府召开全省教育工作会议,确定云南普通教育工作的主要任务是:大力普及小学五年制教育,积极进行中等教育结构改革,加强民族教育,特别要抓紧扫除文盲。

5月 国务院决定从1980年起,设立支援经济不发达地区发展资金,主要用于革命老根据地、边远山区、少数民族自治地方和经济基础比较差的地区加快经济发展。1980年拨给云南4000万元(包括开发西双版纳专款1500万元)。

7月20日—8月4日 省委召开全省县委书记会议。会议确定了完善生产责任制的有关措施,对特殊地区采取特殊政策,在地广人稀、经济落后、生活贫困地区,主要是边疆少数民族经济落后的地区和内地高寒、分散、贫瘠山区,即1000万人口的地区坚决实行包产到户、包交提留到户。9月30日,省委发出《关于学习贯彻中共中央进一步加强和完善农业生产责任制的几个问题》的通知,提出边远山区和贫困落后的地区要求包产到户的,应当支持群众的要求,可以包产到户,也可以包干到户,并在一个较长时间内保持稳定。

7月、8月 省委、省政府于7月、8月两次专门开会研究,决定采取措施加强民族教育工作:一、调整重点学校的设置。二、省委、省政府拨款550万元,在民族地区选择办学条件较好的40所中小学,改建为寄宿制的民族学校,食宿包干,以招收少数民族学生为主。三、高等学校办预科,招收考分稍低于录取分数线的少数民族学生,先补一年基础课,然后升大学本科学习。四、提倡办学形式和学制多样化。五、由省级机动财力安排给民族地区中小学校舍修缮费330万元。六、扩建云南民族学院。七、在1979、1980年经过考核将边疆35个县的2万多名民办教师转为公办。

8月28日 省委、省政府转发了《全省劳动就业会议就做好城镇劳动就业的意见》，提出，除国家机关、全民所有制企业、事业单位安置一部分外，要靠大力发展集体经济和个体经济来安置。

一九八一年

1月25日—2月1日 省委召开工作会议，讨论贯彻1980年12月中央工作会议提出的在经济上实行进一步调整的方针。会上确定了云南在经济上实行进一步调整的13项措施。12月23日，据《云南日报》报道，全省1981年农业获得全面丰收，粮食和主要经济作物的产量都创造了历史最高纪录。

2月12日 省委向中共中央书记处汇报云南回族地区工作情况，胡耀邦、彭冲、宋任穷、方毅、万里等中央领导人听取了汇报。中央领导人还同云南的同志一起座谈讨论了加强民族工作的10个问题，在此基础上形成了《云南民族工作汇报会纪要》，7月6日由中共中央办公厅正式下达，即中办发〔1981〕26号文件。这是根据云南省实际制定的指导云南省此后民族工作的一个极为重要的文件，对全国民族工作均有指导意义。

3月2日 省委向中共中央报送《关于1980年城镇劳动就业工作情况和今后意见的报告》。8月3日，云南省政府办公厅印发省劳动局《当前我省劳动就业的情况和问题》，到1980年底，已安置待业人员483000余人，1979年以前的待业人员基本安置完毕。1981年上半年又安置51600人，占全年计划安置总数18万人的28.7%。

3月26日 省委、省政府发出通知，贯彻中共中央、国务院《关于普及小学教育若干问题的决定》，要求：经济比较发达、教育基础比较好的地区，应争取在1985年以前普及小学教育；一般地区应在

1990年以前基本普及；边疆民族地区和内地分散山区，由各有关地区具体规划付诸实施，不搞"一刀切"。小学学制都应逐步恢复六年制，使用民族语言或民族文字教学地区可延长到七年。

5月15日—31日 省政府召开全省林业会议，研究贯彻《中共中央 国务院关于保护森林发展林业若干问题的决定》的具体政策和措施。会议提出在20世纪内，通过大力育林造林，把全省森林覆盖面积提高到40%，再用10年时间，恢复到50%。12月23日，省委、省政府发出关于开展林业"三定"（稳定山权、林权，划定自留山，确定林业生产责任制）工作的通知。

9月29日 省委、省政府印发省委财贸部、省财办《关于商业企业实行经济责任制的意见》。

11月3日 省委、省政府作出规定：全省所有生产队，不论采用哪一种形式的生产责任制，凡承包到户、到组的耕地，除了极少数因劳力转移、丧失、增添，国家、集体建设需要占用土地，以及其他特殊情况，可做少量调整之外，要相对稳定一段时间，有的地方可以一定三年、五年不变，有的地方可以一定八年不变。

11月12日 省委、省政府批转省农业委员会《关于改变贫困山区面貌的意见》，提出，贫困山区要坚持农林牧结合，以林牧为主，以提高单产为主，积极发展商品生产，不断提高商品率的生产方针。政策上，贫困山区要比坝区和一般地区更宽一些、更灵活一些。

一九八二年

1月31日 《云南日报》报道,云南穷县之一的澜沧拉祜族自治县,1981年开始做到粮食自给有余,摘掉了"包袱县"的帽子。

2月1日 《云南日报》报道,云南下关茶厂的中茶牌沱茶和云南冶炼厂的铁峰牌松醇油获1981年国家银质奖。

2月15日 经国务院批准,云南省昆明和大理被定为国家第一批历史文化名城。

2月19日 省委发出《关于认真贯彻执行中央〔1982〕1号文件的通知》,要求按照中共中央批转《全国农村工作会议纪要》精神,对农业生产责任制的总结、完善、稳定,仍应作为进一步巩固集体经济、发展农业生产的中心环节来抓,不能满足于选定了的责任制形式。7月10日至22日,省委召开全省完善农业生产责任制座谈会,总结了实行责任制3年来的基本经验,肯定多种形式的责任制符合云南的客观实际。到年底,全省建立家庭联产承包责任制的工作基本结束。

2月26日 省委办公厅转发省委宣传部、团省委《关于深入开展"五讲四美"活动的意见》。

3月27日 省委、省政府发出关于贯彻执行《中共中央 国务院关于进一步做好计划生育工作的指示》的通知,要求执行一对夫妻只生一个孩子的指示。4月13日至17日,省五届人大第十三次会议通过《关于进一步做好计划生育工作的决议》,要求在两三年内,把全省人口自然增长率控制在12‰左右。

4月3日 省政府发出《关于严禁鸦片烟毒的通知》，针对部分地区走私贩毒和吸食鸦片、私种罂粟的违法犯罪活动，决定把烟毒流行较严重的德宏、保山、临沧、西双版纳、思茅等地作为重点，集中力量抓好群众性的查禁烟毒工作。

4月10日 省委、省政府发出《关于抓好今年粮食生产的重要通知》，重申了发展农业的方针仍然是"决不放松粮食生产，积极发展多种经营"，指出云南的优势是发展多种经营，必须做到粮食自给有余。

6月13日 省委、省政府批转省教育厅《关于普及小学教育工作中几个问题的报告》，提出：一、在当前整顿基层组织、完善农业生产责任制工作中，要结合整顿小学，大力动员和组织适龄儿童入学。二、全面规划，分类指导，力争在80年代基本实现普及小学教育。三、坚持"两条腿走路"方针，积极发动社队群众投资办学，保证城乡小学基本办学条件。四、整顿教师队伍，建立健全学校领导体制。

8月14日 省委批转省民政厅党组《关于进一步做好农村扶持贫困户工作的报告》。省委在批转报告中批示：各级党委、政府一定要重视这件大事，每年至少检查督促两次，认真把工作做好。要积极扶持贫困户发展生产，照顾和帮助他们解决生活上的困难，从各方面热情地关怀他们，使他们在两三年内从根本上摆脱贫困。

9月1日—11日 中国共产党第十二次全国代表大会在北京举行。9月1日，省委发出立即组织党员、团员和干部群众认真学习党的十二大文件的电报通知。11月5日，省委召开三届五次会议，传达贯彻党的十二大精神。

10月3日 国家重点建设工程之一的云南天文台第一期工程竣

工验收。云南天文台的建设，对于观测南天星相、改变我国天文台过于集中沿海的格局有重要意义。

11月4日—18日 省委三届五次全体（扩大）会议召开。大会报告指出，党的十一届三中全会以来，云南经济建设工作取得巨大成绩，国民经济比例严重失调状况得到调整，发展速度加快，国民经济已经走上稳步健康发展的轨道。

一九八三年

1月20日 开远小龙潭电厂第一期主体工程开工,这是云南省兴建的第一座煤矿坑口电厂。

2月2日 省委发出关于认真贯彻执行《当前农村经济政策的若干问题》的意见,要求:继续派出工作队,狠抓完善责任制工作,搞好合理承包;大力推进专业户、重点户和各种形式的合作经济,在推广农业科学技术上要有一个大的突破;抓紧进行人民公社体制和供销社体制改革的试点。

2月4日 省委、省政府决定成立省高等教育自学考试指导委员会。11月27日,全省首次举行高等教育自学考试,有5600多名在职职工和待业青年参加了考试。

2月21日 省委、省政府就保护发展林业问题作出指示,指出,当务之急是保护好现有森林资源,同时大力植树造林,积极开展多种经营,搞好综合利用,不断提高资源利用率和经济效益。

4月23日 省政府主要领导在云南省第六届人民代表大会第一次会议上作了《关于云南省第六个五年计划的报告(摘要)》,提出全省第六个五年计划的基本任务是:坚持社会主义物质文明和精神文明一起抓,继续清除"左"的思想影响,全面贯彻调整、改革、整顿、提高的方针,切实把经济工作转到以提高经济效益为中心的轨道上来,加快改革步伐,推进技术进步,使国民经济持续增长,争取在实现财政经济状况和社会风气的根本好转两个方面取得决定性胜利,为第七个五年计划期间国民经济和社会发展创造更好的条件。

5月5日—12日 省委召开县委书记会议，决定实行"两山（自留山和责任山）到户"。

5月14日 《人民日报》报道，到5月上旬，云南省少数民族地区已有各类"两户"（专业户、重点户）13万多户，约占全省"两户"的一半。12月28日至1984年1月8日，省委召开县委书记会议，贯彻全国农村工作会议精神，要求进一步解放思想，稳定和完善生产责任制，正确对待"两户"，疏通流通渠道，发展商品生产，加快政社体制改革步伐，发展农村中已经开创的新局面。

6月20日 省政府批转省经委、省商业厅《关于调整农副产品购销政策、组织多渠道经营的意见》，将实行派购的二类农副产品由30种调减为18种，其中新增1种、减少13种。同时，省政府批转省经委、省物价局《关于开展农副产品议购议销的意见》。

7月11日 省委、省政府批转省教育厅《关于我省山区普及初等教育几个问题的报告》，指出：发展山区、民族地区教育要以社队群众投资为主，国家适当补助；要提高山区教师水平，建设一支稳定的、合格的教师队伍。

8月29日 云南省首次民族团结表彰大会召开。会议指出，今后民族工作的首要任务是发展和繁荣民族地区的经济文化。全省有77个先进集体和127名模范个人受表彰。

一九八四年

1月4日 省委、省政府决定加快普及初等教育步伐。除继续办好40所寄宿制民族中小学外,从本年起,每年从省支援不发达地区资金中拨出1500万元,开办一批由国家给予补助的半寄宿制高小。

1月29日 省委、省政府发出《关于在国营农林牧渔场兴办职工家庭农场的通知》,提出,职工家庭农场是继农村普遍实行家庭联产承包责任制后的又一新发展,对解放国营农场的生产力、迅速发展生产,显示了巨大威力。

2月20日 经国务院批准、公安部公布,云南省大理市被列为对外国人开放地区。

3月15日 省委、省政府根据全省林业工作会议精神,发出《关于进一步放宽林业政策扩大集体林木经营自主权的规定》。从1984年起,改变现行育林基金的分配比例,县和营林更新单位留用60%,地(州、市)提取20%,省提取20%。

3月26日 国家主席李先念在昆明植物研究所视察。

同日 省委召开全省百户专业户座谈会,指出,专业户是发展农村商品生产的带头人,是先进生产力的代表。

4月28日 省政府发出《关于小型国营工商业扩大经营管理自主权问题的通知》,决定对小型国营工商业企业实行国家所有、集体经营、独立核算、自负盈亏的办法。

5月28日 省委、省政府印发《关于放手发展专业户、重点户,促进商品生产发展的若干政策问题的规定》，提出，不仅要发展种植业、养殖业的专业户、重点户，还要大力发展加工业、商业、运输业和各种服务性的专业户、重点户，鼓励专业户或联户投资办食品、饲料、建筑建材、农副产品等加工业和集资兴建仓库、冷库等基础设施。

7月14日 中日双方关于鲁布革水电站引水系统工程承包合同在昆明签字。10月26日，电站正式动工兴建。鲁布革水电站是我国第一个引进外资对外开放的水电站，也是云南省兴建的第一座大型水电站。

11月26日 省委批转省委民族工作领导小组《关于改革和发展我省民族教育的意见》，提出：一要大力抓好基础教育；二要大力发展不同层次的职业技术教育；三要在不通汉语的民族地区，大力推行民族语文教学。

12月12日—18日 省委举行工作会议，学习贯彻《中共中央关于经济体制改革的决定》，强调大胆改革，搞好对外开放，推动全省社会生产力出现新的腾飞。

一九八五年

1月3日 省委发出《关于贯彻执行〈中共中央关于经济体制改革的决定〉若干问题的意见》。

1月8日 省委决定成立云南省贫困地区工作领导小组。

1月17日 省委召开省级机关部委办厅局主要负责人会议,就学习中共中央1月1日发出的一号文件《中共中央 国务院关于进一步活跃农村经济的十项政策》提出贯彻意见。会议提出当前要办好6件事:一是改革农产品统派购制度,从1月21日起取消生猪派购,自由上市和交易。从4月1日起取消粮食统购,改为合同订购。二是集体林区取消木材统购,开放木材市场,允许集体木材自由上市。三是给农民以自主权,放开手脚调整农村产业结构。四是积极兴办交通事业。五是发展乡镇企业,鼓励农民开发矿业。六是鼓励技术转移和人才流动。

3月1日 省委、省政府发出《关于在全省开展"增百致富"大讨论的决定》,要求全省省、地、县、区、乡5级的党政、科研及经济部门等,立即动员和组织大批干部下乡下厂。4月8日,省委、省政府发出《关于在"增百致富"大讨论中应注意抓好粮食生产的通知》,要求认真贯彻"决不放松粮食生产,积极开展多种经营"的方针,并把发展粮食生产作为"增百致富"大讨论中的一项重要内容。

4月1日 云南省取消长达30年的粮食统购,改为合同定购。

5月2日 省委召开地委书记会议,重点研究了粮食、物价等问题，提出要采取"调、控、增、保、严"5方面的措施。

7月6日—12日 中国共产党云南省第四次代表大会在昆明召开。大会审议通过《在中共云南省第四次代表大会上的工作报告》，提出，经过今后五年、十五年全省人民的艰苦奋斗，把云南建设成为经济、科技、教育比较发达，进入全国中等水平的省。

7月18日 省委、省政府发出《关于发展乡镇企业应注意解决好几个问题的通知》。

8月31日 云南省第一所老年人大学——云南老年大学在昆明人民胜利堂举行成立暨开学典礼。

9月16日 云南省第一条彩电生产线在云南电视机厂正式投产。

12月20日 云南省首届个体劳动者代表大会在昆明召开。

一九八六年

1月10日 全省地（州、市）乡镇企业局长会议召开，指出，各级领导要把发展乡镇企业作为实现全省"七五"规划和落实省委"富民兴滇"决策的战略措施来抓。

1月25日—2月1日 省委召开全省农村工作会议。会议对《关于完善粮食合同定购制若干政策的规定》《关于增加农业投资，加快农业发展的决定》《关于切实加强贫困地区工作，尽快解决温饱问题的决定》3个有关农村工作的文件进行了充分讨论。会后，这3个文件先后下发全省。

1月29日 省政府作出《关于鼓励农业科技人员到农业生产第一线工作的规定》。

3月14日 省委、省政府发布《关于切实加强贫困地区工作，尽快解决温饱问题的决定》，提出：进一步落实放宽搞活的政策，继续执行休养生息的方针；突出重点，一带二帮，采取先进地区带贫困地区的办法，积极组织和鼓励先进地区在资金、技术、物资等方面给贫困地区以支持和进行协作；对温饱问题尚未解决的贫困乡、村和农户，不实行粮食合同定购等。

5月1日 漫湾水电站主体工程开工。该电站是全国第一个由中央部委和省合资建设的水电站，是我国在"七五"期间西南地区建设的骨干水电站之一。漫湾水电站的建设，使云南水电事业进入开发大江大河的新阶段。

7月3日 省人大常委会会议通过《云南省环境保护暂行条例》，于11月1日起施行。

9月22日 省委印发《关于农村整党工作的安排意见》，提出农村整党重点是解决好区、乡领导班子中存在的突出问题。

10月29日 省人大常委会会议通过《云南省实施〈中华人民共和国义务教育法〉办法》。

11月12日 省政府作出《关于集体林区木材生产、流通若干政策规定》，自1987年1月1日起执行。

12月20日—25日 省委民族工作部和省民委召开全省民委主任会议。会议指出，民族工作的中心任务是加快少数民族地区经济文化的发展，促进各民族的共同繁荣。

一九八七年

1月2日 省政府作出《云南省关于鼓励外商投资的若干规定》。

2月8日 省委宣传部、云南省"五讲四美三热爱"活动委员会发出《关于云南省1987年开展群众性精神文明建设活动的安排意见》。

2月11日—19日 省委召开全省农村工作会议，提出1987年要重点抓好6项工作：一、下更大决心、花更大力气把粮食生产抓好。二、搞好市场流通体制改革，建立和完善社会化服务的流通体系。三、搞活农村金融，主要依靠自己的积累发展乡镇企业和建设开发性的新产业。四、进一步调整农村产业结构，合理利用和开发资源，帮助农民增收致富。五、继续采取若干特殊政策，加快贫困地区的经济开发。六、加强农村社会主义精神文明建设。

3月5日 "引洱入宾"灌溉工程在大理市海东区南村乡动工。该工程经水电部和省政府批准，正式列为云南省"七五"期间开发热区的一项重点水利工程，每年引洱海水总量控制在5000万立方米，灌溉面积5.8万多亩。

3月6日 《云南日报》报道，《云南省国民经济和社会发展第七个五年计划（摘要）》提出"七五"期间全省经济和社会发展的基本指导思想是：全面正确地贯彻党的十一届三中全会以来党中央的路线、方针、政策，坚持四项基本原则，坚持"两个文明"一起抓，坚持以经济建设为中心，坚持改革、开放和搞活，发扬艰苦奋斗精神，集中力量发展社会生产力；高度重视农业发展，加强重点建设和技术改造，推动科技进步和智力开发，积极发挥资源优势，全面提高经济效益，继续改善人民生活，奠定经济持续、稳定、协调发展的基础。

6月26日 省委办公厅转发省委农村工作部《关于新平鲁奎山铁矿开发情况的调查报告》。鲁奎山铁矿作为云南省大型矿山建设改革的试点，由昆钢和新平县联合开发，昆钢投资，新平县以补偿贸易的方法提供矿石。

7月初 中央书记处在北京召开会议，讨论云南民族工作的有关问题。会议指出：云南是一个多民族的边疆省，又是对越作战的前线，要妥善处理好民族关系，要注意工作方法，关心各民族群众的生活，发展安定团结的政治局面。10月8日至14日，省委召开全省民族、边疆工作会议。会议指出，云南发展民族经济要从云南处于社会主义初级阶段低层次的实际出发，在国家扶持下，努力改变边疆的贫穷落后面貌。

7月12日 《云南日报》报道，党的十一届三中全会以来全省个体经济得到迅速发展。到1986年底，全省个体工商户发展到32万户，从业人员48.5万人，营业额近23亿元。其中，从事商业、饮食、服务、修理行业的个体工商户25万户，从业人员37万多人，分别比1980年增长31倍和39倍。

7月14日 省人大常委会会议通过《关于进一步深入开展增产节约增收节支运动的决议》《云南省严禁赌博条例》。

10月25日—11月1日 中国共产党第十三次全国代表大会在北京举行。11月17日，省委召开省级机关党员负责干部会议，传达和布置贯彻党的十三大精神。11月25日，省委印发《关于认真学习和宣传党的十三大文件的安排意见》。

12月10日 省委转发省委农村工作部《关于切实加强服务，稳定家庭经营，完善农村联产承包责任制的意见》，指出：稳定家庭联产承包责任制，要做好为家庭经营提供各种服务；逐步完善土地承包责任制；加强经济林木、果园和山林管理；建立资金、劳动积累制度；建立干部任期目标责任制。

一九八八年

1月4日 《云南日报》报道，云南省烟草工业质量、效益居全国领先地位，技术装备已接近世界先进水平，卷烟成品合格率居全国同行业中的先进水平，税金、销售利润居全国第一位。

1月18日—2月6日 省委在省委党校举办省、地、县三级党委书记短训班，深入学习党的十三大精神。本次短训班以社会主义初级阶段理论和党的基本路线为重点，并围绕生产力标准这个核心问题展开学习讨论。6月，省委批转省委宣传部《关于在全省开展生产力标准问题理论讨论的意见》，要求把开展生产力标准问题的讨论作为贯彻党的十三大精神的重要措施和对真理标准讨论的继续和深化来抓。

1月29日—2月2日 省政府在昆明召开云南省第三次民族教育工作会议，专题研究民族教育改革问题。会议提出了发展云南民族教育的指导思想和根本任务。

2月25日 在首届女企业家评选活动中，有50名在"四化"建设中作出突出贡献的女经理、女厂长获得"全国优秀女企业家"称号，云南白药厂厂长朱宝凤是云南唯一获此荣誉的优秀女企业家。

3月22日—26日 全省乡镇企业工作会议在昆明召开，提出：要"五轮驱动"（指区办、乡办、村办、联户办、户办），以户办、联户办为主，依靠技术进步，集约经营；要发展横向经济技术联合，建立社会化服务体系；要走自力更生、自我积累、自我发展的路子。

会上表彰了 1987 年度发展乡镇企业成绩突出的地区、乡镇、企业共 284 个。1988 年，官渡区联盟镇成为全省乡镇企业第一个亿元镇。

4 月 7 日　省政府发布《云南省贯彻〈中华人民共和国民族区域自治法〉的若干规定（试行）》。

4 月 29 日—5 月 12 日　云南省第七届人大第一次会议在昆明举行，提出今后 5 年云南经济发展战略的基本构想：到 1992 年，全省生产总值达到 346 亿元，平均每年增长 10.9%；工农业总产值 350 亿元，平均每年增长 8.7%；国民收入 297 亿元，平均每年增长 10%；出口创汇 5 亿美元，平均每年增长 12%；粮食因没有完成"七五"计划前两年的目标，调整为 1992 年以前，最高年产量达到 115 亿公斤；城乡人民实际消费水平争取平均每年增长 7%；全省总人口控制在 3800 万人以内。

7 月 28 日　国家对全国 13 种名优烟实行价格放开，其中云南省的占 9 种，分别是：昆明卷烟厂的"云烟""红山茶""大重九""茶花"，玉溪卷烟厂的"红塔山""玉溪""阿诗玛""恭贺新禧"和曲靖卷烟厂的"石林"。

8 月 23 日—28 日　省委在昆明召开工作会议，重点讨论研究了深化农村改革，按照价值规律调整粮、糖、茶收购政策及流通体制改革问题。

9 月 6 日、10 月 8 日　省政府先后印发《关于进一步完善粮食合同定购制的规定》《关于调整省产白糖留购比例的规定》《关于调整全省茶叶收购价格和搞活流通的通知》3 个文件。

9 月 24 日—10 月 6 日　首届云南民族艺术节在昆明、大理、西双版纳举行。

10 月 6 日　省政府发出《关于完善农村土地承包制加强土地经营管理的通知》，提出：要加强土地经营管理工作的领导，深入开展珍惜和合理利用土地的教育；进一步完善土地承包合同，建立健全土地档案；稳定土地承包关系，增强农民对政策的稳定感；允许土地使用权合理流动，充分发挥土地效益；积极整治土地，开发土地后备资源；加强集体对土地的管理，积极为农户提供各种服务。

10月10日—15日 中共云南省委四届五次（扩大）全会召开。会议提出：要加强宏观调控，压缩社会总需求，压缩固定资产投资规模；控制货币投放和消费基金，压缩社会集团购买力；加强信贷和现金管理，大力回笼货币；整顿流通领域的各种混乱现象，清理整顿公司，严肃查处"官倒"，严禁非法经营；深化企业改革，提高经济效益；大力发展生产，特别是抓好粮食生产和其他生活必需品以及紧俏产品的生产，努力搞好市场供应，安排好群众生活。

11月3日—9日 省委、省政府召开全省深化企业改革工作会议。会议要求：坚持政企分开，切实维护企业的经营自主权；整顿和取消增加的中间环节和增加企业负担的行政性公司，坚决制止乱摊派；正确对待企业在改革中出现的问题；为企业改革大造社会舆论；搞好综合治理，维护好社会治安，切实保护经营者的人身安全；帮助企业解决能源、交通问题；各级政府和主管部门要积极支持企业改革，为企业排忧解难。

11月20日 省政府转发国务院《关于加强物价管理严格控制物价上涨的决定》。

12月7日—13日 省委、省政府召开全省农村工作会议，主要研究夺取1989年农业丰收，特别是确保全省粮食达到或超过100亿公斤的问题。根据会议的讨论研究，省委、省政府于12月19日印发了《关于全党动员同心协力夺取明年农业丰收的决定》。

一九八九年

1月16日—18日 中共中央政治局常委、国务院总理李鹏到云南，视察耿马、沧源和澜沧县灾情，鼓励大家搞好抗震救灾工作，搞生产自救，自力更生，重建家园。

1月24日 省委、省政府为贯彻《国务院办公厅关于纠正擅自超权提价和继续涨价的通知》，出台了控制物价上涨的6条措施。3月17日，省政府发出《关于颁发〈云南省城乡集市贸易市场管理暂行规定〉的通知》。12月3日，省委向全省发出《关于进一步治理整顿和深化改革的通知》。

2月11日—14日 省委召开工作会议，讨论在全省开展形势教育的问题；县以上政府各部门及时做好支农的组织协调工作，搞好支农服务工作的问题；组织大批科技人员深入生产第一线搞好科技服务的问题。

2月23日—27日 省委、省政府在鲁奎山召开全省矿山建设现场会和乡镇企业工作会议。会议强调：乡镇企业要扬长避短，正确发挥自己的优势，克服自己的劣势，在维护乡镇企业合法利益的基础上，要甘当配角、甘当原料基地；不要超越自己的可能条件、技术水平，不切实际地去争龙头，争"统包"之权，争中间环节的利，用这种指导思想是发展不了乡镇企业的。8月14日，省委、省政府决定对100户重点骨干企业实行倾斜扶持政策。

4月15日 省委、省政府召开省"中国11亿人口日"座谈会，强调人口是一个重大的社会问题和经济问题。

8月26日—30日 省委、省政府召开云南省民族工作会议和第二次民族团结进步表彰会。会后，省委、省政府作出《关于加强民族工作的决定》，在全省贯彻实施。

10月 省委就农村工作提出，家庭联产承包责任制符合云南生产力水平，要继续实行。当前农村深化改革的方向和目标是建立健全各种社会化生产服务体系，为农民提供产前、产中和产后服务，解决好一家一户办不了和办不好的事情。

11月16日—22日 中共中央总书记江泽民在省委主要领导、省党政军领导陪同下，先后视察了文山、思茅、西双版纳、昆明等地，驻昆部队和昆明机床厂、云南机床厂、昆明卷烟厂，听取了云南省委常委的工作汇报，并在省级机关党员干部大会上作了重要讲话。视察期间，江泽民指出，民族和睦，民族团结，发展民族经济，发展民族教育、文化事业，改善群众生活，这是所有在民族地区工作的干部必须高度重视的问题。民族不论人数多少和历史长短，都一律平等，要相互团结、相互学习，才能走向共同繁荣。抓民族文化素质的提高很有好处，要好好抓下去。民族干部不仅要学习社会科学知识，还要学习自然科学知识。要下功夫把农业特别是粮食生产搞上去，要增加投入、兴修水利，加强和完善农业服务体系，还要增加化肥、农药的供应。要抽调大批干部到农村去，坚持走群众路线。要充分认识云南在国家全局中的地位，加强边境管理，促进边贸发展。要加强党的领导，促进各级班子的团结，进一步加强军政、军民团结。

12月6日—11日 省委在玉溪召开全省农村思想政治工作和精神文明建设会议。会后，省委作出《关于加强农村思想政治工作和精神文明建设的决定》，进一步明确了农村思想政治工作和精神文明建设的任务和内容、基本形式和方法，强调要切实加强农村基层组织建设，充分发挥党支部的战斗堡垒作用和党员的先锋模范作用，各级党委和政府要加强对农村思想政治工作和精神文明建设的领导。

12月19日 《云南日报》报道，被视为"植胶禁区"的西双版纳傣族自治州国营东风农场10万余亩高纬度胶园，平均亩产达102.5公斤，居世界一流水平。

一九九〇年

1月2日 省委、省政府召开农村工作会议，落实省委四届六次全会提出的用6年时间使全省粮食总产量达到250亿斤、农林牧副渔全面发展的措施。1月6日至11日，省委、省政府召开全省农村工作暨农业科技推广会议。会议提出：一是加快农业综合开发，建设高产稳产农田；二是依靠科技进步，加强农科成果推广；三是落实倾斜政策，增加农业投入；四是发展乡镇企业，促进农业发展；五是搞好计划生育工作，严格控制人口增长。

1月 省委、省政府决定采取优惠措施，帮助停产半停产企业走出困境。8月23日至27日，云南省第二次发展城乡集体企业工作会议召开，确定从云南实际出发，实行"积极扶持、继续发展、整顿提高"的方针。

3月25日 昆明巫家坝机场一期扩建工程竣工，工程各项指标均达到设计要求。昆明机场有了能起降载客300人以上的大型客机的跑道，正式投入使用后，波音747、空客A310等各种大型客机都能在昆明机场起降。

4月13日 省政府作出《关于科技兴农的决定》。

5月16日 云南女子体操队获1990年全国体操锦标赛女子团体赛冠军。

5月29日 省委常委会召开会议，听取省林业厅关于长江中上游防护林体系建设工作会议的情况汇报。云南的任务是：由中央、省、地、县联合投资4.27亿元，在金沙江流域的昭通、巧家、永善、盐津、鲁甸、绥江、镇雄、威信、彝良、大关、水富、会泽、东川、元谋共14个县（市）按工程造林的标准造林1310万亩。

6月27日—7月1日 省委、省政府在宁蒗彝族自治县召开全省民族贫困山区经济、教育发展现场会。会议提出：一是治穷必须治愚，开发经济必须同开发智力相结合，把提高各民族文化技术素质摆在首要战略位置；二是从民族贫困山区的实际出发，因地制宜，实事求是，找准路子，扬长避短，择优发展自己的经济；三是发扬自力更生、艰苦奋斗的革命精神；四是要有一个团结坚强的领导班子。

8月1日—7日 中国共产党云南省第五次代表大会在昆明召开。大会审议通过《团结奋进，富民兴滇》工作报告，提出：到20世纪末，全省要实现生产总值再翻一番的宏伟目标；继续贯彻稳定压倒一切的思想，坚持团结稳定的方针，为社会主义现代化建设的顺利进行创造一个良好的社会环境。

8月29日—31日 省委、省政府召开全省启动农村市场会议，强调要搞好旺季农副产品的采购，促进商品销售，组织工业品下乡，充分发挥供销社在农村市场的主渠道作用。9月11日，省政府发出《关于启动农村市场搞活流通的通知》，提出要打破地区封锁，取缔各种不合理收费。

9月10日 省委常委会召开会议，提出建立农村教育科技4个体系的思路为建立中小学基础教育体系、县乡两级职业教育体系、县乡两级农业技术服务体系、乡村科普协会体系。

9月12日 全省第一个高新技术开发区——昆明五华高新技术产业开发区，被省政府正式批准列为省级开发区，并享受特殊扶持政策。

9月17日—21日 省委、省政府召开以建设2500万亩高产稳产农田为主题、以农田水利建设为中心的全省农田水利基本建设会议。

10月 省委发出通知,要求各级领导切实转变作风,带头深入基层、深入群众,帮助基层解决工作中遇到的实际问题和困难。1990年全省共组织了4批各级党政机关干部下基层,人数达125166人,占全省县以上党政机关干部总数的45.6%。

11月8日 云南省统计局公布第四次人口普查结果:全省总人口为36972610人,其中少数民族总人口占全省总人口的33.39%;与1982年第三次人口普查相比,每10万人中具有大学文化程度的人数由331人提高到807人,高中文化程度(含中专)由2792人提高到4095人,初中文化程度由10224人提高到13795人,文盲、半文盲人口占总人口的比例由31.49%下降到25.44%。

11月10日 省委在峨山彝族自治县召开省、地、县三级干部会,提出经济开发必须同智力开发相结合,治穷先治愚,脱贫先脱盲。

12月10日—13日 省委、省政府在昆明召开农村教育工作会议。会议提出,发展农村教育的着眼点必须集中在提高农村全体劳动者的文化素质上,结合当地的资源开发和经济发展的需要,全面开发农村智力资源。

12月22日 省人大常委会会议通过《云南省计划生育条例》。《条例》规定:生育必须在各级人民政府的指导下有计划地进行;提倡晚婚晚育,少生优生,禁止计划外生育;提倡一对夫妻只生育一个孩子,控制生育第二个孩子,除条件规定允许的外,不得生育第三个孩子。

12月24日 "八五"重点工程南昆(南宁—昆明)铁路破土动工。它是西南地区以电力机车为牵引动力的铁路干线,也是全国一次实现电气化最长的铁路和山区单线运输能力最大的铁路。南昆铁路全程874公里,横跨广西、贵州、云南三省。

12月26日 省委、省政府印发《云南省农村智力开发试点县工作实施方案》，决定把禄劝等24个县和东川市3个乡作为省智力开发试点县（乡）。截至1990年底，全省已建起153所农业职业中学、37所初级农中、27所农业中专和1所农业大学，并在近200所普通中学里附设农业职业班。全省还有740多所农民文化技术学校和2.8万多个培训机构，"七五"期间共培训农民107万人次，产生了10多万科技示范户。

12月29日 云南省第一条高等级公路——石安（石林—安宁）公路全线通车并举行了通车典礼。石安公路全长120公里，公路总投资近4亿元，是国家"七五"期间27条重点公路建设项目之一。

一九九一年

1月7日 省委、省政府召开全省治理整顿乱收费、乱罚款、乱摊派工作电话会议，要求全省各地积极行动起来，把治理整顿"三乱"工作引向深入，坚决刹住这股不正之风。7月22日，云南省召开治理"三乱"工作会议指出，全省治理"三乱"成绩显著：砍掉了乱收费项目500项；清理整顿了各种检查站52个；开展了重点检查；把清查与查处、清查与整章建制相结合。全省共取消、降低不合理收费金额6000余万元。

1月11日 《云南日报》报道，"七五"期间，全省对贫困县先后制定和放宽了18项政策，包括：调减合同定购粮2亿斤，减免农业税和增加财政补贴等；4年共举办各种干部培训班4522期，培训人数41万多人次；引进人才1113人；加强了水电路等基础设施建设，从1989年起把水利建设重点摆在贫困地区；扬长避短，扶持开发优势资源，变救济型扶贫为开发型扶贫。

1月14日—20日 省委召开工作会议，传达1990年12月下旬召开的中共十三届七中全会精神和全会审议通过的《中共中央关于制定国民经济和社会发展十年规划和"八五"计划的建议》。会议认为"今后10年，就是要为实现第二步战略目标而奋斗"，为此，云南必须做到：大力加强和发展农业，继续发挥烟、糖、茶产业的优势；加强交通、能源和邮电通信建设；重点开发磷化工业、钢铁和有色金属工业、橡胶加工业、林纸加工业这四大产业。

1月21日—27日 中共中央政治局常委、书记处书记李瑞环在云南视察时指出，党的十一届三中全会以来云南变化很大，中央对云南的工作是重视的、满意的、放心的。

1月 省委提出，要采取"三变"策略促进边境贸易的发展：要变等客上门的单边贸易，为主动打到外沿的双边贸易；要变多头零星的小额贸易，为专门联合大宗的进出口贸易；要变单纯的商业中转贸易，为开发型的"两头在外"的工业开发区市场，进一步推动民族地区经济的发展。

2月7日—16日 中共中央政治局常委乔石视察红河、西双版纳、昆明等州（市）。乔石指出，云南要坚持对外开放，搞好外贸、边贸和横向经济合作。

3月1日 省委首期"三基本"（马克思主义基本理论、党的基本路线和党的基本知识）教育培训班在省委党校开学。

3月5日—14日 云南省第七届人民代表大会第四次会议在昆明举行。会上作的政府工作报告指出，云南省国民经济和社会发展第七个五年计划的主要指标已经基本完成或超额完成，实现了生产总值比1980年翻一番的战略目标，为全省90年代经济和社会发展创造了良好的条件。

3月20日—24日 省委、省政府召开全省首次科学技术大会。会议提出：一是加强应用基础研究的投入；二是加强省级科研院所的建设，提高其研究和开发能力；三是加强山区开发工作；四是建立火炬计划基金，办好昆明五华高新技术产业开发区；五是进一步加强科技成果的推广工作；六是建设好国际科技交流大厦，加快云南省对外开放步伐；七是培养学术带头人，进一步发展和壮大科技队伍；八是继续执行奖励政策，充分调动广大科技人员的积极性。

6月 国家主席杨尚昆在云南考察。

7月3日 省委、省政府发出《关于进一步稳定和完善林业"两山"责任制的通知》。

7月12日—17日 省委召开五届二次全会,审议通过《中共云南省委关于制定云南省国民经济和社会发展十年规划和"八五"计划的建议》及其《说明》,强调必须坚持"教育为本,科技兴滇",把教育和科技事业放在优先发展的战略地位,使教育和科技的发展成为振兴云南的强大动力。

7月23日 省委发出《关于组建省委社会主义思想教育工作队的通知》,指出,为了加强砚山县平远街的"两个文明"建设,省委决定组建社教工作队,到该镇帮助工作,并就有关问题作了通知,标志着省农村社教工作正式铺开。11月19日,省委召开会议,动员和组织省直属机关干部参加农村社教活动。12月27日,省委发出《关于在全省农村继续深入开展社会主义思想教育的通知》,要求在党的正确路线指导下,开展农村干部群众的自我教育活动。

9月14日 省委、省政府在镇雄县召开全省扶贫开发工作会议。会议提出,"八五"期间的扶贫工作要以稳定解决温饱为重点,向最贫困、最偏僻、最落后的地区延伸。1991年,国务院决定将云南17个国营农场纳入"八五"扶贫计划。

9月23日—26日 省委、省政府在楚雄召开全省农田水利基本建设工作会议。会议在总结云南历史经验和全国部分省(区)出现特大洪灾教训的基础上,提出在1991年冬、1992年春,在全省范围内掀起农田水利基本建设新高潮。

10月21日—25日 省委、省政府在昆明召开禁毒工作会议,有700多人参加。会议提出禁毒是一场人民战争,争取在两三年内有效地控制毒品蔓延势头。

12月16日—21日 省委召开省、地、县三级干部会议,学习和讨论《中共中央关于进一步加强农业和农村工作的决定》和中共中央总书记江泽民的重要讲话。省委书记在会上作《认真学习贯彻八中全会精神，努力开创我省农业和农村工作的新局面》的报告。

12月19日 中国一条沟通西南与华南沿海的大动脉——南昆铁路动工兴建。1997年3月，南昆铁路全线铺通。1998年12月，试营通过国家验收，正式营运。

一九九二年

2月11日—13日 省委召开民族工作会议。会议贯彻中共中央民族工作会议精神，指出90年代云南民族工作的主要任务之一就是发展民族地区的教育和科学，把经济开发和智力开发结合起来，提高各族人民的文化技术素质，促进民族地区的经济发展。

2月14日—17日 全国人大常委会委员长万里在云南考察时指出，云南与全国各地情况千差万别，工作要根据云南自己的特点，因地制宜、实事求是，千万不要搞"一刀切"。

2月18日—3月3日 由中共中央、国务院批准，由文化部、国家民委、云南省人民政府联合主办的第三届中国艺术节在昆明隆重举行。

3月4日—6日 省委召开常委学习会，认真学习讨论邓小平南方谈话。省委提出，要统一思想，加快改革步伐，大胆前进。

3月8日 省政府主要领导在云南省第七届人民代表大会第五次会议上作了《关于云南省国民经济和社会发展十年规划和第八个五年计划的报告》，提出云南省今后十年经济和社会发展的指导思想：思想要更加解放，改革开放的步子要迈得更大，经济发展要更快，精神文明建设要搞得更好；努力把经济建设转移到依靠科技进步和提高劳动者素质的轨道上来，以提高经济效益为中心，优化经济结构，开发优势资源，加强基础建设，增强发展后劲，不断开创新局面；进一步加强社会主义民主和法制建设；在生产发展的基础上，逐步改善城乡人民的物质文化生活。

4月4日—12日 中共中央政治局常委宋平先后考察了德宏、西双版纳、大理和昆明等州（市），着重检查了解学习贯彻邓小平南方谈话和中共中央政治局全体会议精神情况。宋平指出，云南发展同东南亚地区的贸易和经济合作，前景广阔，要放手吸引外资、内资，把边境口岸和开发区建设好，在这方面，思想要再解放一点，办法再多一点，步子再快一点。

4月20日 省政府召开全省加快企业自主经营试点动员大会，向19个自主经营试点企业正式颁发《企业经营试点办法》。5月4日至8日，省委、省政府在昆明召开全省乡镇企业工作暨表彰会，指出，今后云南省对乡镇企业要实施"全党动手，各方扶持，因地制宜，放手发展"的方针。6月18日，省委办公厅、省政府办公厅发出《对部分地县任意改变乡镇企业所有制性质及隶属关系的通报》。10月17日，省委办公厅转发《关于加快乡镇企业发展的意见》的通知，指出加快发展乡镇企业是云南省90年代实现小康的重要战略之一。

4月28日 省委五届三次全会强调，要加快昆明、大理和丽江、西双版纳、德宏四大旅游开发区的建设，把云南的旅游业发展成为一个大产业。6月16日，省委、省政府决定大力发展以旅游业为主体的第三产业，下决心使旅游业成为全省的一项支柱产业。

5月20日 云南省"七五"重点建设项目"引洱入宾"工程贯通。

7月9日 广大铁路全面破土动工。广大铁路从成昆铁路广通站出发西行，经楚雄、南华、姚安、祥云、弥渡到大理市下关，全长213公里，投资约8.5亿元。1998年6月22日，广大铁路正式建成通车试营，滇西北从此结束了没有铁路的历史。

7月20日—25日 省委、省政府在瑞丽市举办首届边境商品交易会。

7月21日—29日 川、滇、黔、桂、藏和渝、蓉五省（区）七方经济协调会在昆明举行第九次会议。会议通过《五省（区）七方经济协调会关于加快对东南亚、南亚开放若干政策问题向党中央、国务院的请示》等。8月3日，省委常委会召开会议，讨论研究了巩固五省（区）七方经济协作会第九次会议的成果、抓住机遇、扩大开放、加快云南省经济建设步伐的若干问题。

8月4日 省委、省政府召开统一战线引进资金、技术、人才"三引进"工作座谈会。8月28日，云南省外商投资企业协会成立。9月4日，《云南省鼓励外商投资的规定》公布，出台了"允许昆明市行使省级1000万元以下，各地（州、市）300万元以下，瑞丽、畹町、河口3县（市）200万元以下外商投资企业审批权"等26条优惠政策，并成立了云南省政府外商投资管理服务中心。

8月8日 云南民办科技园破土动工。它是全国第一家民办高新技术产业园，是国家科委选定的深化科技体制改革的试点，是昆明高新技术产业开发区的一部分。

9月9日 云南省第一个县乡工业开发区——嵩明杨林工业开发试验区经省政府批准成立。

9月21日—24日 省委、省政府在昆明官渡区召开全省农田水利基本建设工作会议，研究部署围绕发展高产优质高效农业，加快农田水利基本建设步伐问题。会议提出"加快、深化、全面、鼓劲"的新形势下农田水利基本建设指导思想。

10月12日—18日 中国共产党第十四次全国代表大会在北京举行。10月22日，中共云南省委发出通知，要求全省党员、干部和各族群众认真学习贯彻党的十四大精神，在邓小平建设有中国特色社会主义理论指导下进一步深化改革，扩大开放。

10月19日 云南省"八五"重点建设项目、全省最大的水利工程——昭通渔洞水库导流隧洞工程正式开工。渔洞水库建成后可增加昭通、鲁甸两县（市）盆地灌溉面积32万亩，还可为昭通市居民生活和工业生产供水。

12月14日 被国务院列为文山边境重建重点工程的中华人民共和国天保口岸工程奠基。至此，云南省已有昆明机场、畹町、瑞丽、河口、磨憨、天保6个国家级口岸，片马、腾冲、盈江、章凤、南伞、清水河、孟连、打洛、景洪港、思茅港、金水河11个省级口岸。

12月16日—17日 省委、省政府在文山州召开现场办公会，原则批准了《文山壮族苗族自治州恢复生产发展经济方案》，把中越关系正常化后的文山州恢复生产、发展经济提上了议事日程。

一九三年

1月3日 省委发出《关于传达学习普朝柱同志〈关于加快边疆民族山区生产力发展问题的调查报告〉的通知》，提出"三结合、一体化"（城乡结合、科技与经济结合、开发与开放结合，农工商一体化）的经营体制。

1月4日—5日 省委常委会召开会议，研究部署1993年全省经济工作，明确全省经济工作主要抓好农田水利、乡镇企业建设，集中财力加强交通、能源、水利、通信设施建设，加快工业发展，进一步扩大对外开放，发展外向型经济。

1月27日 普洱县发生6.3级强烈地震，房屋财产损失严重。中共中央总书记江泽民、国务院总理李鹏分别于29日、30日亲自打电话详细询问地震后的情况，向灾区人民转达党中央、国务院的亲切慰问，并勉励灾区人民奋起抗震救灾，恢复生产，重建家园。

3月1日 省委办公厅转发省委农村工作部《关于在全省农村广泛开展奔小康活动的意见》，提出，奔小康是90年代农业和农村工作的总目标、总任务，各级党政负责人要加强领导，精心组织，从本地区实际出发，制定小康规划和指标体系，坚持以经济建设为中心，把奔小康的战略目标落到实处。

4月6日、8日 昆明、玉溪卷烟厂名优烟翻番技改项目分别通过国家验收。

4月14日—15日 省政府治理滇池污染现场办公会议召开。会议提出，综合治理滇池的目标是从1993年起，用18年时间，分3个阶段，投入30亿元，完成滇池流域的根本治理。近期目标是，在"八五"期间，减缓滇池流域生态环境的恶化速度。中期目标是，在"九五"期间，完成对直排滇池及产生严重污染的20多个重点污染源的治理，城市污水处理率达60%，实现城市工业用水、生活用水分质供水，排污留清，使滇池水体污染趋势基本得到控制。远期目标是，再花10年时间，使滇池流域生态出现良性循环。

4月中旬 省委常委会召开会议，讨论同意省政府根据党的十四大和中共中央关于调整"八五"计划若干指标的建议精神，提出调整云南"八五"计划的意见。云南国民经济增长速度由原定平均每年6.7%调高到9.1%，争取90年代平均达到10%的增长率。

5月1日 省委、省政府在昆明主持召开全省计划生育工作座谈会，指出，计生工作要坚持政策不变，既定的人口控制目标不变，各级党政一把手亲自抓、负总责不变的"三不变"指导方针。

8月2日 省委召开全省地（州、市）委农村工作部长会议，研究部署深化农村改革等问题。会议提出，深化农村改革就是要逐步发展社会化的大生产，使生产力来一个跳跃式发展，让全省农民快步奔小康。

8月8日 首届中国昆明出口商品交易会在昆明国际贸易中心开幕。

8月11日—13日 中共中央政治局常委、全国人大常委会委员长乔石在昆明视察，听取省委、省政府工作汇报。

9月13日—17日 省委、省政府在昆明召开全省乡镇企业工作会议。会议决定将加快发展乡镇企业作为全省经济工作的一个战略重点来抓，要继续坚持"解放思想，放开手脚，积极扶持，大力发展"的方针，搞好乡镇企业的发展。11月10日，省委、省政府作出《关于加快乡镇企业发展的决定》，指出，全省乡镇企业从现在起到20世纪末，以每年平均高于30%的速度快速发展，实现2000年全省乡镇企业总收入突破1000亿元的目标。

12月16日—24日 中共中央政治局常委、书记处书记胡锦涛在云南考察，就云南如何加快发展，指出：要深化改革，加快建立社会主义市场经济体制的步伐；从实际出发，确定本地的发展战略重点；把对外开放和对内开放结合起来，以开放促改革、促发展；加快人才培养，加速科技进步，做好改革开放这篇大文章。

一九九四年

1月7日 国务院决定从1994年1月1日起改革现行地方财政包干体制，对各省（区、市）实行分税制财政管理体制。1月7日，省委常委会召开会议，研究实行税制改革，同意省财政厅提出的税制改革分两步走的意见，确定了"稳定优先，巩固基层，逐步调节"的原则。1月25日，省政府印发《关于1994年地（州、市）实行过渡期财政管理体制的决定》。3月12日，省政府转发了国务院《关于金融体制改革决定》。

1月11日—13日 省委、省政府召开全省计划生育工作会议，提出今后3年使全省计划生育工作基本实现以宣传为主、避孕为主、经常工作为主的"三为主"目标。

1月28日 国务院总理李鹏对罗干赴云南考察边防工作的情况报告作重要批示："各级政府都应重视和支持边防工作，为保卫国家安全、发展睦邻友好、繁荣边境地区经济作出贡献。"

2月8日 省委办公厅、省政府办公厅发出向徐洪刚学习的通知。2月20日，中共中央总书记江泽民题词："向徐洪刚同志学习。"3月，国务院总理李鹏题词："向见义勇为不畏强暴的英雄战士徐洪刚同志学习。"

3月3日 省委决定第二次调整产业结构，提出，今后7至10年，省委面临第二次放手调整产业结构的考验，要有选择地重点开发产值可望达到50亿元以上的10多个大产业，使云南经济从单一的产业优势变为群体的支柱产业优势，使云南的经济提前翻两番。4月1日，第127次省委常委会会议召开，研究和同意第二次调整云南经济结构的思路。

4月1日 省委常委会会议传达学习3月下旬中共中央召开的全国农村工作会议精神。会议提出农村工作重点是深化农村改革，明确土地承包期在原承包期基础上再延长30年。

4月5日—8日 省委、省政府在昆明召开近10年来规模最大的全省农村工作会议。会议认为：云南农村经济面临第二次战略转变，第一次战略转变是推行家庭联产承包制，基本解决了农民的温饱问题；第二次战略转变是建立市场经济，引导农民实现小康目标。

4月27日—29日 省委召开全省地、县委书记会议。会议提出调整经济结构和所有制结构需抓好"四个环节"：对国有小型工商企业实行拍卖转让变国有为私营；放开手脚发展个体、私营经济；将荒山拍卖给有经营能力的农户发展绿色企业；乡镇企业推行股份合作制，使农村经济持续、快速、健康发展。

5月4日 新华社消息，素有"植物王国"之称的云南省已成为我国天然香料最大生产出口基地。

5月23日 全省乡镇企业工作会议在昆明召开，提出全省乡镇企业发展目标：1994年突破300亿元，以后年递增40%以上；经过今后7年的努力，到2000年实现总收入1200亿元。10月10日，省委、省政府印发《关于推行乡镇企业股份合作制的试行意见》。

7月5日—9日 省委、省政府在楚雄召开全省林业工作会议，集中研究、讨论省委、省政府提出的到2000年基本消灭全省宜林荒山，把林业建设成一个产值超百亿元产业的奋斗目标。11月15日，省委、省政府正式作出《关于2000年基本消灭现有宜林荒山的决定》，提出今后7年，每年平均造林合格面积要达485万余亩，基本消灭全省现有宜林荒山。

8月15日 省政府常务会议召开，会议根据《国家八七扶贫攻坚计划》，讨论通过《云南省七七扶贫攻坚计划》。《云南省七七扶贫攻坚计划》提出，从1994年起至2000年止，要动员全社会的力量打好扶贫攻坚战，力争用7年时间，基本解决目前云南省73个贫困县700万贫困人口的温饱问题。8月18日，省政府正式将《云南省七七扶贫攻坚计划》印发全省执行。

11月14日 省委常委会召开会议，学习《中共中央关于加强农村基层组织建设的通知》，传达全国农村基层组织建设工作会议精神，研究全省的贯彻意见。11月27日，全省农村基层组织建设工作会议在澄江县召开。会后，省、地、县共抽调工作队员16600余名（其中县处级以上干部1490人）组成第一批"村建"工作队，陆续进驻125个县（市）的5247个行政村开展工作。12月中旬，省委农村基层组织建设工作领导小组成立。

一九九五年

1月25日 省委发出《关于抓紧做好培养选拔优秀年轻干部的通知》，要求用3至5年时间，在各级党政领导班子中，保证有一批30—40岁的优秀年轻干部能及时选拔到县以上领导班子中，使各级领导班子形成合理的梯次年龄结构。

2月7日—11日 省委、省政府召开全省教育工作三级干部会议，讨论《省委、省政府贯彻实施〈中国教育改革和发展纲要〉的意见》，会后颁发《中共云南省委 云南省人民政府贯彻落实〈中国教育改革和发展纲要〉的意见》《中共云南省委 云南省人民政府贯彻落实〈中共中央关于进一步加强和改进学校德育工作的若干意见〉》，对20世纪末、21世纪初全省教育事业的发展具有根本性、全局性、战略性的重要意义。

2月25日 全省旅游工作会议召开。会议提出，要加快发展旅游业，把云南建成旅游大省。10月19日，云南省委常委专题研究了贯彻落实朱镕基重要指示的意见。省委决定：为把云南建成旅游大省，必须进一步采取有效措施，加大开发力度，完善全省的旅游总体规划，提高旅游的文化含量，组成一些股份制的旅游公司，力争股票上市，筹集资金，加速旅游业的发展，扩大旅游业招商。

6月21日 省长办公会召开，确定今后5年，全省以506个扶贫任务最艰巨的贫困乡（镇）为重点，集中人力、财力、物力，打一场扶贫攻坚战。省、地、县对506个贫困乡（镇）实行定点挂钩扶贫。加强科技扶贫，由对口扶贫单位负责派出506个乡（镇）科技副乡长对口帮助。12月26日至28日，省委、省政府在文山召开了全省扶贫开发工作会议，研究制定了省委、省政府《关于打好扶贫攻坚战确保"九五"基本脱贫的决定》。

7月28日 省委、省政府印发《云南省文明走廊工程建设规划》，争取在20世纪末把贯穿云南的6条铁路和6条公路干线沿线的城镇全部建成"文明城镇"。

8月15日 省委印发《云南省农村基层组织建设三年规划》，提出，农村基层组织建设要以经济建设为中心，以改革为动力，以"建好党支部班子，选准致富路子"为重点。

8月22日—26日 中国共产党云南省第六次代表大会在昆明召开。大会审议通过《解放思想，开拓前进，为实现小康目标而努力奋斗》的工作报告，提出今后五年的奋斗目标是：综合经济实力有较大增强；经济结构进一步优化；对外开放达到较高层次；初步建立社会主义市场经济体制；科学教育等社会事业全面发展；人民生活基本达到小康水平。

9月20日—22日 省委、省政府在昆明召开工作会议，研究云南省供销社深化改革和促进供销社发展的问题。11月6日，省委、省政府印发《关于深化供销合作社改革，促进供销合作社发展的意见》。

10月6日—11日 中央政治局常委、国务院副总理朱镕基到昭通等地区考察，指出解决云南脱贫问题需要中央、省、地共同努力抓好一些关键性措施。

10月24日 武定县发生6.5级地震，死亡52人，重伤604人，轻伤9530人。地震发生后，省委领导作出批示，省政府领导打电话询问灾情，省抗震办、省救灾办、省地震局等部门派人赶赴灾区，帮助当地政府开展抗震救灾工作。25日凌晨,中共中央总书记江泽民打电话给省委,向灾区各族人民表示亲切慰问。国务院总理李鹏和副总理姜春云先后打电话询问抗灾救灾情况,对灾民表示慰问。国务院派出工作组深入灾区指导工作。29日,省委、省政府、成都军区领导到灾区考察灾情、慰问灾民,研究部署抗震救灾工作。

10月28日—31日 省委、省政府召开全省科学技术大会。会议提出了全面实施"科教兴滇"6项奋斗目标、7项主要任务和10项重大措施。

11月24日 由云南咖啡产业有限责任公司承建的云南"18生物资源开发工程"咖啡产业化开发项目正式启动。该项目从1995年实施至2008年,先建9.3万亩种植基地,年产2000吨焙炒咖啡,待2000年建成达产后,再根据当时的市场情况和资金投入的条件考虑筹建15.7万亩种植地、年产1.7万吨焙炒咖啡,成为云南经济的重要支柱之一。

12月23日 省委、省政府印发《关于贯彻落实〈中共中央 国务院关于加速科学技术进步的决定〉的实施意见》。

一九九六年

1月8日 省委、省政府作出《关于打好扶贫攻坚战确保"九五"基本脱贫的决定》，提出：力争到2000年实现绝大多数贫困户人均纯收入达到500元，人均占有粮食300公斤以上；全部乡（镇）及85%以上的行政村（办事处）通公路；全部乡和90%的行政村通电；全部乡和行政村（办事处）通电话。

1月21日—23日 省委、省政府在宜良县召开全省"四荒"（荒山、荒坡、荒沟、荒滩）有偿出让与开发工作会议，提出加快"四荒"出让开发步伐，促进全省农村经济的发展。

1月28日《云南日报》报道，全省17个地（州、市）已全部获得外贸进出口经营权。

1月 省委、省政府为全面实施科教兴滇战略、推动科学技术进步，提出了加速科学技术进步的10条措施。

2月7日 省政府主要领导在云南省第八届人民代表大会第四次会议上作了《关于云南省国民经济和社会发展"九五"计划和二〇一〇年远景目标的报告》，提出全省国民经济和社会发展的目标是：到20世纪末，人均生产总值比1980年翻两番，人民生活基本达到小康水平；到2010年，力争实现生产总值比2000年翻一番；农村居民生活全面达到小康，城镇居民生活在小康基础上更加富裕。改革的目标是：2000年前初步建立社会主义市场经济体制的框架，到2010年形成比较完善的市场经济体制。

3月5日 省委颁布实施《共青团云南省农村基层组织建设三年规划（1996—1998年)》。

4月5日 省委农村工作领导小组举行第一次会议，提出实施农业十大工程：一、滇中现代化农业示范工程。二、热区农业工程，重点抓好德宏、临沧等7个地（州、市）的冬季农业开发。三、农业综合开发工程，抓好滇西南的农业区域开发。四、商品基地建设工程。五、扶贫攻坚工程，在资金、技术、人才、物资上对贫困地区倾斜，加快脱贫致富的步伐。六、农田水利建设工程，实行山水田林路电综合治理。七、农业科技推广工程。八、山区林业综合开发工程。九、农业生产资料供应工程。十、畜牧业现代化工程。

4月11日—21日 中共中央政治局常委、中央军委副主席刘华清到昆明、丽江灾区、德宏、大理等地以及驻云南部队、武警、陆军学院考察。

4月24日—26日 省委、省政府在楚雄召开全省农村工作会议。会议提出，云南省力争到2000年实现粮食基本自求平衡。

5月10日—17日 中共中央政治局常委、国务院总理李鹏考察西双版纳、丽江、德宏、大理、昆明等地。考察中，他对云南省"九五"的总体安排、澜沧江流域水电资源开发、边贸和口岸管理、民族团结和精神文明建设等方面作了重要指示。

6月6日 省委、省政府印发《云南省"九五"农业发展纲要》。

8月18日 首届云南省乡镇企业商品展销会结束，商品销售额达2.66亿元，引进资金7.4388亿元。

8月21日—24日 省委、省政府在昆明召开全省经济体制改革工作会议。会议通过《云南省"九五"经济体制改革规划纲要和2010年远景目标》《关于进一步深化经济体制改革的政策措施》《关于进一步发展横向经济联合与协作的补充规定》《关于进一步扩大对外开放的若干政策措施》。

9月3日—6日 首届促进东部与中西部企业合作会议在昆明举行。云南省谈成签约项目68个，引资24亿元。

10月25日 云南首条高速公路——昆曲（昆明—曲靖）高速公路全线通车。

12月6日 省委、省政府作出《关于加快四大支柱产业建设的决定》，提出发展烟草产业、以食品为重点的生物资源开发产业、以磷化工和有色金属为重点的矿产业、以自然风光和民族风情为特色的旅游业四大支柱产业。

12月19日—20日 省委、省政府召开全省扶贫开发工作会议。会议强调：进一步统一思想认识，把解决群众的温饱问题作为贫困地区经济发展的中心任务来抓；继续坚持开发式扶贫，重点解决群众温饱和办学问题；切实加强领导，把扶贫攻坚的每一项任务落到实处。

12月25日 省委、省政府印发《关于贯彻中办发〔1996〕29号文件精神进一步解决部分企业职工生活困难问题的意见》。

12月26日 省委六届四次全会召开，讨论通过《中共云南省委关于贯彻党的十四届六中全会〈决议〉，加强全省精神文明建设的实施意见》。

一九九七年

1月7日 省政府召开全省农业综合开发工作会。"八五"期间,云南省按照集约化、商品化、现代化的发展思路,提高了农业综合生产能力。通过第一、二期农业综合开发,使项目区水利化程度提高了8个百分点,森林覆盖率增加了3个百分点,建成了一批贸工农一体化的项目。云南省累计新增粮食5.06亿公斤,新增油料1506万公斤,新增肉类3607万公斤,农民人均年纯收入新增200元。

1月21日 全省第六次环境保护会议提出,云南省将拨专项资金保护西双版纳热带雨林及滇池、杞麓湖、异龙湖、星云湖、洱海、抚仙湖、泸沽湖、程海、阳宗海9个高原湖泊,对8种类型的污染企业坚决实行关、停、并、转。3月20日,省委、省政府作出《关于切实加强环境保护工作的决定》。

1月23日 上海、云南两省(市)领导在上海举行会谈,就推动沪滇对口帮扶和社会经济协作向纵深发展问题进行了探讨,并签署了《上海—云南对口帮扶与经济社会协作"九五"计划纲要》。

1月26日—28日 省政府在宜良召开第二次全省"18工程"工作会议。会议强调,要把开发利用生物资源作为省基础研究、应用研究、开发研究的第一个重大攻关课题,列入省"九五"计划及2010年远景目标中的科技攻关项目。2月初,省政府出台《云南省18生物资源开发工程科技成果产业化特种奖奖励暂行办法》。首批受到奖励的是"云南小粒咖啡的研究与开发""云南螺旋藻的研究与开发""云大：BR-120 高效植物生长调节剂的研究与开发""云南滇橄榄的研究与开发"4 个项目。

1 月　省委、省政府联合发出通知，对全省学习贯彻中共中央《关于切实做好减轻农民负担工作的决定》作出安排部署。

同月　按照省委、省政府的要求，五大扶贫工程中的"绿色工程"在全省贫困山乡全面启动，目标：到 2000 年，用 4 年时间，集中投资 4.2 亿元，发展 400 万亩经济林果，实现 506 个贫困乡户均经济林果 3 亩以上。

2 月 10 日　《云南日报》报道，云南"九五"农业发展纲要提出的"十大工程"建设已全面启动，包括滇中现代化农业示范工程、开发热区农业工程、农业综合开发工程、商品基地建设工程、扶贫攻坚工程、农田水利建设工程、农业科技推广工程、山区林业综合开发工程、农业生产资料工程、畜牧现代化工程。

3 月 14 日　省委、省政府决定进一步改善乡镇企业发展环境。12 月 11 日，省乡镇企业深化改革工作会议在宜良召开。会议提出，要加快建立适应社会主义市场经济的新体制、新机制，以逐步建立现代企业制度为目标，进一步解放思想，积极稳妥地推进以产权制度为核心的乡镇集体企业改革。

4 月 10 日　漫湾发电厂被正式批准为全国特大型企业。它是云南省第一座百万千瓦级大型水电厂，也是我国第一个由中央和地方合资建设的大型水电工程。

4 月　省委、省政府决定对居住在乌蒙山、哀牢山、高黎贡山等生存条件十分恶劣的高寒山区的 40 余万特困人口分期分批进行异地开发扶贫。

7 月 3 日　省委、省政府作出关于贯彻落实《中共中央　国务院关于进一步加强土地管理切实保护耕地的通知》的实施意见，指出：

要进一步加强土地宏观管理，严格建设用地审批；要加强农村集体土地管理，努力开发复垦耕地；要加强土地国情国策的宣传教育和加强土地管理部门的队伍建设。

7月18日 中共中央总书记、国家主席、中央军委主席江泽民为罗炳辉题词："人民功臣罗炳辉将军。"

8月4日 国家正式批准云南兴建大朝山水电站。这是云南继漫湾电站之后，在澜沧江上兴建的第二座梯级电站。

9月12日—18日 中国共产党第十五次全国代表大会在北京举行。9月22日，省委常委会召开会议，学习党的十五大和十五届一中全会精神。会议认为，必须尽快传达学习，要将这项工作作为当前头等重要的任务，抓实抓好。

9月29日 云南首届外国专家"彩云奖"领奖仪式在昆明举行。云南省外国专家"彩云奖"是从1997年起为表彰为云南经济建设、文化发展和社会进步作出杰出贡献的外国专家而设立的。

10月10日 省委、省政府作出《关于治理向企业乱收费、乱罚款和各种摊派等问题的决定》，减轻企业负担。

12月2日 南昆（南宁—昆明）铁路全线开通运营。南昆铁路是国家"八五""九五"期间重点建设项目，辐射12.4万平方公里。

12月11日 全省乡镇企业深化改革工作会议在宜良县召开。会议提出，积极稳妥地推进以产权制度为核心的乡镇集体企业改革。

12月26日 省委办公厅、省政府办公厅为进一步贯彻落实《中共中央办公厅 国务院办公厅关于进一步稳定和完善农村土地承包关系的通知》精神，对做好全省稳定和完善土地承包关系工作作出规定：各级政府要切实提高对稳定农村土地承包关系重要性的认识，加强领导；认真做好延长土地承包期的工作；严格加强对土地承包合同和土地承包费的管理。

一九九八年

1月8日—20日 云南省第九届人民代表大会第一次会议召开。会议提出，要进一步解放思想，在经济体制改革上实行整体推进、重点突破。经济发展要稳中求进，强化农业基础地位，着力调整经济结构，加快国有企业改革步伐，提高对外开放水平，实施科教兴滇和可持续发展战略。安排好群众生活，坚持两手抓的方针，促进全省经济持续、健康发展。

2月23日 省政府决定在全省推行小额信贷扶贫工作，从1998年起至2000年，用9亿元支持506个乡扶贫攻坚。

4月20日 省委办公厅转发省委组织部《关于在全省实施"党员、干部结对扶贫工程"的意见》。5月21日，省委农村基层组织建设工作领导小组和省委组织部制定《云南省1998年"党员、干部结对扶贫工程"工作安排意见》。7月21日，省委党建工作领导小组印发《云南省"党员、干部结对扶贫工程"工作三年规划》，提出，从1998年起至2000年，经过3年的结对扶贫工作，力争实现贫困户的年人均纯收入达到500元（1990年不变价），人均占有粮食300公斤以上，基本解决90万户贫困户440万人的温饱问题，并逐步向小康目标迈进。

4月22日—24日 云南省对外开放工作会议召开。省委、省政府把今后5年云南对外开放的基本思路归纳为：进一步解放思想，抓住机遇，以外贸、外资、外经、外联为重点；巩固东南亚，加强港澳台，拓展欧美日，推动大洋洲、南亚和非洲；全方位开拓国际市场，努力扩大进出口贸易；直接利用外资和间接利用外资一起抓，大中小项目一起上，重点吸引国际大财团、跨国公司来云南投资；大力引进发达国家的先进技术、设备、管理经验和人才；积极稳妥地发展海外投资；加强与国内各省（区、市）和高校、科研院所，特别是沿海发达地区的经济技术协作，促进云南省经济持续、快速、健康发展。

4月25日—27日 省委、省政府召开全省个体私营经济工作会。会议强调，要进一步明确发展思路，解放思想，实事求是，加强领导，大胆突破，形成全党动员，支持个体私营经济发展的新局面。会议还确定了重点扶持发展的第一批100户私营企业名单。5月9日，省委、省政府作出《关于大力发展个体私营经济的决定》，指出，发展个体私营经济坚持放心、放胆、放手进行的方针，力争经过5年努力，使个体私营经济创造的生产总值在全省生产总值中的比重达到15%以上。

4月下旬 省委、省政府决定对外开放招商引资实行"三制"，即对外开放和利用外资项目实行领导推进责任制，职能部门实行全程跟踪责任制，涉外部门实行工作时效责任制。5月17日，省委、省政府印发《关于进一步扩大对外开放的若干意见》，提出：到2002年，省进出口总额达到34亿美元；引进外资在1997年的基础上翻一番，协议利用外资36亿美元；国内经济协作引进省外资金当年达到30亿元；当年接待海外游客130万人次，创汇6亿美元。

5月12日 省政府印发《云南省解决农村人畜饮水困难实施意见》。《意见》就目标任务、资金筹措、解决标准以及项目管理、项目实施、组织领导、奖惩办法等方面作了具体规定。

5月19日 省委常委会召开扩大会议，传达学习中共中央、国务院召开的国有企业下岗职工基本生活保障和再就业工作会议精神，研究部署全省的贯彻落实意见。会议强调，全省各级各部门要把国企下岗职工基本生活保障和再就业工作作为头等大事抓紧抓好，党政一把手负总责、亲自抓。7月10日，全省国有企业下岗职工基本生活保障与再就业暨国有企业改革与脱困工作会议在昆明召开。会议提出，从1998年起，用3年时间解决下岗职工基本生活保障和再就业问题。8月24日，省委、省政府制定《关于贯彻〈中共中央　国务院关于切实做好国有企业下岗职工基本生活保障和再就业工作的通知〉的实施意见》，发全省各地贯彻执行。9月6日至7日，省再就业服务机构建设工作会议召开。会议要求，9月20日前，全省凡有下岗职工的国有企业都必须建立再就业服务工作站，下岗职工进入再就业工作站的比例要达到100%，并领到基本生活费。会上，省委、省政府又与云南锡业公司等12家国有企业主要领导签订了《云南省国有企业下岗职工基本生活保障与再就业暨三年改革与脱困责任书》。

5月21日—22日　中共中央政治局常委、国务院副总理李岚清在昆明主持召开'99昆明世界园艺博览会组织委员会第三次会议暨第二次国内组展工作会议。

6月9日　上海代表团与云南共同签署了《关于进一步做好两地对口帮扶协作工作纪要》，指出，双方要紧密配合，集中人力、财力、物力，帮助红河、思茅、文山3地（州）的贫困群众脱贫。7月23日，上海共青团市委、云南共青团省委联合在上海召开组织启动青年志愿者扶贫接力计划新闻发布会，宣布从1998年起至2000年，组织上海青年志愿者到文山、思茅、红河3地（州）进行帮扶志愿服务工作，一年一轮换。9月2日，上海第一批青年志愿者21人正式赴云南工作。1996年以来，滇沪共实施合作项目182个，涉及资金17.14亿元。

6月18日 省委办公厅印发《关于在全省开展"领导当楷模、机关作表率、基层树形象"主题活动的通知》。

7月21日 省政府出台《云南省城市居民最低生活保障制度实施意见》。《意见》对实施保障的方针、办法、对象以及保障标准、保障金的审批和发放、保障资金的来源和管理等都作了具体阐述。

8月24日 省委办公厅、省政府办公厅发出《关于认真贯彻落实中办发〔1998〕18号文件精神切实做好当前减轻农民负担工作的通知》。

同日 省委、省政府印发《关于贯彻〈中共中央 国务院关于切实做好国有企业下岗职工基本生活保障和再就业工作的通知〉的实施意见》。

9月1日 省委、省政府决定云南省金沙江流域和西双版纳州从10月1日起全面停止天然林采伐。

9月4日 省委、省政府印发《云南省国有企业三年改革与脱困纲要》，基本目标是：大多数国有大中型企业初步建立现代企业制度并基本摆脱亏损；两年基本完成国有小企业的改革任务。

10月21日 省委、省政府正式印发《关于进一步促进乡镇企业改革、发展与提高的若干意见》。

10月26日 《云南日报》报道，全省各地积极开展第二轮土地承包工作。全省大部分农村地区第一轮土地承包合同已先后到期，为了消除农民怕政策变的顾虑，各地根据"大稳定，小调整"的原则，积极开展第二轮土地承包工作，已有50%的农户办理了土地延包30年的合同，使农民吃下了"定心丸"。

11月24日 省委、省政府作出《关于加快发展高新技术产业的决定》。

12月25日 省委为认真贯彻落实《中共中央开展以"讲学习、讲政治、讲正气"为主要内容的党性党风教育的意见》精神，印发《关于在县级以上党政领导班子、领导干部中深入开展以"讲学习、讲政治、讲正气"为主要内容的党性党风教育的意见》。

一九九九年

1月12日 省委印发《关于贯彻落实党的十五届三中全会决定的实施意见》，提出，到2010年，农业总产值年均增长4%以上，粮食实现自求平衡，主要农产品保持稳定增长，农民收入在现有基础上翻一番，农村实现小康。要实现以上目标，必须坚持把农业放在国民经济的首位，牢固确立农业的基础地位。

1月13日—15日 省委、省政府主办的云南建设民族文化大省研讨会召开。会议要求掀起建设民族文化大省的高潮。

1月22日 省委、省政府发出《关于进一步加强"四荒"出让与开发工作的意见》。

1月26日 省委召开全省"三讲"（讲学习、讲政治、讲正气）教育动员电视电话会议，对全省"三讲"教育作总体安排。

2月5日 中共中央政治局常委、国家副主席胡锦涛到昆明考察。考察世博园后，胡锦涛提出，希望云南成功地承办好世博会，展现中华民族灿烂的园艺艺术，增进与世界各国的友谊与合作。

2月5日—6日 中共中央政治局常委、国务院副总理、'99昆明世界园艺博览会组织委员会主任李岚清在昆明召开的组委会第4次会议上要求，确保世博会圆满成功。10月28日至11月1日，李岚清在云南省考察。李岚清对云南省城市建设、生态保护、旅游产业、园林园艺等工作作了重要指示。在滇期间，李岚清出席了中国'99昆明世界园艺博览会总结表彰大会和闭幕式，并在总结表彰大会上作了发言。

2月24日 省委常委会召开会议研究"两烟"工作。会议强调，"两烟"是云南经济的支柱，要客观分析和认真研究云南烟草在国际、国内市场的现状，深入调查研究，重视管理，推进改革，扩大开放，再创云南"两烟"生产的新辉煌。

3月22日—29日 中央政治局常委、全国政协主席李瑞环在云南考察，就云南改革开放、产业发展、生态保护、城市建设等工作作出重要指示。

4月22日 中共中央总书记江泽民在成都主持召开四川、云南、贵州省及重庆市国有企业改革和发展座谈会。4月27日，省委常委会召开会议，传达学习江泽民在座谈会上的重要讲话，研究贯彻意见。会议决定，建立省级领导联系脱困企业制度，省委、省政府领导和省人大常委会、省政协、省纪委领导分别联系一批国家级和省级重点脱困企业，争取经过两年的努力，完成重点企业脱困任务。10月底，昆明钢铁总公司等11家企业被列为全国重点企业。

4月28日—5月3日 中共中央总书记、国家主席江泽民出席云南世博会开幕式，并对大理、丽江、石林等地进行考察。江泽民指出，只要全国各民族团结一心、开拓进取，在改革开放和现代化建设中不断推进共同发展，中华民族就一定能在下个世纪实现伟大腾飞。考察期间，江泽民为中共云南省委题词："领导当楷模，机关作表率，基层树形象。"

4月30日 举世瞩目的第22届世界园艺博览会开幕式暨大型文艺晚会《天地浪漫曲》在昆明拓东体育场隆重举行。中共中央总书记、国家主席江泽民出席开幕式，并宣布中国'99昆明世界园艺博览会开幕。5月1日，世博园举行开园仪式。从5月6日至10月29日，省博览局先后为全国30个省（区、市）举办了活动周。会期中还举办了各种经贸活动,共签约325项,协议金额超过150亿元人民币。在184天的会展期间,世博园共接待海内外游客942万人次,仅门票收入就达3.4亿元。

5月14日 省委常委会召开会议,分析当前经济形势,研究发展对策。5月22日,省委印发《中共云南省委关于做好当前经济工作的意见》,提出了增强做好当前经济工作的信心、切实减轻农民和企业负担、制定新的房改政策等18项意见。

7月4日 《云南日报》报道,云南省代表团走访上海市,双方代表签署了《关于加强上海市与云南省对口帮扶合作工作纪要》《上海市原投入云南5000万元小额贷款转为无偿支援的协议》《上海市向云南扶贫安居工程建设支援1000万元的协议》3个文件。

7月21日 省委常委会召开会议,传达学习全国省部长经济工作座谈会精神,并讨论通过云南的贯彻实施意见。会议强调,要继续扩大内需,实施积极的财政政策。

9月9日 贡山独龙族怒族自治县的独龙江公路全线贯通。独龙江公路历经4年建成,全长96.2公里。独龙江公路的全线贯通实现了我国唯一不通公路的少数民族聚居区——独龙江乡的通路通车,为独龙族人民的脱贫致富开辟了路径。

10月21日 省委常委会召开会议,研究对内开放工作。会议提出,抓住国家西部大开发的有利时机,尽快形成云南全方位、多层次、宽领域的对内开放格局。10月25日至26日,全省对内开放工作会议在昆明召开。会议强调,要解放思想,抓住机遇,全面推进云南对内开放。11月22日,省委、省政府作出《关于进一步扩大对内开放的决定》,积极推进云南与省外的经济、技术和社会合作。

11月11日—12日 省委六届八次全体会议在昆明举行,审议并原则通过《中共云南省委关于贯彻〈中共中央关于国有企业改革和发展若干重大问题的决定〉的意见》，强调加快云南国有企业改革和发展步伐，必须创造性地落实好四中全会《决定》，抓好把国有经济战略性调整、国有企业战略性改组同全省的整体经济结构调整和国有企业改组结合起来等7个结合，突出抓好重点地区、重点行业、重点企业和重点产品等几个重点。

11月22日 省委常委会召开扩大会议，传达学习中央经济工作会议精神。会议强调：要千方百计确保农业增产、农民增收；关心群众生活，维护社会稳定；加大科教兴滇的力度。

12月22日—24日 云南省民族工作会议暨第四次民族团结进步表彰大会在昆明举行。这次大会围绕认真学习和贯彻落实中央民族工作会议暨国务院第三次全国民族团结进步表彰大会精神，总结云南省民族工作的成就和经验，紧紧抓住国家实施西部大开发战略的历史机遇，研究进一步加强民族工作的具体政策措施，部署跨世纪民族工作。12月31日，省委、省政府作出《关于进一步做好新形势下民族工作的决定》。

12月25日—26日 全省教育工作会议在昆明举行。会议提出，动员全省各族人民解放思想，改革创新，全面推进素质教育，大力实施科教兴国战略，为积极投入西部大开发，实现云南省跨世纪发展目标奠定人才和知识基础。

12月31日 省委、省政府为突破人才瓶颈制约，全面推进云南经济社会发展，作出《关于加快高层次人才培养引进的决定》。

二〇〇〇年

1月25日 省委、省政府在昆明召开全省人口资源环境工作座谈会，围绕进一步推进云南省人口资源环境协调发展主题，总结经验，分析形势，部署工作。3月23日，省委常委会召开会议，传达学习全国两会和中央人口资源环境工作座谈会精神，研究贯彻意见。会议提出，要从观念、思路、政策入手，抓紧实施西部大开发云南战略，促进人口资源环境与经济社会协调发展。

1月31日 省委、省政府出台《关于贯彻〈中共中央　国务院关于深化教育改革全面推进素质教育的决定〉的意见》。

2月3日 经国务院批准，昆明经济技术开发区成为国家级开发区。昆明经济技术开发区创办于1992年，从1996年以来，开发区完成了3.8平方公里建设，引进资金26亿元，引进项目236个。

2月15日 省委常委会召开会议，贯彻落实全国西部地区开发会议精神。会议提出，要把新一轮解放思想、更新观念大讨论和西部大开发有机结合起来，进一步解放思想、更新观念，做好组织准备、舆论准备、项目准备、政策准备，抓住难得的历史机遇，积极投入西部大开发，为云南省的跨世纪发展作出贡献。4月7日，省委、省政府确定了云南参与西部大开发战略的思路和行动计划，重点实施五大工程，即基础设施建设工程、生态环境保护和建设工程、经济结构调整优化工程、科技扶贫致富工程、兴边富民工程；建立全国五大基地，即中国最大的生物资源开发创新基地、最大的安全型烟草种植和卷烟生产基地、最大的磷化工生产基地、全国重要的有色金属工业基地、西电东送能源基地。6月6日，省委、省政府制定《关于进一步改善投资环境，扩大开放，全面实施西部大开发战略的若干意见》。

2月21日—23日 全省农村工作会议在玉溪召开。会议提出，要积极适应农业和农村经济发展新阶段的要求，把着力推进农业和农村经济结构的战略性调整，千方百计增加农民收入，作为新阶段农业和农村工作的中心任务。

2月27日 省委、省政府决定命名云南省地质博物馆等21个单位为第三批省级爱国主义教育基地。

3月28日 省委、省政府作出《关于加快城镇建设的决定》。

3月 省民委、省财政厅、省教育厅联合下发《云南省边境沿线行政村以下小学学生免费教育试行办法》，决定自2000年起，省民委和省财政厅每年拨出1800万元的资金，对全省25个边境县、123个边境乡镇、1549所校点的13.93万名在校小学生实行"三免费"（免教科书费、杂费、文具费）教育。免费教育经费按每生每学年150元划拨到县。

4月10日—5月10日 首届中国昆明国际旅游节在昆明举行。旅游节期间，国内有30个代表团，国外有42个代表团、演艺团等3000多海内外来宾参加。云南省共接待旅游者555.4万人次，旅游总收入达34.1亿元。

4月20日 省委制定《关于贯彻〈中共中央关于加强和改进思想政治工作的若干意见〉的实施意见》。《实施意见》对新时期云南省思想政治工作的方针、原则、内容、规律和方法，作出具体部署。

4月29日 省政府印发《云南省生态环境建设规划》。

5月9日 全省村级体制改革工作会议在昆明召开，提出改革村级体制、实行村民自治的主要任务是：将村级行政管理体制改为村民自治体制，村公所（办事处）改为村民委员会。以合作社或自然村设立村民小组，改革村干部管理和选任体制，村干部退出乡（镇）干部编制序列，由选聘制改为选举制。5月19日，省委、省政府出台《关于改革村级体制实行村民自治的意见》。

5月22日 全省国有企业改革和发展工作会议在昆明召开。会议讨论修改《中共云南省委关于贯彻〈中共中央关于国有企业改革和发展若干重大问题的决定〉的意见》的12个配套文件，部署全省经济及安全生产工作，推动云南省国有企业的改革和发展。7月13日，部分地（州、市）国有企业改革与发展座谈会在昆明举行。会议强调，国有企业改革和发展是各级党委、政府的"一把手工程"，深化国有企业改革要努力实现观念创新、制度创新、技术创新、管理创新，全面加强企业领导班子建设、管理和监督。

6月13日—18日 中共中央政治局常委、中央书记处书记、中央纪委书记、全国总工会主席尉健行到云南考察，希望云南广大干部和各族人民按照"三个代表"的要求，在省委的领导下，进一步深化改革，扩大开放，维护稳定，加强各民族团结，在实施西部大开发战略的进程中作出更大的贡献。

7月1日 经国务院同意，省政府决定设立姐告边境贸易区。

7月30日—31日 省委六届十次全会在昆明召开。会议审议并原则通过《中共云南省委关于贯彻落实江泽民同志"三个代表"重要思想的决定》。8月4日，省委正式作出《关于贯彻落实江泽民同志"三个代表"重要思想的决定》。

8月23日 《云南日报》报道，云南省军区在扶贫工作中实施基础设施扶贫、教育扶贫、科技富民、绿色生态"四大工程"，变"输血式"扶贫为"造血式"扶贫，5年来，使边疆近百万各族群众摘掉了贫困帽子。

9月19日—20日 全省生物资源开发创新工作会议在昆明举行。会议旨在把云南建成"绿色经济强省",加快生物资源的开发创新。10月31日,省委、省政府印发《关于加快发展生物资源开发创新产业的决定》,提出建设6大工程、建立6大支撑体系、做强做大10个生物资源开发产业。

10月30日 云南商业集团有限公司、云南轻纺集团有限公司、云南石油化学集团有限公司、云南省国有资产经营有限责任公司及云南省融资担保有限责任公司正式成立。

11月14日—16日 省委六届十一次全体(扩大)会议在昆明召开。会议审议并通过了《中共云南省委关于制定国民经济和社会发展第十个五年计划的建议》。会议提出,从第十个五年计划开始,云南省将进入全面建设小康社会和完善社会主义市场经济体制的重要时期,也是实现"三大目标"的关键时期。要在确保经济运行质量和效益的前提下,力争生产总值、全社会固定资产投资增长略高于全国平均水平,人口自然增长率接近全国平均水平。

12月6日—7日 云南省第二次个体私营经济工作会议在昆明召开。会议讨论了《〈关于大力发展个体私营经济的决定〉的补充规定》《云南省个体私营经济"十五"发展规划纲要》等几个政策性文件,表彰了一批先进个体、私营企业和经营者。

二○○一年

1月2日 省委、省政府公布《云南民族文化大省建设纲要》，内容包括：建设民族文化大省的必要性和重要意义，指导思想、奋斗目标和基本要求，主要任务和基本内容，保障措施和实施对策四大部分。

1月4日—6日 省委在昆明召开全省农村"三个代表"重要思想学习教育工作会议。会议提出，要认清形势、坚定信心、统揽全局、把握重点、狠抓落实、乘势前进，高质量搞好农村"三个代表"重要思想学习教育活动，进一步提高农村基层干部素质，增强农村基层组织的凝聚力和战斗力，努力开创全省农村工作新局面。

1月9日 《云南日报》报道，由省政府批准实施的《关于全面推进云南省城镇医药卫生体制改革意见》出台，标志着全省城镇医药卫生体制改革全面启动。

2月11日 省委、省政府在昆明召开全省人口资源环境工作座谈会。会议强调，必须从战略高度深刻认识经济社会发展同人口、资源、环境关系的重要性，把这件关系到各民族生存和发展的大事作为紧迫任务，确保控制人口、节约和合理利用资源、建设和保护环境这3个方面目标的实现。

2月16日 云南省第九届人民代表大会第四次会议通过《云南省国民经济和社会发展第十个五年计划纲要》，提出"十五"经济社会发展的指导思想是：高举邓小平理论伟大旗帜，以江泽民同志"三个代表"重要思想为指导,坚持党的基本路线、基本纲领,解放思想,实事求是,开拓创新;抓住西部大开发的重大机遇,紧紧围绕建设绿色经济强省、民族文化大省和中国连接东南亚、南亚国际大通道的三大目标,坚持"两手抓、两手都要硬",认真实施科教兴滇战略和人才战略、可持续发展战略、城镇化战略、全方位开放战略;坚持以加快发展为主题、经济结构调整为主线、改革开放和科技进步为动力、提高人民生活水平为根本出发点,促进全省经济持续、快速、健康发展和社会全面进步,推动全省综合经济实力和人民生活水平再上新台阶。

2月22日—24日 省委农村工作会议在昆明召开。会议强调,实现增加农民收入的目标,继续加大扶贫开发力度,推进开发扶贫,要做到领导到位、科技到位、措施到位。

3月31日 省政府印发《云南省人民政府关于"十五"期间加快工业结构调整的若干意见》,就工业结构调整的主要任务、调整的重点、政策措施等提出了具体要求。

4月7日—8日 省委在昆明召开全省社会治安工作会议。会议强调,要认真学习、深刻领会和坚决贯彻落实江泽民总书记的重要讲话和全国社会治安工作会议精神,切实保证人民群众安居乐业,为全省改革开放和现代化建设创造良好治安环境。

4月10日 省委办公厅发出《关于认真组织各级干部深入第一线抓好当前农村重点工作的通知》。

同日 省委、省政府作出《关于加强人口与计划生育工作进一步降低生育水平的决定》,提出,从2001年开始,省财政每年安排专款,对30个县实施"计划生育重点帮扶工程"。7月18日至19日,省委、省政府在昆明召开全省人口与计划生育工作会议。会议要求,全省各级领导干部一定要充分认识到人口与计划生育工作是国民经济和社会发展的重要内容，像抓经济工作那样抓人口与计划生育工作，确保各项措施落到实处。

5月8日 省政府召开全省抗旱救灾电视电话会，全面部署抗旱救灾工作。据不完全统计，至5月初，全省投入抗旱资金3000多万元、抗旱人员250万人、抗旱机械7000多台（套）。

6月27日 全省天然林保护工程现场会议在怒江召开。会议提出，要以贡山县特大滥伐林木案为典型，举一反三认真总结教训，采取措施切实保护云南珍贵天然林资源，确保云南省天然林保护工作健康发展。

8月3日 中央军委主席江泽民、国务院总理朱镕基签署命令，授予云南省公安边防总队德宏傣族景颇族自治州支队木康公安边防检查站"缉毒先锋站"荣誉称号。9月18日，荣誉称号命名大会在北京人民大会堂隆重举行。

8月24日—25日 全省文化事业改革发展工作会议在昆明召开。这是改革开放以来省委、省政府召开的首次全省文化工作会议。会议的主要任务是，进一步贯彻落实江泽民同志"三个代表"重要思想、深入研究和探讨云南省文化事业改革发展若干重大问题、积极推进云南民族文化大省建设。10月27日，省委、省政府正式出台《关于进一步加快文化事业改革发展的若干意见》，提出了加快文化事业改革发展的思路、措施。

8月28日 省委、省政府召开全省减轻农民负担工作电视电话会。会议要求，各级各部门要认真学习贯彻落实全国电视电话会精神，以江泽民同志"三个代表"重要思想为指导，采取坚决措施，切实把减轻农民负担作为一件大事抓紧抓好，维护农民的合法权益。

12月12日—16日 中国共产党云南省第七次代表大会在昆明召开。大会审议通过《坚定不移地实践"三个代表"重要思想，把云南社会主义建设推向新的阶段》工作报告，提出今后五年加快云南经济社会发展的总体要求是：高举邓小平理论伟大旗帜，以"三个代表"重要思想为指导，坚持党的基本路线不动摇；调动一切积极因素，团结奋进，以加快发展为主题、经济结构调整为主线、改革开放和科技进步为动力、提高人民生活水平为根本出发点，围绕建设绿色经济强省、民族文化大省和中国连接东南亚、南亚国际大通道三大目标，实施可持续发展、科教兴滇、城镇化和全方位开放四大战略；培育和壮大烟草、生物资源开发创新、旅游、电力和矿产五大支柱产业，扎扎实实打基础，突出重点抓生态，调整结构创特色，依靠科技增效益，改革开放促发展，推进经济持续、快速、健康发展和社会全面进步。

12月20日 滇沪对口帮扶协作领导小组第五次联席会议暨《上海—云南对口帮扶与全面合作"十五"计划纲要》签署仪式在上海举行。

12月26日 云南最大的水电站——大朝山水电站首台机组正式并网发电，由此拉开了我国大型水电站"西电东送"的序幕，为云南培育电力支柱产业、滚动开发澜沧江流域探索了成功的经验。

二〇〇二年

1月16日 省政府召开全省粮食工作会议，确定从4月1日起，取消粮食定购任务，实行放开粮食收购、粮食市场和粮食价格。3月28日，省政府印发《关于进一步深化粮食流通体制改革的实施意见》。

1月20日 国家电力公司、省政府共同举办了小湾水电工程开工仪式。电站位于云南大理白族自治州南涧县和临沧地区凤庆县交界处。电站总装机容量420万千瓦，保证出力177.8万千瓦，工程总投资277.32亿元，是仅次于三峡电站的大型水电工程。

1月24日 省委、省政府在昆明召开全省人口资源环境工作座谈会。会议强调：要继续抓好天然林保护工程；做好退耕还林还草工作，确保今年全省退耕还林还草任务的完成；大力开展植树造林；尽快编制云南低产用材改造技术操作细则；加快国家和省确定的以滇池为重点的9大高原湖泊和大江大河污染治理工程的进度；抓住经济结构战略性调整的有利时机，解决结构性污染问题。

2月25日—28日 全省农村工作暨扶贫开发工作会议在昆明召开。会议提出：要认真贯彻中央农村工作会议精神，坚持农业的基础地位不动摇；大胆探索农业和农村经济结构的战略性调整及农民增收的新思路；实践"三个代表"重要思想，切实保护和调动农民的积极性，千方百计增加农民收入。9月17日，省委、省政府决定，以扶贫工程为载体，采取特殊措施，集中一定财力物力，加快独龙族、德昂族、基诺族、怒族、阿昌族、普米族、布朗族7个特有民族脱贫步伐。

3月7日 《中共云南省委 云南省人民政府关于深化国有企业改革的若干意见》出台，提出，要用3年左右时间，以产权制度改革为突破口，以退保进，以放促活，加快云南国有企业的体制创新、机制创新和结构优化，全面有序地深化国有企业改革，基本解决云南国有企业存在的重点难点问题。

4月12日 省委、省政府发出《关于印发〈云南省"十五"农业发展纲要〉的通知》。《纲要》提出"十五"期间农业和农村经济的发展思路与奋斗目标和相应的政策措施。

4月26日 省委、省政府发出《关于印发〈云南省农村扶贫开发纲要（2001—2010年）〉的通知》。《纲要》提出了2001—2010年全省农村扶贫开发的指导思想、奋斗目标、基本原则和政策措施。

5月12日 内（江）昆（明）铁路全线开通运营。铁道部和云南、贵州、四川3省在贵州省六盘水市隆重举行了开通庆典。内昆铁路是沟通云、贵、川、渝3省1市的又一条铁路干线，全长872公里，其中在云南境内210公里。

5月23日 省委、省政府印发《关于加强城市社区建设的意见》。

5月23日—24日 中共中央总书记江泽民在重庆主持召开六省（区、市）西部大开发工作座谈会，进一步总结和交流实施西部大开发的情况，明确下一步工作的方向，加强对西部大开发工作的领导。5月27日，省委常委会召开扩大会议，传达西南六省（区、市）西部大开发工作座谈会精神，学习江泽民总书记在座谈会上的讲话。

5月30日 滇粤两省签署《"十一五"期间增加"云电送粤"规模协议书》，确定在"十一五"期间"云电送粤"规模将从160万千瓦增加到280万千瓦。

7月5日 省委、省政府在昆明召开全省旅游工作座谈会。会议要求，与时俱进、拓宽发展思路，加快改革、创新体制机制，突出特色、创精品名牌，加强指导，狠抓落实，提高旅游产业的整体素质和效益。2002年，全省旅游业总收入289.93亿元，增长12.84%，旅游业总收入相当于全省生产总值的12.8%。

7月15日—20日 中共中央政治局常委、国家副主席胡锦涛到云南视察工作。胡锦涛先后到昭通、曲靖、昆明等地，就实施西部大开发战略、开展扶贫助困工作和加强党的建设进行调查研究。胡锦涛在听取云南省委、省政府工作汇报后，作了重要讲话。胡锦涛在充分肯定了云南各项工作取得的成绩后指出，面对新世纪、新阶段的新形势，云南要抓住机遇，迎接挑战，实现新的发展。

7月26日—27日 全省农业产业化经营工作会议在弥勒召开。会议要求抓好六个环节：一是培育壮大各种类型龙头企业；二是创新农业产业化经营发展机制；三是加大科技创新和推广力度；四是大力开拓农产品市场；五是适度扩大商品基地建设规模；六是健全农业社会化服务体系。11月22日，省委、省政府印发《关于推进农业产业化经营的意见》。

9月20日 省委、省政府正式下发《云南省基础教育振兴行动计划》，决定实施"五大工程"（"两基"攻坚工程，边境、少数民族、贫困地区教育发展工程，中小学危房改造工程，信息技术教育工程，扩大优质教育资源建设工程），深化"四项改革"（深化投入体制改革、深化管理体制改革、深化教育教学改革、深化办学体制改革）。

9月23日 省委、省政府在昆明举行云南省高等学校党建工作会议。会议旨在进一步加强和改进高校思想政治工作，切实维护高校稳定。

9月25日 省委、省政府在昆明举行2001年度云南省科学技术颁奖大会，授予吴征镒院士2001年度云南省科学技术奖突出贡献奖。

9月25日—26日 云南省振兴基础教育暨第四次民族教育工作会议在昆明举行。至2002年，全省普及九年义务教育的县（市、区）达到96个，人口覆盖率76.7%；扫除青壮年文盲的县（市、区）109个，人口覆盖率85.1%。

9月27日—28日 全省再就业工作会议在昆明召开。经省委、省政府批准，出台了《中共云南省委、云南省人民政府贯彻〈中共中央　国务院关于进一步做好下岗失业人员再就业工作的通知〉的实施意见》，提出促进就业和再就业的32条政策措施，确定云南省今后3年就业和再就业的主要工作目标。

9月 省委办公厅、省政府办公厅发出《关于采取特殊措施加快我省7个人口较少特有民族脱贫发展步伐的通知》。同年，启动46个边境民族贫困乡和870个扶贫工作重点村的综合开发建设。

11月8日—14日 中国共产党第十六次全国代表大会在北京举行。11月26日，省委发出《关于认真学习贯彻党的十六大精神的通知》。

11月22日 省委、省政府根据党中央、国务院关于扶持农业产业化的重大决策，为加快云南农业和农村经济结构战略性调整，提高农业整体素质和效益，加快农业现代化进程，促进农民收入持续稳定增长，印发《关于推进农业产业化经营的意见》。

12月23日—24日 省委七届三次全会在昆明召开。全会提出云南要与全国同步实现全面建设小康社会的奋斗目标，并动员全省党员和干部群众，为实现云南全面建设小康社会的目标而奋斗。

二〇〇三年

1月6日 省委、省政府作出《关于加快发展云药产业的决定》,指出,云南具有发展云药产业得天独厚的优势。加快发展云药产业,努力把云药建成云南继烟草之后的又一支柱产业,是云南抓住西部大开发的历史机遇,培育特色经济、调整产业结构、全面建设小康社会的重大举措。1月7日,云南云药科技股份有限公司成立大会暨揭牌仪式在昆明举行。

1月28日 省社科院在昆明举行云南全面建设小康社会研究中心成立大会暨"云南蓝皮书"系列丛书首发式。"云南蓝皮书"系列丛书是研究云南省小康社会建设进程的首批成果。

2月24日—25日 省委、省政府在昆明召开全省农村工作会议。会议要求:要全面贯彻落实党在农村的基本政策,深化农村改革;要继续把农业结构的战略性调整引向深入,千方百计增加农民收入;要统筹城乡经济社会发展,充分发挥城市对农村的带动作用;要加强农业基础设施和生态环境建设;要加大扶贫开发力度,尽快解决贫困人口的温饱问题。

3月17日 《云南日报》报道,据中国科学院西双版纳热带植物园科研人员与省内专家对云南古茶园、古茶树、野生茶树群落分布情况的长期调查,证明云南是我国乃至世界古茶园保存面积最大、古茶树保存数量最多的地方。

4月7日—8日 全省加快发展非公有制经济工作会议在昆明举

行。会议指出，加快发展非公有制经济，要力求政策上有新突破、扶持上有新举措，使云南非公有制经济发展呈现出一个新局面。4月18日，省委印发《关于加快非公有制经济发展的若干意见》。

4月11日—15日 中共中央政治局常委李长春先后到丽江、德宏、大理、昆明等地考察调研，并就云南宣传思想文化工作作出重要指示。

4月22日 省委、省政府召开全省非典型肺炎（简称"非典"）防治工作电视电话会议，贯彻落实中央政治局常委会和全国"非典"防治工作会议精神，安排部署云南防治"非典"工作。省委、省政府决定，成立云南省非典型肺炎防治领导小组，将4月20日至5月20日定为云南预防"非典"疫情的警戒期，并采取10条特殊措施，防止"非典"感染和传播。由于省委、省政府采取了一系列措施开展"非典"防治工作，云南省取得了未发生一例"非典"临床确诊病例和疑似病例的重大胜利。7月2日，国务院防治"非典"督察组向省委、省政府反馈督察意见时指出，云南为全国"抗非"作出了重要贡献。

5月29日—30日 省委、省政府召开昆明城市规划与建设现场办公会议。会议听取了昆明市委、市政府《关于昆明城市发展情况的汇报》和市规划局、市滇池管理局作的"一湖四环""一湖四片"（"一湖四环"指围绕滇池治理，开展环湖截污工程、环湖生态工程、环湖交通工程、环湖新城区工程。"一湖四片"指在治理完善昆明老城区的同时，加快开发呈贡、晋城、昆明—海口三片新城区，形成"一湖四片"）初步规划的汇报。

5月31日—6月4日 中共中央政治局常委、中央纪委书记吴官正在云南考察，强调要把制度建设贯穿于反腐倡廉工作的各个环节。

6月20日 省委印发《关于在全省兴起学习贯彻"三个代表"

重要思想新高潮的意见》，要求各地各部门，要根据中央和省委的部署，结合自身实际提出工作方案，精心安排，着力推动，抓好落实。

7月12日—16日 中共中央政治局常委、全国政协主席贾庆林在云南调研。贾庆林对学习贯彻"三个代表"重要思想、统一战线、人民政协等提出意见。

7月17日—18日 省委七届四次全会在昆明召开。会议指出，党的十六大召开后，全国出现了新一轮你追我赶、竞相发展的局面。形势逼人，不进则退，慢进也是退。如果再不奋起直追，云南与全国的差距还将进一步拉大。当前云南经济工作的首要任务，就是在2002年遏制住经济增长速度连续下滑的基础上，巩固经济恢复性增长的成果，争取2004年全省经济进入快速发展时期。

7月18日 省政府印发经国务院批准的《云南省农村税费改革试点方案》。7月20日至21日，全省第二次农村税费改革试点工作会议在昆明召开。7月份开始，在2002年江川、蒙自、澜沧3个县开展农村税费改革试点的基础上，云南省农村税费改革试点工作在全省全面推开。12月17日，省政府办公厅转发《国务院办公厅关于进一步加强农村税费改革试点工作的通知》。

7月19日 省委在昆明召开云南省发展文化产业、繁荣民族文化、建设文化大省大会。会议指出，在区域布局上，要以昆明、丽江、大理、迪庆、保山5大区域为重点，产业结构以广播影视、新闻出版、文艺演出、体育服务4大产业为重点，做大做强，形成规模和影响。8月21日至22日，云南省文化体制改革与文化产业发展研讨会在昆明举行。

7月21日 大姚县发生6.2级地震，造成楚雄、大理、丽江3州（市）8个县的125万人受灾，72万人成灾，因灾死亡16人，重伤110人，直接经济损失超过8亿元。10月16日，大姚县再次发生

6.1级地震，27万人成灾。地震发生后，中共中央总书记胡锦涛，中共中央政治局常委、国务院总理温家宝等中央领导作出重要批示，要求全力做好抗震救灾工作。省委、省政府立即派出工作组赴灾区指导救灾工作。

7月23日 省委、省政府在昆明召开2002年度云南省科学技术奖颁奖大会，中国工程院院士、昆明理工大学教授戴永年获突出贡献奖，获300万元奖金。

7月28日 省委印发《关于进一步加强关心下一代工作的意见》。

7月 省政府正式出台《云南省农业人口独生子女奖励暂行规定》，对领取"独生子女父母光荣证"的农业人口夫妇及其独生子女给予"奖优免补"的奖励和优待。

8月8日 省政府办公厅转发《国务院办公厅关于加快推进再就业工作的通知》。9月1日至2日，全省再就业工作会议在昆明举行。会议提出，必须充分认识做好再就业工作的重要性、紧迫性和长期性，切实加强领导，在加快发展中促进就业和再就业工作。

9月30日 省委深化教育体制改革专题会议在昆明召开。会议指出，深化教育体制改革是全面建设小康社会的根本要求，是人民群众的迫切愿望，是教育自身发展的迫切需要。

11月3日—4日 省委、省政府在昆明召开云南省加快推进新型工业化会议。会议指出，发展工业，必须走新型工业化道路，坚持以信息化带动工业化，以工业化促进信息化，走出一条科技含量高、经济效益好、资源消耗低、环境污染少、人力资源优势得到充分发挥的新型工业化路子。12月30日，省委印发《关于走新型工业化道路，实施工业强省战略的决定》。

12月2日—3日 首届东亚城市市长论坛在昆明开幕。

12月4日—5日 省政府在玉溪召开现场办公会议，专题研究玉溪城市建设、产业发展和环境保护问题。会议提出，要把玉溪建设成为滇中现代经济强市，率先在全省实现全面建设小康社会的目标。

12月15日—16日 全省扶贫开发工作会议在昆明举行。会议指出：要创新扶贫开发机制，努力提高扶贫开发的质量和效益；进一步激发贫困地区脱贫致富的内在动力，增强自我发展能力，夺取新时期扶贫开发工作的新胜利。

二〇〇四年

1月12日 省委、省政府作出《关于加快新时期扶贫开发工作的决定》，提出要切实抓好扶贫安居温饱建设、易地开发扶贫、贫困地区劳务输出等重点工作，基本解决286万绝对贫困人口的温饱问题，提高478万农村低收入人口的收入水平。到2007年，解决200万贫困人口的饮水困难，40余万户特困农民住茅草房、杈杈房的安居问题，完成100万贫困人口的劳务输出。

2月6日 中共中央政治局常委、国务院总理温家宝对滇池治理作出重要批示："滇池污染严重，治理难度很大，需要一个科学的切实可行的综合治理方案，统筹规划，认真落实。"

2月19日 省委、省政府作出《关于加速林业发展的决定》。2月21日至22日，云南省林业工作会议召开。会议指出，要树立和落实科学发展观，把林业放在更加突出的位置，实现生态与经济协调发展。省政府与各地（州、市）签订了天保工程和退耕还林行政首长目标责任状。

2月20日 在2003年度国家科学技术奖励大会上，云南大学教授侯先光等人的研究成果"澄江动物群与寒武纪大爆发"获得本届奖励大会唯一国家自然科学奖一等奖，昆明植物所研究员藏穆等人的"中国西南地区高等真菌重要类群的分类与新化学成分研究"获国家自然科学奖二等奖，中国工程院院士、昆明理工大学戴永年教授等人的"硬锌真空蒸馏提锌和富集锗铟银"获国家技术发明奖二等奖。

2月24日 省委、省政府召开全省教育改革与发展座谈会。会议强调:一要切实加快改革进程,推动教育全面发展;二要大力发展高中教育,突破制约发展瓶颈;三要大力发展民办教育,构建多元办学体制;四要加强教师队伍建设,解决师资短缺问题。6月17日,省委、省政府在文山召开教育改革与发展综合试点情况汇报会。

2月24日—25日 省委农村工作会议召开。会议指出,做好新阶段的农业和农村工作,中心任务是要千方百计促进农民增收。3月25日,省委、省政府发出《关于印发〈云南省农村工作守则〉的通知》。5月11日,省委、省政府作出《关于贯彻〈中共中央 国务院关于促进农民增加收入若干政策的意见〉的实施意见》,提出,要切实把农民增收作为中心任务,加强对粮食主产区的支持,继续推进农业结构调整,大力发展农村二、三产业,加强农村劳动力资源开发,大力发展农村营销组织,强化农业基础建设,深化农村改革,突出扶贫重点,切实加强领导,狠抓各项工作落实。

3月25日 云南省科技工作会议召开。会议提出,全省科技工作要在提升科技对经济社会发展支撑能力、做好中长期科技发展规划编制、培养引进和选拔使用科技人才、推进科教兴滇战略落实到基层、创新科技管理体制机制、增强科技创新能力等方面取得新进展。4月14日,省政府与中国科学院签署《云南省人民政府、中国科学院全面科技合作协议书》,合作期限自2004年起至2008年3月止。

4月20日 云南省加快县域经济发展电视电话会议召开。会议提出,要集全省之力,努力开创全省县域经济发展的新局面。6月22日,省委、省政府作出《关于加快县域经济发展的决定》,提出,要牢固树立科学发展观,围绕农民增收、工业增效、财政增长、后劲增强的要求,大力发展非公有制经济,以特色经济为依托、城镇化为载体、改革开放和体制创新为动力,切实加快县域经济发展和社会进步的步伐,为全面建设小康社会奠定坚实的基础。2004年,省政府突出重点,集中资金支持47个试点县加快县域经济发展。

5月25日 省委、省政府印发《关于深化文化体制改革、加快文化产业发展的若干意见》,明确了文化体制改革和文化产业发展的指导思想、基本原则、目标任务和具体措施。10月24日至28日,云南文化产业上海推介周举行。

5月28日 省政府与中国农业银行在昆明签署《金融服务"三农"云南行动计划合作协议》,中国农业银行承诺在未来4年,向云南省提供260亿元人民币信用额度用于支持农业发展。

6月1日 首届泛珠三角区域合作与发展论坛在香港开幕。泛珠三角区域行政长官签署了《泛珠三角区域合作框架协议》。

6月6日—10日 中国昆明进出口商品交易会开幕。从2004年起,中国昆明出口商品交易会更名为中国昆明进出口商品交易会,更名后进一步扩大了交易会内涵,为昆交会走向专业化、规范化和国际化作了积极的探索。

6月29日—7月1日 省政府在玉溪召开全省第一次花卉工作会议。会议提出,努力实现花卉产业可持续发展目标。

6月30日—7月5日 中共中央政治局常委、全国人大常委会委员长吴邦国考察云南工作。吴邦国指出,新时期抓发展要坚持科学发展观,在发挥比较优势上做文章。云南要着力发展旅游业、特色农业等具有特色的新型产业,将资源和区位优势转化为经济优势。

7月5日 德宏傣族景颇族自治州盈江、陇川两县普降大到暴雨,造成特大洪涝泥石流灾害。20日,德宏州盈江县因连降暴雨,再次发生特大洪涝和滑坡泥石流灾害。灾情发生后,中共中央政治局常委、国家副主席曾庆红,中共中央政治局委员、国务院副总理回良玉专程深入德宏州盈江县重灾区考察、慰问。省委、省政府组织人员到灾区查看灾情，积极组织、指挥抗洪救灾工作。

同日 石林世界地质公园揭牌仪式在石林景区举行，联合国教科文组织官员为石林颁发了世界地质公园证书。

7月8日—12日 中共中央政治局常委、中央政法委书记罗干考察云南基层政法工作和经济社会发展情况。罗干充分肯定了云南近年来经济社会发展和维护稳定工作取得的成绩，提出要按照科学发展观的要求，创造和谐稳定的社会环境。

7月24日 省委、省政府印发《关于加强和改进未成年人思想道德建设的实施意见》，明确了扎实推进中小学思想道德建设，提高家庭思想教育水平和一手抓净化、一手抓建设，为未成年人的健康成长创造良好环境的工作重点。

7月28日 省委、省政府印发《关于进一步加快旅游产业发展的若干意见》，从2004年8月1日起实行，提出至2020年把云南建成旅游经济强省的总体目标。

9月27日 省政府决定，从2004年10月1日起，提高云南省城市居民最低生活保障标准和最低工资、失业保险金、失业人员医疗补助金标准。其中，129个县（市、区）的城市居民每人每月最低生活保障标准在原基础上提高10元。

10月5日—6日 中共中央政治局常委、国务院总理温家宝考察云南工作。5日下午，温家宝冒雨到地震受灾严重的昭通市鲁甸县桃源乡岩洞村，代表党中央、国务院和胡锦涛总书记，向受灾群众表示亲切慰问。他充分肯定了云南省各级党委、政府和广大基层干部组织群众奋起抗灾、救灾取得的成绩，希望各级干部继续发扬吃苦在前、享乐在后的精神，团结带领群众战胜困难、重建家园。6日上午，温家宝在昆明考察，向假日期间坚持工作的广大职工致意，与市民亲切交谈，仔细了解生活必需品价格和市场供应情况。考察期间，温家宝对云南省近年来各方面取得的成绩给予充分肯定，并对做好下一步工作提出希望和要求。

10月16日　省委、省政府发出通知，在全省开展创建"平安县（市、区）"活动，用3—5年的时间使90%以上的县（市、区）达到"平安县（市、区）"的目标。

11月8日　省政府转发《国务院关于做好2004年深化农村税费改革试点工作的通知》，要求各地、各部门全面落实农业税税率降低1个百分点和取消农业特产税政策，积极推进各项改革，加强领导，确保改革稳步推进。

11月29日　省委召开构建和谐社会调研座谈会。会议指出，必须把构建和谐社会的能力作为提高执政能力的重要内容，注意激发社会活力，最广泛最充分地调动一切积极因素，促进社会公平和正义，维护社会安定团结，巩固和扩大党执政的社会基础。

12月28日　省委常委会召开会议，研究"兴边富民工程"启动和实施问题。省委、省政府决定在8个州（市）的25个边境县（市）实施"兴边富民工程"。

二〇〇五年

1月1日 省政府决定从即日起,全省88个国家级、省级扶贫开发重点县和边境县(市)全面实行免征农业税,其他41个县(市)则实行进一步降低农业税税率。

1月16日 省教育改革与发展领导小组召开全体会议,研究部署全省教育改革与发展工作。会议提出,要进一步提高认识,明确任务,迅速行动起来,加快教育改革与发展步伐,推进教育改革新突破,实现教育发展新跨越。12月2日,省委、省政府印发《关于大力推进职业教育改革与发展的意见》,明确提出五年内云南职业教育改革与发展目标,并对深化职业教育办学体制和运行机制改革等提出明确要求。

1月23日 省委印发《中共云南省委关于开展以实践"三个代表"重要思想为主要内容的保持共产党员先进性教育活动的实施意见》。

2月17日 省文化体制改革和文化产业发展领导小组第五次工作会议召开。会议提出,力争到年底,把文化产业培育成云南省一个新的经济增长点和新的支柱产业。4月6日,省委办公厅、省政府办公厅下发《关于印发〈云南省2005—2006年深化文化体制改革和推进文化产业发展实施意见〉的通知》。

2月17日—18日 省委在腾冲召开全省实施"兴边富民工程"工作会议。会议提出,要通过3年左右的时间,大力实施"兴边富民"工程，加快边境地区经济社会发展。3月21日，省委、省政府作出《关于实施"兴边富民工程"的决定》。

3月7日 新华社报道，云南希望工程从1990年实施以来，累计筹资1.8亿元，援建希望小学798所，援建希望工程"一村一校"527所，配套"希望书库"1097个，资助贫困生8.1万余名。其中，2004年全年希望工程筹资1100万元，新建希望小学36所，资助贫困学生5656名。云南已在全省118个县（市）设立了希望工程救助网点。

4月9日 中国昆明国际文化旅游节隆重开幕。

5月18日 省政府召开抗旱工作电视电话会议，全面部署救灾保春耕工作。开春以来，云南遭遇了26年不遇的旱灾。6月7日，中央财政启动紧急救灾机制，在此前安排拨付救灾资金600万元的基础上，又追加拨付特大抗旱资金2100万元、农业生产救灾资金600万元，支持云南抗旱救灾，恢复农业生产。

5月 省委、省政府印发《关于进一步深化国有企业改革的意见》，标志着云南省新一轮国有企业改革工作正式启动。

6月6日—10日 第十三届中国昆明进出口商品交易会在昆明国际会展中心举行。

6月16日 云南省推进林业生态建设、发展林纸循环经济现场办公会在澜沧拉祜族自治县召开。会议强调，要全面贯彻落实科学发展观，以大思路谋划、大生态支持、大政策保障、大开放促进、大项目带动，坚定不移地推进林业生态建设，发展林纸循环经济，加快山区群众脱贫致富步伐，促进全省经济社会可持续协调发展。

9月9日—13日 中共中央政治局常委、国务院副总理黄菊在云南考察云南白药集团公司、玉溪红塔集团、云南省劳动力中心市场、昆明市盘龙区东华街道办事处、昆明云内动力集团公司等，广泛听取干部群众的意见,就进一步推进西部大开发、促进经济社会全面协调可持续发展以及构建社会主义和谐社会等问题进行调研。

11月8日 红云烟草(集团)有限责任公司授牌仪式举行。昆明卷烟厂与曲靖卷烟厂实现强强联合,合并改制成立红云烟草(集团)有限责任公司,这标志着云南烟草工业企业已经由原来的4家整合为3家。

12月16日 云南金沙江中游水电开发有限公司成立挂牌大会在昆明召开,标志着金沙江中游水电开发工作步入实质性阶段。

12月29日 十届全国人大常委会第十九次会议经过表决决定,1958年6月3日第一届全国人大常委会第九十六次会议通过的《中华人民共和国农业税条例》自2006年1月1日起废止。

二〇〇六年

1月15日 省委、省政府召开科技干部大会。会议提出，要进一步完善科技发展规划，建立健全符合市场经济要求和科技发展规律的机制和体制，把自主创新作为关系经济社会发展全局的战略问题抓好。7月4日，省首届"兴滇人才奖"表彰大会举行，省委、省政府对在全省经济社会发展中有重大创新或作出重大贡献的朱有勇等10人进行表彰奖励。

1月16日 省政府主要领导在云南省第十届人民代表大会第四次会议上作的《云南省国民经济和社会发展第十一个五年规划纲要（草案）》，提出经济社会发展的主要目标建议是：在优化结构、提高效益和降低消耗的基础上，到2010年，人均生产总值比2000年翻一番以上；全省生产总值年均增长8.5%以上，综合实力明显增强；经济增长方式转变取得进展，资源开发利用效率明显提高，单位生产总值能源消耗比"十五"期末降低12%以上，生态环境恶化趋势得到遏制，可持续发展能力进一步增强；结构调整取得新突破，产业结构更趋合理，支柱产业得到加强，新兴产业健康成长，一批拥有自主知识产权、知名品牌的大企业、企业集团和产业集群发展壮大；社会主义市场经济体制比较完善，开放型经济达到新水平；经济社会发展更加协调，全面普及和巩固九年义务教育，科技文化卫生事业进一步发展，公共服务体系更加健全；社会保障体系不断完善，城镇就业继续扩大，农村富余劳动力转移实现新突破；人民生活水平明显提高，基本解决绝对贫困人口的温饱问题，低收入人口收入持续增长，城乡居民住房、交通、教育、文化、卫生、环境等方面的条件有较大改善，价格总水平基本稳定，人口自然增长率接近全国平均水平；社会主义民主法制建设和精神文明建设取得新进展，人民群众的思想道德素质、科学文化素质和健康素质进一步提高，社会治安和安全生产状况明显好转，构建和谐社会取得新进步；推进绿色经济强省、民族文化大省和中国连接东南亚、南亚国际大通道建设迈上新台阶。3月28日，省政府出台《云南省国民经济和社会发展第十一个五年规划纲要》，要求各地、各部门贯彻落实。

2月15日 蒙自县被列为全国爱国卫生运动委员会命名的42个"国家卫生县城"之一，成为云南省首个"国家卫生县城"。

同日 全省培养选拔少数民族干部工作座谈会召开。会议要求，要进一步提高对培养选拔少数民族干部工作重要性的认识，突出重点、狠抓落实、努力提高培养选拔少数民族干部工作的水平。会议提出了"十一五"期间培养选拔少数民族干部工作的总体要求、目标任务和政策措施。

2月22日—24日 省委农村工作会议在曲靖市召开。会议提出，认真贯彻中央农村工作会议和中央一号文件精神，采取有力措施推进云南省新农村建设，为云南实现全面建设小康社会奠定坚实基础。

2月24日 《中共云南省委 云南省人民政府关于加强公益性文化事业建设的若干意见》印发。3月2日至3日，全省加强公益性文化事业建设工作会议召开。会议提出，把公益性文化事业建设放到与文化产业发展同等重要的位置上，坚持"两手抓、两加强"，进一步形成文化事业更加强大、文化产业更快发展、民族文艺更加繁荣、民族文化大省日益壮大的良好格局。

3月1日 云南全省全部免除农村义务教育阶段中小学生的学杂

费。在2006年国务院安排实施的全国农村义务教育经费保障机制改革中，云南省被列为首批实行免除学杂费的15个省（区）之一。省政府常务会议决定地方配套由省财政承担，并纳入预算。

3月23日 云南省学习贯彻胡锦涛总书记关于树立社会主义荣辱观重要讲话座谈会召开。会议要求，把树立社会主义荣辱观作为思想道德建设的基础性工程和长期任务抓紧抓好。

同日 《中共云南省委 云南省人民政府关于贯彻〈中共中央 国务院关于推进社会主义新农村建设的若干意见〉的实施意见》印发，提出，按照"生产发展、生活宽裕、乡风文明、村容整洁、管理民主"的要求，以建设小康、文明、生态、和谐的社会主义新农村为目标，围绕形成产业发展新格局、实现农民生活新提高、构建公共服务新体系、建设乡村新面貌、塑造文明新风尚、健全管理民主新体制的主要任务，实施十大工程，完善六大支撑体系，强化六大统筹措施，协调推进农村经济建设、政治建设、文化建设、社会建设和党的建设。

4月7日 云南省重点民营工业企业发展座谈会召开。会议确定云南德胜钢铁有限公司等10户重点非公企业进入省级重点扶持的"5个10户"工业企业。10月17日至18日，省加快中小企业暨非公有制经济发展大会召开，表彰奖励了100名优秀中小企业家及100户优强企业。12月14日，《中共云南省委 云南省人民政府关于贯彻〈国务院关于鼓励支持和引导个体私营等非公有制经济发展的若干意见〉的实施意见》印发，提出要放开准入领域，实行平等待遇，加大财税、金融和土地政策支持力度，鼓励支持企业自主创新，提升发展水平和改进服务等措施支持非公有制经济发展。

4月19日 省委常委会会议决定，用1年时间基本解决全省12941个建制村的活动场所问题。

4月28日—29日 省委、省政府召开旅游产业发展大会。会议提出,要全面推进云南旅游"二次创业",努力实现旅游发展新跨越。

5月11日—15日 中共中央总书记、国家主席、中央军委主席胡锦涛在云南考察工作。他强调,必须全面落实科学发展观,把经济社会发展切实转入以人为本、全面协调可持续发展的轨道,高度重视解决好人民群众最关心、最直接、最现实的利益问题,促进社会和谐,促进各民族共同团结奋斗、共同繁荣发展。他希望云南坚持以科学发展观统领经济社会发展全局,进一步解放思想、开拓进取,进一步鼓舞斗志、凝聚力量,进一步挖掘潜能、发挥优势,进一步艰苦创业、团结奋斗,把云南的改革开放和社会主义现代化建设不断推向前进。5月16日,省委召开领导干部大会,传达学习贯彻胡锦涛总书记在滇考察重要讲话精神。

6月10日 《云南日报》报道,"十五"期间,云南省大力实施整村推进扶贫工程,省财政5年投入资金18.5亿元,实施了1274个以村委会为单位和5110个以自然村为单元的整村推进工作,全省77个县的30多万特困农户已告别了住茅草房的历史,过上安居乐业的新生活。这一民心工程,得到了国务院领导的充分肯定。

6月20日 全省县域经济发展现场会在宣威召开。会议强调,要加强领导、突出重点,加快县域经济发展,推进社会主义新农村建设。

7月2日 省委举行庆祝中国共产党成立85周年暨总结保持共产党员先进性教育活动大会。省委按照中央的统一部署,2005年1月至2006年6月,组织全省12万个党组织、189万名党员,分三批开展保持共产党员先进性教育活动。

7月4日 省首届"兴滇人才奖"表彰大会举行。省委、省政府决定,授予全省各类人才中的杰出代表朱有勇等10名同志云南省首届"兴滇人才奖"。

7月8日 省委、省政府印发《关于加快推进高等院校实施"走出去"战略提高高等教育国际化水平的若干意见》。

9月13日 省委、省政府召开农村民居防震保安试点工作会议并举行试点启动仪式。省委、省政府决定，2006年开展10个自然村的试点工作。从2007年开始，用10年时间，对全省急需抗震加固的100万户农村民居，分期分批组织加固改造或重建。

9月14日 省委、省政府作出《关于深化集体林权制度改革的决定》。

10月19日 省委、省政府召开推进教育改革与发展电视电话会议，研究部署教育改革与发展任务，决定从春季开学起，全部免除农村义务教育阶段学生学杂费。

11月12日—16日 中国共产党云南省第八次代表大会在昆明召开。大会审议通过《立足以人为本，坚持科学发展，为建设富裕文明开放和谐云南而奋斗》工作报告，提出：今后五年，要继续实施科教兴滇、可持续发展、城镇化、全方位开放和工业强省、人才强省战略，加快绿色经济强省、民族文化大省和中国连接东南亚南亚国际大通道建设，着力提高经济增长的质量和效益，全省生产总值年均增长8.5%以上，人均生产总值比2000年翻一番以上；财政总收入突破1200亿元，城镇居民人均可支配收入和农村居民人均纯收入分别年均增长6%以上；城镇化率提高到35%以上，城镇登记失业率控制在5%以内；单位生产总值能源消耗比2005年降低17%，人口自然增长率下降到6‰左右；改革开放取得新突破，民主法制和精神文明建设迈出新步伐，各项社会事业全面发展，为实现全面建设小康社会的奋斗目标奠定坚实的基础。

11月20日 省政府与中国林业科学研究院签订全面科技合作协

议，确定发挥双方各自优势，推进省院科技合作，提升云南林业科技水平。

12月20日—21日 省委八届二次全会在昆明召开。会议审议通过《中共云南省委关于贯彻落实〈中共中央关于构建社会主义和谐社会若干重大问题的决定〉的实施意见》。

二〇〇七年

1月8日 全国首个社会主义新农村文学创作基地——"云南省峨山彝族自治县社会主义新农村文学创作基地"启动仪式在玉溪市举行。

3月1日—2日 省委农村工作会议在昆明召开。会议提出,要坚持把解决好"三农"问题作为全省工作的重中之重,积极发展云南特色现代农业,扎实推进社会主义新农村建设,为农业不断增效、农村和谐发展、农民持续增收,为促进全省经济社会又好又快发展、建设富裕民主文明开放和谐云南作出新的更大贡献。

3月29日—30日 省委、省政府在大理召开全省扶贫开发工作现场会。会议指出,做好新阶段扶贫开发工作,必须做到"三个坚持":坚持开发式扶贫,坚持在扶贫开发中建设新农村、发展现代农业,坚持突出扶贫重点、分区连片开发。2002年至2007年,全省扶贫开发累计完成了1274个村委会和2万多个贫困自然村的整村推进,农村276.8万贫困人口的温饱问题、550多万人口的饮水困难和饮水安全问题得到解决。

4月9日 实施云南边疆解"五难"惠民工程动员大会在昆明召开。会议指出,从2007年开始,云南省将用3至5年时间,率先从25个边境县、3个涉藏县开始,逐步解决各族群众读书难、看病难、看电视听广播难、看戏难、学科技难等"五难"问题,让这项工程真正成为为老百姓办实事、办好事的民心工程。

4月 省委决定在29个县（市）开展"边疆党建长廊"建设，以"强组织、建辉煌、聚人心、固边疆"为切入点开展工作，全面加强边境地区党的基层组织建设。

5月15日 由省委依法治省领导小组办公室、省司法厅联合创办的公益性法治宣传教育网站"云南普法网"正式在昆明开通。

6月3日 普洱市宁洱哈尼族彝族自治县发生6.4级强烈地震。党中央、国务院高度关注，胡锦涛、温家宝和回良玉等中央领导作出重要指示，派出工作组抵达灾区开展救灾工作。省政府指挥灾区抗震救灾。5日，国务院总理温家宝到普洱地震灾区检查抗震救灾工作，对抗震救灾工作提出要求。

6月19日 省政府召开深化国企改革工作专题会议，专题研究全省新一轮深化国有企业改革工作。会议提出，全省国企改革工作重点是"确保两项任务，取得四个突破"。"确保两项任务"：一是年底前国有企业关闭破产必须确保完成；二是股份合作制企业深化改革必须确保完成70%以上。"取得四个突破"：一是加快推进大中型国有企业的股份制改革，实施大企业大集团战略取得新的突破；二是进一步完善国有资产监督管理体制，在提高国有资产运营质量方面取得突破；三是切实转变企业增长方式，在增强企业核心竞争力方面取得突破；四是积极推进企业退休人员社会化管理服务和社区建设，在配套改革上取得新的突破。

8月9日 省委常委会会议讨论研究关于深化改革、加快农垦发展等问题。8月22日，省委、省政府印发《关于深化改革加快农垦发展的若干意见》，提出要突出创新体制、机制和加大政策扶持力度两个重点，对云南农垦深化改革、加快发展作出了全面部署。

8月22日 全国首个国家环境保护工业资源循环利用工程技术中心在昆明高新区奠基。

10月15日—21日 中国共产党第十七次全国代表大会在北京举行。11月24日，省委常委会召开会议，传达学习党的十七大精神，研究全省学习贯彻的安排和部署等。

11月8日 云南省首次县、乡人大代表同步换届选举在丽江市玉龙纳西族自治县举行。

12月19日 省政府在昆明举行云南煤化工集团、云南锡业集团、云南建工集团销售收入（产值）首次超百亿元庆祝大会。

二〇〇八年

1月1日 经劳动和社会保障部、财政部批准，云南省从2008年1月起，为2007年12月31日前已按规定办理退休手续的86万名企业退休人员提高基本养老金，月人均增幅100元。此次调整是云南省连续第4年调高基本养老金。

1月8日 在北京举行的国家科学技术奖励大会上，中国科学院院士、中国科学院昆明植物研究所名誉所长吴征镒荣获2007年度国家最高科学技术奖。7月9日，省委、省政府在昆明召开2007年度科学技术奖颁奖大会，表彰奖励为云南省科技事业进步、经济社会发展作出贡献的科技工作者。中科院院士、中科院云南天文台研究员黄润乾获得突出贡献奖。227个项目分别被授予自然科学类、技术发明类和科学进步类一、二、三等奖。

1月31日 省委常委会召开会议，专题研究进一步深化全省各项改革。会议认为，云南正站在新的历史起点上，改革进入了深化和攻坚阶段，要贯彻落实好科学发展观，发展中国特色社会主义，全面建设小康社会和构建和谐社会，必须以更大的决心、更大的魄力深化改革、扩大开放，坚持用改革的办法解决前进中的困难和问题，用创新的举措突破阻碍发展的体制机制，促进经济社会又好又快发展。

2月15日 《云南日报》报道，建设部近日命名2007年国家园林县城和国家园林城镇，云南省玉溪市红塔区大营街镇被命名为国家园林城镇。

2月15日—16日 省委农村工作会议在昆明召开。会议强调，要全面贯彻党的十七大、中央农村工作会议和省委八届四次全委会精神，以新的思路、新的举措，切实加强农业基础设施建设，扎实推进社会主义新农村建设，加快城乡经济社会发展一体化进程，努力开创全省"三农"工作新局面。

2月18日 全省工业经济工作会议在昆明召开。会议提出，坚持走新型工业化道路，加快调整优化产业结构，大力培育新兴产业，着力构建新型产业体系，努力实现工业经济又好又快发展。

2月19日 省政府在昆明召开莽人和克木人帮扶工作情况汇报会，向国务院联合调研组汇报云南省贯彻落实胡锦涛总书记、温家宝总理重要批示精神，帮助解决莽人、克木人生产生活困难和发展问题等相关情况。

2月20日—21日 省政府在丽江召开滇西北生物多样性保护工作会议。会议强调，要加快转变经济发展方式，以污染防治改善生态环境，以生态修复扩大环境容量，牢牢把握开发利用的底线和保护的红线，在确保生态环境良好的前提下，努力开创滇西北生态环境保护和经济社会发展的新局面。

2月29日 省委、省政府在北京召开中央国家机关企事业单位定点扶贫云南工作座谈会。从20世纪80年代中期开始，根据党中央、国务院的统一部署，27个中央国家机关企事业单位到云南省47个县定点挂钩扶贫。

3月25日 省委常委会研究决定，从2008年4月到8月，在全省范围内开展"解放思想、深化改革、扩大开放、科学发展"大讨论活动。3月30日，省委发出《关于在全省组织开展"解放思想、深化改革、扩大开放、科学发展"大讨论活动的通知》。从4月至9月，全省11万个基层党组织、200多万名党员参与大讨论活动。

3月31日—4月1日 中央政治局常委、国务院总理温家宝在德宏考察并走访傣族、景颇族、德昂族村寨。温家宝说："惠农政策不会变，还要越来越好。"他强调民生有四句话：教育是民生之基，健康是民生之本，分配是民生之源，保障是民生之安。

4月28日 云南昆明12355青少年服务平台正式开通。这是全省首个为青少年提供维权、心理、信息咨询等服务的青少年服务平台。

5月27日—28日 省委、省政府召开云南新三年"兴边富民工程"动员大会。会议决定再用3年时间，通过推进6大工程，再办30件惠民实事，重点解决边境地区发展和各民族群众生产生活面临的特殊困难和问题。

6月4日 省委常委会召开会议，讨论研究《云南省新一轮禁毒人民战争实施方案（2008—2010年)》《云南省新一轮防治艾滋病人民战争实施方案（2008—2010年)》。

6月11日—12日 全省深化集体林权制度改革现场汇报会在楚雄召开。全省深化集体林权制度改革从2006年4月在9个县（市）开展试点工作，2007年4月在全省全面推开。

6月17日 全省文化体制改革和文化产业发展工作会议在曲靖召开。会议提出，要进一步解放思想、改革创新，全面深化文化体制改革，加快文化产业发展步伐，全力推进云南民族文化强省建设，推动云南文化大发展大繁荣。

7月7日 全省旅游产业发展大会在楚雄彝族自治州召开。会议强调，要促进旅游产业转型升级，加快推进旅游产业"二次创业"，努力实现云南由旅游资源大省向旅游经济强省的跨越。

9月1日 全省实现义务教育全部免除学杂费，这是云南教育发展史上的重要里程碑。

9月4日 省委常委会召开会议,讨论研究《中共云南省委 云南省人民政府关于进一步扩大开放的若干意见(送审稿)》,明确了"打造一个通道、建设两个基地、连通三大市场、形成四条走廊"的全方位、多层次、宽领域的对外开放新格局。

9月6日—7日 省委、省政府在临沧召开全省山区综合开发现场会。会议强调,云南加快发展困难在山,潜力在山,希望也在山。没有山区的快速发展就不会有全省的又好又快发展,没有山区的小康就不会有全省的小康。要以解放思想为动力,以科学发展观为指引,因地制宜加快山区综合开发,以人为本推进统筹协调发展,努力开创云南山区经济社会发展的新局面。10月31日,省委、省政府作出《关于加快山区综合开发促进区域协调发展的决定》。

9月8日 省政府滇池水污染防治专家督导组成立大会在昆明举行。

9月25日 省委常委会召开会议,讨论通过《关于开展深入学习实践科学发展观活动的实施意见》,决定云南省深入学习实践科学发展观活动暨第一批学习实践活动于27日启动。在此后1年半的时间里,以县以上领导班子和党员领导干部为重点,全省中共党员分三批参加学习实践活动。9月27日,全省深入学习实践科学发展观活动动员大会在昆明召开。9月28日,云南省第一批深入学习实践科学发展观活动工作会议在昆明召开。

11月17日—20日 中共中央政治局常委、中央书记处书记、国家副主席习近平到云南调研。习近平对云南近年来取得的成就给予了高度评价,并提出了六点要求:一是要切实抓好深入学习实践科学发展观活动,务求取得实实在在的效果;二是深入贯彻党的十七届三中全会精神,推动云南社会主义新农村建设迈上新台阶;三是紧紧抓住国家宏观调控政策重大调整和西部大开发的历史机遇,推动云南经济又好又快发展;四是切实加强生态文明建设,努力使"七彩云南"发射出更加耀眼的光芒;五是切实加强社会建设和社会管理,推动和谐云南建设;六是以改革创新精神,全面推进党的建设,为云南经济社会发展提供坚强保证,努力谱写云南改革发展的新篇章。

12月10日 省政府与农业部在北京签署《共建特色现代农业示范区合作备忘录》。

12月28日 省政府在昆明召开表彰大会,10位优秀农民工被授予"云南省杰出农民工"称号,另外90名优秀农民工和100个农民工工作先进集体受到表彰。这是改革开放以来云南省首次表彰农民工和农民工工作先进集体。

二〇〇九年

1月1日 省政府印发《关于鼓励创业促进就业的若干意见》。该文件出台20项措施鼓励创业促进就业，从放宽市场准入限制、财政扶持、税收优惠、金融支持、培训和创业补贴、社会保障优惠6个方面加大政策扶持力度。

1月8日 《中共云南省委贯彻〈中共中央关于推进农村改革发展若干重大问题的决定〉的实施意见》出台，提出全省加强农村制度建设的重大任务、发展现代农业的重大举措、发展农村公共事业的重大安排，对推进全省农村改革发展作出全面部署。

1月9日 云南省老龄工作会议在昆明召开。省政府出台3项政策：从2009年起，对80岁以上的长寿老人发放生活补贴；进一步提高企业退休人员养老金发放标准；将"五保"供养对象的年补助金由720元提高到960元。

1月18日 全省教育工作会在昆明召开。会议提出：一要以普及、巩固、提高义务教育为重点，促进基础教育均衡发展；二要以发展中等职业教育为突破口，切实提高职业教育水平；三要以提高教学质量为核心，努力实现高等教育规模、结构、质量协调发展；四要以提高素质为关键，切实加强教师队伍建设，严格教师资格准入制度，制定切实可行的政策措施，鼓励优秀人才长期从教、终身从教。

1月18日—19日 省委召开农村工作会议。会议提出，2009年的农业农村工作，要做到"五重五促"：一是重投入促基础。二是重产业促后劲。三是重民生促增收。四是重改革促活力。五是重基层促队伍。

2月13日 省政府召开常务会议，决定自3月1日起在全省行政机关推行"阳光政府"建设四项制度，即实施重大决策听证、重要事项公示、重点工作通报、政务信息查询，切实做到重大事项让人民知道、重大决策让群众参与。

2月25日 省委常委会召开会议，审议通过《中共云南省委 云南省人民政府关于2009年促进农业稳定发展农民持续增收的若干意见》，强调要把保持农业农村经济平稳较快增长作为首要任务，把启动和实施重大项目、重点工程作为抓手，推进农业结构战略性调整，千方百计保证粮食等主要农产品有效供给，促进农民收入持续增长。审议通过《中共云南省委 云南省人民政府关于加强生态文明建设的决定（送审稿）》，要求将生态文明指标纳入各级党委、政府及领导干部的政绩考核内容。

同日 省委办公厅、省政府办公厅印发《关于贯彻落实党的十七届三中全会精神加强农村基层组织建设的若干意见（试行）》。

3月20日—21日 省委、省政府在红河哈尼族彝族自治州召开全省扶贫开发现场会暨社会扶贫表彰会。会议强调，要准确把握形势，突出工作重点，加大扶贫力度，提高开发水平，加快贫困地区群众脱贫致富步伐。

4月28日 省政府召开保障性安居工程建设专题会议。会议提出，3年内新建保障性安居房184.17万套，努力实现低收入群众"居者有其屋"、到2020年消除农村危房的目标。

5月6日 云南省扶持莽人、克木人发展现场会在西双版纳傣族自治州举行。2008年1月26日，胡锦涛总书记、温家宝总理分别在中办秘书局《每日汇报》（第8602期）中关于《尚未确定民族归属的云南莽人和克木人生存状况堪忧》上作出批示，要求云南省委、省政府商同扶贫办提出扶助措施，解决莽人、克木人生产生活问题。一年多来，云南省成立了莽人、克木人发展协调领导小组，省政府制定了《关于扶持莽人克木人发展的实施意见》和《云南省扶持莽人克木人发展总体规划（2008—2010年）》。

5月8日 省委常委会召开会议，同意省甲型H1N1流感防控工作领导小组确定的进一步做好防控工作的11条措施。

5月13日—14日 云南边疆解"五难"惠民工程现场推进会在马关举行。会议指出，2009年是实施边疆解"五难"惠民工程的最后一年，要确保如期实现边疆解"五难"惠民工程预定目标。

6月3日 全省加快非公有制经济发展大会在昆明召开。会议提出，2009年至2012年，争取全省非公有制经济占全省生产总值的比重由38.5%提高到50%以上。

6月4日 云南省生物产业发展大会在昆明召开。会议要求：一要着力发展壮大龙头企业；二要着力推进原料基地建设；三要着力加强科技创新；四要着力加大国内外市场开拓力度；五要着力创新投融资机制；六要着力扩大生物产业开放合作。

7月9日 姚安县发生6.0级地震，造成楚雄、大理2个州10个县75个乡镇的21.3万户80.6万人受灾，因灾死亡1人，重伤31人，轻伤341人，紧急转移安置25万余人，直接经济损失21.5亿元。地震发生后，中共中央政治局常委、国务院总理温家宝，中共中央政治局常委、国务院副总理李克强，中共中央政治局委员、国务院副总理回良玉，中共中央政治局委员、国务委员刘延东作出批示，要求立即启动应急响应，向灾区派出联合工作组。省委、省政府在第一时间作出抗震救灾安排部署，启动应急预案。

7月25日—28日 中共中央总书记、国家主席、中央军委主席胡锦涛在昆明市和楚雄彝族自治州，就经济社会发展、民族工作、党的建设进行调研，并前往姚安地震灾区看望慰问受灾群众和救灾部队官兵。胡锦涛强调，我们一定要高举各民族大团结旗帜，把促进民族团结作为神圣职责，同各族干部群众一道，为加快民族地区经济社会发展，为巩固和发展平等团结互助和谐的社会主义民族关系作出新的更大的贡献。胡锦涛指出，应对各种困难和挑战，做好改革发展稳定各项工作，对党的建设提出了新的更高要求。要认真总结和不断探索推进党的建设的好思路、好做法，进一步加强高素质干部队伍建设，重视培养选拔少数民族干部；加强基层党组织建设，充分发挥基层党组织推动科学发展、服务各族群众、维护民族团结、促进社会和谐的重要作用；加强党的作风建设，引导党员、干部特别是领导干部大力弘扬一心为民、求真务实、艰苦奋斗、清正廉洁的优良作风，更好带领广大人民群众攻坚克难、开拓前进。要充分发挥云南省作为我国通往东南亚、南亚重要陆上通道的优势，深化同东南亚、南亚和大湄公河次区域的交流合作，不断提升沿边开放质量和水平，使云南成为我国面向西南开放的桥头堡，在七彩土地上谱写出更加壮丽的篇章。胡锦涛强调，当前正处在应对国际金融危机冲击、保持经济平稳较快发展的关键时期，要重点做好4项工作：一要全力保持经济平稳较快发展；二要切实保障和改善民生；三要扎实推进民族团结进步事业；四要着力加强和改进党的建设。7月29日，省委常委会召开会议，研究贯彻胡锦涛总书记视察云南重要讲话精神的意见。

9月1日 《云南省花卉产业发展条例》经省十一届人大常委会第十二次会议审议通过，于9月1日正式实施。

9月2日 省委常委会召开会议，审议并原则通过《中共云南省委　云南省人民政府关于进一步加强民族工作促进民族团结加快少数民族和民族地区科学发展的决定》，明确提出：从2010年开始，有梯次解决少数民族和民族地区的特殊困难和问题，重点实施边境民族地区扶持发展工程，使边境民族地区经济社会发展总体上达到全省平均水平；实施人口较少民族地区扶持发展工程，促进人口较少民族聚居村经济社会发展达到全省中等以上水平；实施特困民族地区扶持发展工程，使特困民族聚居村群众生产生活条件得到较大改善；实施散居民族地区扶持发展工程，使散居民族地区经济社会发展水平达到当地中等以上水平；实施民族特色村寨保护与发展工程，使每个世居民族都有一批具有本民族特色、地域特点、时代特征的村寨，促进民族文化的保护和旅游产业的发展；实施少数民族劳动者素质提高工程，增强少数民族群众的自我发展能力。

9月8日 省委、省政府作出《关于进一步加强民族工作促进民族团结加快少数民族和民族地区科学发展的决定》。9月11日，省委、省政府在昆明召开云南省民族工作会议暨第六次民族团结进步表彰大会，表彰113个"全省民族团结进步模范集体"、87位"全省民族团结进步模范个人"。出席会议的全体代表向全省各族同胞发出倡议：坚持走中国特色社会主义道路，团结互助亲如一家，携手建设美好家园。

9月14日 云南省口岸工作会议在昆明举行。云南省现有国家一类口岸13个、二类口岸7个，已初步形成了集公路、铁路、水港为一体的口岸通道体系。

10月15日 教育部在云南举行全国"两基"攻坚扫尾工作会。实施西部地区"两基"攻坚，是国家加快西部地区教育事业发展的民心工程。从2004年以来，国家制定政策，倾斜资金，使西部地区未"普九"县的校舍建设得到补充完善。截至2008年末，云南省已有126个县（市、区）实现"两基"，"两基"人口覆盖率达到94.7%。在16个州（市）中，全面实现"两基"的州（市）达到14个。

10月19日 省委常委会召开会议，审议通过《云南省新型农村社会养老保险试点实施方案》。12月1日，省政府在昆明召开全省新型农村社会养老保险试点工作会，正式启动全省新型农村社会养老保险试点工作。

11月24日 全省新型农村合作医疗大病补充保险试点在楚雄彝族自治州启动。

12月10日 省委常委会召开会议，传达中央经济工作会议精神，研究云南省2010年经济工作的总体要求、目标和原则以及重点工作。会议强调，2010年的工作，要把促进农民增收、城镇居民充分就业和增收、财政增收作为着力点，注意保持政策的连续性和稳定性，提高政策的针对性和灵活性，力争在转变经济增长方式和调整经济结构方面取得大的突破。

12月12日—16日 中共中央政治局常委、全国政协主席贾庆林在云南调研考察。贾庆林深入西双版纳、保山、曲靖3州（市），就学习贯彻中央经济工作会议精神、促进经济社会又好又快发展进行调研，并于16日听取省委、省政府的汇报。

12月18日 省委、省政府印发《关于深化医药卫生体制改革的意见》。

二〇一〇年

1月1日 在国家科技奖励大会上，由中科院昆明植物研究所主要参与编研的《中国植物志》成果获国家自然科学奖一等奖，由昆明理工大学等承担的"从含铟粗锌中高效提炼金属铟的技术"和"难处理氧化铜矿资源高效选冶新技术"项目获国家技术发明奖二等奖，由云南冶金集团有限公司等承担的"富氧顶吹—鼓风炉强化还原—大极板、长周期电解炼铅新工艺及产业化"项目获国家科学技术进步奖二等奖，其余3项云南省参与研发的项目分获国家科学技术进步奖一等奖1个和二等奖2个。

1月8日 全省旅游服务质量提升年活动在昆启动，出台了八条措施：一是抓品牌。二是抓活动。三是抓标准。四是抓整治。五是抓培训。六是抓评价。七是抓信息。八是抓导游。

1月14日 省委办公厅印发《关于深化边疆党建长廊建设进一步加强边境地区党的建设的意见》，要求落实一个抓手、实施三大工程、抓好七项工作，全面提升边境地区党建的整体水平。

1月16日 省委、省政府在昆明召开全省烟草工作座谈会。会议强调：一要把中低产田改造作为推进现代烟草农业建设的重要抓手，继续深入推进现代烟草农业建设；二要继续支持卷烟工业加快发展，进一步提升卷烟品牌竞争力；三要继续深入开展科技创新，进一步增强自主创新能力；四要继续加强干部队伍建设。"十一五"期间，云南中烟工业有限责任公司奋力开拓国际市场，累计实现进出口总值 5.48 亿美元，境外累计销售卷烟 392 万件，占中国卷烟同期境外销售总量的 24.5%，位居行业第一位。

1月19日 省委、省政府在昆明召开独龙江乡整乡推进独龙族整族帮扶专题会议。这次会议标志着独龙江乡整乡推进独龙族整族帮扶综合发展规划和 3 年行动计划正式实施。

1月25日 省委常委会召开会议，总结省委 2009 年工作、研究 2010 年工作要点。会议强调，2010 年全省上下要紧紧围绕建设绿色经济强省、民族文化强省和中国面向西南开放的桥头堡，增投资、扩消费，转方式、调结构，重民生、建和谐，快发展、上水平。

1月26日 省政府召开全省抗旱救灾工作电视电话会，要求全省各级干部和广大群众紧急行动起来，确保城乡居民生活用水安全，确保工农业生产顺利进行，全力夺取抗旱救灾工作的全面胜利。2月23日，省委、省政府召开全省抗旱救灾动员大会。2月25日，国家减灾委、民政部决定，鉴于云南省的特大旱情，国家三级救灾应急响应提升至二级。省防汛抗旱指挥部将全省抗旱应急响应级别由重大级（Ⅱ级）提升为特别重大级（Ⅰ级）。7月27日，省委、省政府在云南海埂会堂隆重举行全省抗旱救灾工作总结表彰大会。

2月22日 昆明市、玉溪市、景洪市荣获"国家园林城市"称号，石林县、弥勒县获"国家园林县城"称号，安宁市青龙镇获"国家园林城镇"称号。

2月25日 全省交通运输工作会在昆明召开。"十一五"期间，云南交通事业快速发展，到 2010 年底，全省公路总里程达 20.9 万公里、新增 4.1 万公里，高速公路通车里程达 2630 公里、新增 1209 公里，高等级公路通车里程达 9135 公里、新增 4141 公里，改造和建设农村公路 10 万公里，4 条出境公路通道境内段全部实现高等级化，7 条出省公路通道基本实现高等级化，出境出省公路大通道格局已初步形成。

3月16日 省委办公厅、省政府办公厅发出《关于实施"云南省农村劳动力转移就业特别行动计划"的方案》的通知。

3月19日—21日 中共中央政治局常委、国务院总理温家宝到云南省曲靖市，深入旱灾最严重的地区，看望慰问受灾群众，指导抗旱救灾工作。

3月24日 省政府在昆明召开云南省九大高原湖泊水污染综合防治领导小组会议。会议强调，要坚持一湖一策，加快九大高原湖泊水污染防治，着力改善全省水环境质量。3月25日，2010年省政府滇池水污染防治工作会议在昆明举行。8月22日，省政府在丽江召开程海水污染防治工作会议。

3月31日 全省水利建设工作会议在宣威市召开。会议指出，百年不遇的旱灾给我们的重要警示之一，就是必须尽快解决全省水利基础设施薄弱、水资源调配能力和供水保障水平低、水资源供需矛盾尖锐等突出问题。4月20日，省政府召开全省重点水利工程建设推进会。会议要求，确保40件骨干水源工程年内开工。11月9日至10日，省政府在腾冲召开全省农田水利建设和中低产田地改造现场会。会议提出，今冬明春做好307万亩中低产田改造工作。"十一五"期间，全省加大水利投入，加快水利建设，全省水利水电投资完成760亿元，是"十五"期间的2.83倍。

4月7日 省政府召开全省"两基"迎国检工作动员电视电话会，动员部署工作，明确目标任务。9月3日，省政府在昆明召开全省"两基"迎国检工作推进电视电话会议。12月4日，全省在昆明召开接受"两基"国检工作总结会。检查组指出，云南省义务教育经费保障、学校办学条件、中小学教师队伍建设等工作需要进一步加强。12月下旬，教育部发出《关于认定云南省实现"两基"目标的意见》，正式认定全省实现"两基"目标。

4月20日 省委、省政府印发《关于贯彻〈中共中央 国务院关于加大统筹城乡发展力度进一步夯实农业农村发展基础的若干意见〉的实施意见》。

4月28日 省委常委会召开会议,审议通过《中共云南省委 云南省人民政府关于进一步加强工业人才队伍建设的决定》《云南省工业人才队伍建设行动计划（2010—2015年)》。

5月16日 省政府印发《关于切实做好稳定住房价格工作的若干意见》。"十一五"期间,全省建成和在建廉租住房24.8万套,建成公共租赁住房8100套、经济适用住房5.6万套,实施了10万户垦区、林区、中央下放地方煤矿棚户区危旧房改造和华侨农（林）场危旧房改造;平均每年发放租赁补贴10万户,较好地解决了全省41万户城镇低收入住房困难家庭的住房问题;先后实施农村民居地震安全工程和农村危房改造,完成106.5万户农村民居抗震加固及拆除重建任务。

5月26日 云南省生物多样性保护基金会成立仪式在腾冲举行。7月中旬,国家生物产业基地公共服务条件建设专项项目"昆明生物产业基地生物医药中试生产中心中药、天然药物制剂生产平台"在云南省药物研究所建成。

5月31日—6月2日 中共中央政治局常委、国务院副总理李克强深入红河、昆明两地,考察云南省西部大开发战略实施情况和边疆民族地区经济社会发展情况。李克强强调,在总结过去10年西部大开发经验基础上继续深入推进西部大开发战略,一个重要内容就是要在大开放中实施新一轮西部大开发,既要重视沿海开放,也要更加重视沿边开放。李克强进一步强调,各级党委、政府要把保障基本民生放在重要位置,提高对饮水、教育、住房等人民群众基本需求的保障水平，营造良好的就业、创业环境。

6月23日—24日 省委涉藏工作会议在昆明召开。会议总结并提出10年间涉藏工作积累的5条经验：必须坚定不移地坚持党的领导、坚持走中国特色社会主义道路、坚持民族区域自治制度、坚持党的涉藏工作方针政策不动摇；必须坚定不移地贯彻落实科学发展观，牢牢把握发展这个第一要务，正确处理好发展和稳定的关系，坚持以发展促稳定，以稳定保发展；必须坚定不移地把党的理论路线方针政策同涉藏工作实际紧密结合起来，解放思想、实事求是，创造性地开展工作；必须坚定不移地维护民族团结和社会稳定，凝聚人心、汇聚力量，打牢各民族共同团结奋斗、共同繁荣发展的思想基础；必须坚定不移地加强各级领导班子和干部队伍、基层组织、党员队伍建设，不断提高党组织的创造力、凝聚力、战斗力，巩固党在涉藏州县的执政基础、力量基础和群众基础。

6月25日 云南省最大港口水富港扩建工程竣工开港，水富港成为云南省第一个集装箱港口，千吨级船舶可从水富港直航太平洋。

6月29日 省委、省政府在昆明召开2009年度云南省科学技术奖励大会。云南197个项目分别被授予自然科学类、技术发明类和科技进步类一、二、三等奖，1835位工作在科研、生产一线的科技人员获得总额1310万元的奖金，中国工程院院士、云南大学教授陈景获得杰出贡献奖300万元。

7月20日 省委常委会召开会议，审议通过《关于加快边远少数民族贫困地区深度贫困群体脱贫进程的决定》。2001年至2010年全省累计投入专项财政扶贫资金216亿元，减少农村贫困人口697万人，深度贫困人口由337.5万人下降到160.2万人，贫困地区农民人均年纯收入由1100元增加到3190元，人均生产总值由2207元提高到8590元，人均地方财政收入由120元提高到546元。

7月27日 全省集体林权制度主体改革总结表彰暨林业产业发展大会在昆明召开。至此,全省集体林权制度主体改革基本完成。

8月4日 中央军委主席胡锦涛签署命令,追授云南省迪庆军分区原副司令员龚曲此里"促进民族团结进步的优秀干部"称号。

10月11日 云南首个民族文化产业示范基地——中国丽江民族文化产业示范项目在丽江开建。该项目总建筑面积约100万平方米,总投资概算为50亿元。

同日 全省首次召开全省村庄规划工作会议。会议强调,用3年时间,全面完成全省13.6万个村规划编制工作,全省村庄规划覆盖率达到100%,为把全省农村规划建设成布局合理、配套完善、村容整洁、环境优美的现代化社会主义新农村提供保障。

10月29日 省政府在昆明召开全省移民工作领导小组会议,要求对全省移民工作新情况、新问题进行认真研究,切实维护移民群众的合法权益,真正做到"建一个水电站,富一方百姓"。

10月30日 省委作出决定,在全省广泛开展向杨善洲同志学习活动。

10月 国家能源局、财政部、农业部联合授予全国29个省(区、市)的108个县(市)"国家绿色能源示范县"称号,云南省盈江县、洱源县、腾冲县、大姚县、双柏县、永胜县、金平县7县获此称号。

11月11日 中国工程院院士袁隆平代表国家杂交水稻工程技术研究中心为云南高原育繁示范中心授牌。这是该中心在云贵高原设立的第一个分中心,标志着全省正在形成一个以个旧为中心的,推动中国杂交水稻面向国内各地,面向东南亚、南亚各国家和地区示范、推广和辐射的基地。

11月11日—15日 中共中央政治局常委李长春在西双版纳、保山、昆明等地调研。

12月24日—25日 省委八届十次全会在昆明举行。会议审议通过《中共云南省委关于制定国民经济和社会发展第十二个五年规划的建议》。

二〇一一年

1月18日 云南省"兴地睦边"农田整治重大工程项目在耿马傣族佤族自治县启动。该工程含420个项目区,惠及8个州(市)的25个边境县(市)。

1月31日 为深入贯彻落实《国务院办公厅关于进一步做好房地产市场调控工作有关问题的通知》,省政府制定并印发《关于进一步做好房地产市场调控工作的意见》。

2月17日 云南省旅游执法总队揭牌。这是云南省进一步加强旅游市场监督管理、整治并优化旅游环境、提升旅游服务质量的重要举措。

2月22日 全省教育工作会在昆明举行。会议强调:深化认识,优先发展;促进公平,协调发展;改革创新,跨越发展;强化管理,和谐发展。

2月25日 杨善洲同志先进事迹报告会在北京人民大会堂举行。中共中央政治局常委、中央书记处书记、国家副主席习近平会见报告团全体成员并讲话。3月20日,中共中央组织部作出决定,追授杨善洲"全国优秀共产党员"称号,同时号召全国党员向杨善洲学习。3月24日,省委发出《关于认真贯彻落实胡锦涛总书记重要指示精神深入开展向杨善洲同志学习活动的通知》。5月17日,杨善洲精神研究会成立大会在昆明召开。9月2日,杨善洲纪念馆开工奠基仪式在保山市隆阳区太保山森林公园举行。

2月25日—3月1日 中共中央政治局常委、中央纪委书记贺国强到西双版纳、保山、昆明等地进行考察。贺国强强调,云南省要认真学习贯彻落实胡锦涛总书记在十七届中央纪委第六次全会上的重要讲话精神,把以人为本、执政为民贯彻落实到党和国家全部工作中。

3月10日 中共中央政治局常委、国家副主席、中央军委副主席习近平与出席十一届全国人大四次会议的云南代表座谈,共同审议全国人大常委会工作报告。习近平指出,中国"十二五"规划纲要草案关于深入实施西部大开发战略和把云南建成面向西南开放的重要桥头堡的部署和要求,为云南加快发展增添了强劲动力和广阔空间。习近平希望云南抓住机遇,以更大的力度推进开放发展、协调发展和可持续发展,使发展的基础更牢、后劲更足。

同日 盈江县发生5.8级地震。地震造成25人遇难、250人受伤,紧急转移安置12.71万人。地震发生后,中共中央总书记、国家主席、中央军委主席胡锦涛,中共中央政治局常委、国务院总理温家宝,中共中央政治局常委、中央书记处书记、国家副主席、中央军委副主席习近平,中共中央政治局常委、国务院副总理李克强,中共中央政治局委员、国务院副总理、国家减灾委主任回良玉分别作出重要指示批示。13日,省委常委会召开会议,研究"3·10"盈江地震抗震救灾工作。18—19日,温家宝、回良玉到盈江实地查看灾情,慰问受灾群众和抢险救灾的军地人员,指导抗震救灾和恢复重建工作。

3月19日 国家重点工程、云南最大的水电站——华能糯扎渡水电站通过国家核准。

3月24日 省政府召开"十二五"全省工业发展座谈会。会议强调:一要认真研究投资结构问题;二要继续加大力度实施好"央企入滇",同时重视引进名企、外企,借力带动全省产业做大做强;三要提高政策扶持的效果;四要强化创新驱动;五要用工业的理念做好农业产业化这篇大文章;六要大力培育战略性新兴产业;七要推进"流通活省"工作,进一步改善全省工业发展的条件和基础;八要加快城镇化进程;九要利用好两个市场两种资源;十要抓好经济人才队伍建设。

3月27日 省政府召开全省扶贫开发工作会议。会议提出,2011年全省要以帮助贫困人口解决温饱并实现脱贫致富为首要任务,专项扶贫、行业扶贫和社会扶贫三力并发,促进贫困人口就业、增加贫困人口收入、改善贫困地区民生、加快贫困地区发展,确保贫困地区农民人均纯收入和人均生产粮食的增幅高于全省平均水平,确保解决和巩固50万贫困人口的温饱。

4月11日 省政府宣布,将于2011年5月1日起正式实施全国首部专门规范农民工工资支付保障工作的省级政府规章——《云南省农民工工资支付保障规定》。

4月20日 省委、省政府印发《关于深化乡镇机构改革的实施意见》。4月22日,全省深化乡镇机构改革工作电视电话会议在昆明举行。会议强调:一是要结合各乡镇实际;二是要进一步理顺县乡村的责权关系,理顺乡镇事业单位的管理体制;三是要进一步规范乡镇党政机构、群团组织和为民服务机构的设置;四是要进一步规范乡镇事业单位设置;五是要严格控制人员编制和领导职数。

4月28日 省委、省政府印发《云南省中长期教育改革和发展规划纲要(2010—2020年)》。《纲要》是新世纪云南省第一个中长期教育改革和发展的宏伟蓝图,是此后一个时期指导全省教育改革和发展的纲领性文件。

同日 全省中小学校舍安全工程会议在昆明召开。会议提出,用 5 年时间全面消除现有 2628.5 万平方米不安全校舍，坚决打好中小学校舍安全工程攻坚战。

4 月 29 日 国家统计局发布的 2010 年第六次全国人口普查主要数据公报（第 2 号）显示，云南省常住人口为 45966239 人，居西部省（区、市）第 3 位。

5 月 17 日 省政府常务会议召开，审议并原则通过《云南省教育事业发展"十二五"规划》《云南省加快少数民族和民族地区经济社会发展"十二五"规划》《云南省应急体系建设"十二五"规划》。

5 月 23 日 省委常委会召开扩大会议，研究全省对《国务院关于支持云南省加快建设面向西南开放重要桥头堡的意见》的贯彻意见，原则同意《云南省加快建设我国面向西南开放重要桥头堡总体规划（2011—2020）（草案）》。

6 月 2 日 省政府印发《云南省国民经济和社会发展第十二个五年规划纲要的通知》。《纲要》提出"十二五"经济社会发展的指导思想是：高举中国特色社会主义伟大旗帜，以邓小平理论和"三个代表"重要思想为指导，深入贯彻落实科学发展观，紧紧围绕建设绿色经济强省、民族文化强省和中国面向西南开放重要桥头堡战略目标，以科学发展为主题，以加快转变经济发展方式为主线，以推进农业产业化、新型工业化、城镇化和教育现代化为抓手，以加快产业发展为重点，以改革开放和科技创新为动力，以改善民生为根本点和落脚点，加强统筹城乡协调发展，进一步优化区域经济布局，强基础、快发展，调结构、上水平，惠民生、促和谐，不断推进富裕民主文明开放和谐云南建设迈上新台阶。

6 月 13 日 云南省文史研究馆工作会议暨《云南丛书》首发式在昆明举行。《云南丛书》填补了国内关于云南自汉唐以来国学经典的空白，是云南国学研究史上的一件大事，也是我国国学研究的一件盛事。

7月7日 省委发布《云南省贯彻〈中国共产党普通高等学校基层党组织工作条例〉实施办法》。

7月23日 国家发改委正式批复关于云南省牛栏江—滇池补水工程可行性研究报告，中央从预算内投资中定额安排33亿元支持建设，工程建成后每年向滇池补水6亿立方米。

7月 全省首批5个院士专家工作站正式建立。12月8日，中国工程院在北京公布2011年院士增选结果：本年中国工程院9个学部共产生54名新院士。其中，云南农业大学校长朱有勇教授当选院士，成为云南省农业系统第一位院士，也是继昆工戴永年院士、云大陈景院士之后在滇高校的第三位院士。

同月 大理崇圣寺三塔文化旅游区、丽江古城和中国科学院西双版纳热带植物园3个景区被国家旅游局评定为国家AAAAA级旅游景区，加上此前的石林、玉龙雪山，全省国家AAAAA级旅游景区已达到5家。

8月2日 省委常委会召开会议，审议通过《云南省兴边富民工程"十二五"规划》《中共云南省委 云南省人民政府关于加快推进兴边富民工程"十二五"规划的决定》。会议确定全省兴边富民工程由3年一轮确定为5年一轮，范围为云南边境地区的文山、红河、普洱、西双版纳、临沧、保山、德宏、怒江8个州（市）的25个边境县（市）（其中有5个民族自治州、22个民族自治县）。9月26日，省委、省政府召开全省"十二五"兴边富民工程会议。会议强调，兴边先富民，富省先富民，强滇先富民。

9月8日 省委常委会会议审议并原则通过《云南省人民政府关于加大城乡统筹力度促进农业转移人口转变为城镇居民的意见》，明确要求积极、稳妥、有保障地引导有条件的农民在城镇落户，努力做到与城镇居民同城同权、同工同酬，并同等享受各种福利待遇，让转户农民在城市生活得更加放心、更加安心、更为平等、更有尊严。

9月19日 省政府常务会议审议并原则通过《云南省农村扶贫开发纲要（2011—2020年)》《云南省人民政府关于进一步加强基层就业和社会保障公共服务体系建设的意见》。

10月14日 全省依法治省工作电视电话会议在昆明举行。会议强调：一是加强民主政治建设，着力推动民主法制建设制度化、规范化；二是加强地方立法和建章立制工作，着力推动经济社会建设有法可依、有章可循；三是全面推进依法行政，着力建设法治政府；四是严格执法、公正司法，着力维护法律的权威；五是深入开展法制宣传教育工作，进一步打牢依法治省的社会基础。

10月20日 省委分别召开常委（扩大）会议和全省领导干部大会，传达学习贯彻党的十七届六中全会精神。会议提出：一是深入推进社会主义核心价值体系建设；二是大力推进公共文化服务体系建设；三是全面深化文化体制改革；四是加快培育文化支柱产业；五是深入实施文艺精品工程；六是实施文化"走出去"战略；七是加大政策支持力度；八是牢固树立人才是第一资源思想。

10月26日 云南省极小种群野生植物保护建设试点正式启动。

10月30日 省政府在宁蒗县召开泸沽湖水污染防治现场办公会。会议指出，要强化水质保持在Ⅰ类标准1个目标要求，突出保护优先、控源截污、生态修复、低碳发展4项工作重点，正确处理保护与开发、文化开发与经济效益、传统文化与外来文化、政府主导与广泛参与、云南与四川两省5个关系，全面实施旅游区污水截污治污体系完善、垃圾转运和处理系统完善、沿湖村落环境综合治理、农业面源污染治理、面山林业生态建设、小流域治理、湖滨生态带建设、泸沽湖旅游区供水建设、环湖生态路建设、景区基础设施建设10大工程，全力以赴抓好泸沽湖的保护与治理。

11月12日 云南省扶持人口较少民族发展工作会议在景洪召开。会议强调，要坚定信心、整合资源、加大投入，促进人口较少民族聚居区实现跨越发展，实现各民族共同团结进步、共同繁荣发展。

11月17日 省委常委会召开会议，专题研究城镇、农村居民增收工作，原则同意《关于"十二五"期间城镇居民增收的意见》。

11月25日—29日 中国共产党云南省第九次代表大会在昆明召开。大会审议通过《科学发展 和谐发展 跨越发展 为加快建设面向西南开放重要桥头堡而奋斗》工作报告，提出今后五年主要奋斗目标是：经济发展跃上新台阶；人民生活水平实现新提升；民主法制建设迈出新步伐；文化建设再创新辉煌；生态文明建设取得新进展；改革开放实现新突破。

12月2日 昆明市、安宁市、玉溪市和芒市被评为国家卫生城市。

12月24日 全省加强和创新社会管理工作电视电话会议在昆明召开。会议强调，加强基层、强化基础、多办实事、狠抓落实，不断提高社会管理工作水平。

12月26日—27日 省委九届二次全会在昆明举行，审议通过《中共云南省委关于贯彻落实党的十七届六中全会精神加快建设民族文化强省的意见》。

二〇一二年

1月6日 全省保障性安居工程工作座谈会召开。会议要求，各地城镇保障性安居工程建设项目要在9月底前全部开工，并在年底前完成60%以上的投资额。省政府已将其列为2012年全省重点督查的"两个20项"重要工作。

1月10日 省委、省政府在昆明举行森林云南建设推进大会。会议强调，要着力在重点领域和关键环节取得新突破。

1月11日 省委常委会召开会议，传达学习十七届中央纪委七次全会、中央农村工作会议、中央扶贫开发工作会议、全国高校党建工作会议精神，研究云南省贯彻意见。会议强调，结合云南省实际深入研究"三农"工作中的几个重大问题：一是工业化、城镇化、农业现代化"三化同步"问题；二是打响"高原特色农业"名片；三是以县域经济为抓手，大力推进一、二、三产业发展，大幅提升农民收入；四是抓好科技创新和服务体系建设；五是加快农业基础设施建设；六是稳妥推进征地制度改革；七是加快推进新农村建设。

2月3日 省政府在昆明召开全省住房和城乡建设工作会议，提出，云南将努力做强大城市和区域中心城市，做优中小城市，做特小城镇，做美农村，积极探索一条资源节约、环境友好、城镇布局科学、功能定位清晰、城乡互促共进、区域协调发展的特色城镇化道路，建设生态宜居幸福家园。

2月8日 全省旅游工作会议在昆明举行。会议要求，抓住桥头堡建设机遇，推进云南旅游产业跨越式发展。9月23日，全省旅游产业发展大会在大理召开。会议强调，当前和今后一段时期，全省旅游业发展要紧紧围绕建设成为国内一流、国际知名的旅游目的地的战略目标，加快转型升级、突出融合发展、实施创新驱动、扩大开放合作，推动云南省旅游业跨越发展。

2月20日 全省扶贫开发工作会议在昆明召开。会议指出，云南扶贫开发已经从以解决温饱为主要任务的阶段转入巩固温饱成果、加快脱贫致富、改善生态环境、提高发展能力、缩小发展差距的新阶段。

2月23日 国务院扶贫开发领导小组在昭通市召开会议，正式启动乌蒙山片区区域发展与扶贫攻坚，力争云南乌蒙山片区的470多万贫困人口到2020年与全国基本同步迈进全面小康。

3月7日 中共中央总书记、国家主席、中央军委主席胡锦涛与出席十一届全国人大五次会议的云南代表团代表一起审议政府工作报告，审查计划报告和预算报告。他强调，云南要牢牢抓住国家加大实施西部大开发战略力度和支持云南省加快建设面向西南开放重要桥头堡的宝贵机遇，进一步凝聚力量、扎实奋斗，不断开创改革开放和社会主义现代化建设新局面。

3月13日 省政府办公厅发出《关于进一步落实责任强化措施切实抓好抗旱保民生促生产工作的紧急通知》。

3月15日 牛栏江—滇池补水工程协调领导小组召开第六次会议，提出采取超常规措施推进工程建设进度，确保年底建成试通水。

3月20日 全省推进工业跨越发展大会在昆明举行。会议强调，实现云南科学发展、和谐发展、跨越发展，根本出路在工业，重点在推动新型工业化发展。

3月21日 省委、省政府在昆明召开全省水利建设和抗旱减灾工作会议。会议提出,加快实施"兴水强滇"战略。

3月31日 省民政厅、省财政厅联合发出通知,决定提高全省城乡低保对象补助标准和农村"五保"供养省级补助标准。城市低保对象月人均提高27元,农村低保对象月人均提高12元,"五保"供养对象月人均增加24元。

4月1日 抚仙湖治理保护列入国家环保规划。

4月19日 省政府办公厅印发《云南省安全生产"十二五"规划》,提出,到2015年,各类事故死亡总人数下降8%以上,工矿商贸事故死亡人数下降12.5%以上,较大事故起数下降15%以上,职业危害申报率达80%以上。

5月16日 全省低效林改造现场推进会在石屏召开。会议提出,全省计划用10年左右时间完成6000万亩低效林改造。

5月17日—22日 中共中央政治局常委、全国政协主席贾庆林深入红河哈尼族彝族自治州和丽江市,就促进少数民族和民族地区经济社会又好又快发展进行调研。

5月24日 省委常委会召开会议,研究推进全省县域经济工作,强调强滇之基在于强县,要突出跨越发展的要求,突出争先进位的导向,建立科学、公平、公正的县域经济发展监测考评指标体系。会议审议通过《云南省县域经济发展争先进位评价体系及考核办法(试行)》《中共云南省委 云南省人民政府关于加快推动县域经济跨越发展的决定(送审稿)》。

同日 云南省第一家电子招标采购运营商——云南云投电子商务有限公司在昆明高新区挂牌成立。

5月29日 全省加大城乡统筹力度促进农业转移人口转变为城镇居民工作推进会议在开远举行。会议提出,以对人民群众、对历史高度负责的态度,认真学习借鉴先进经验,强化工作措施,加大推进力度，确保城乡统筹农民转户入城工作取得新成效。

5月31日 省政府在昆明召开全省重大项目建设推进会议。会议强调：一是抓稳增长机遇；二是抓项目开工建设；三是抓项目前期工作；四是抓项目要素保障；五是抓项目推进机制建设。

6月6日 云南省"十二五"期间开工的第一项大型水利工程——迪庆藏族自治州小中甸水利枢纽工程正式开工建设。

6月7日 省政府常务会召开。会议明确，2012年全省医改工作要围绕健全医保体系、巩固基本药物制度及基层医疗机构运行机制、积极推进公立医院改革三个方面来推进。

6月8日 省委、省政府在曲靖举行全省园区经济战役启动大会。会议强调，要在抓好园区发展规划编制、推动园区经济发展重点突破、创新园区开发建设模式、抓好园区招商引资、进一步优化园区发展环境、建立完善园区经济发展推进机制等六个方面下功夫，打好园区经济战役。

6月15日 2012年省政府滇池水污染综合治理工作会议召开。会议指出，通过长期不懈的努力，特别是"十一五"以来力度空前的投入和措施，滇池水质恶化趋势得到遏制，河道水质及景观明显改善，治理成效逐步显现。

6月22日 全省高原特色农业推进大会在曲靖召开。会议强调，推进高原特色农业发展，要以加快转变农业发展方式为主线，重点建设"六大内容"，努力夯实高原粮仓，大力发展特色经济作物，积极发展山地牧业，加快发展淡水渔业，全力推进高效林业，着力打造开放农业。

6月26日 世界银行首次支持西部地区发展职业教育贷款项目在昆明启动，这也是云南省首次单独申报成功的世行贷款项目。

同日 昆明长水国际机场全面竣工。6月28日，昆明长水国际机场正式投入使用。

7月17日 省政府印发《关于进一步加强和创新新时期民政工作的意见》，提出，要紧紧围绕云南科学发展、和谐发展、跨越发展的奋斗目标，努力推进民政事业快速发展。

7月19日 云南省建设民族团结进步边疆繁荣稳定示范区动员大会在昆明召开，标志着示范区建设全面启动。

7月29日 省人大常委会颁布《云南省民办教育条例》，标志着全省民办教育工作步入规范化、法治化轨道。9月20日，省人大宣布《云南省民办教育条例》将于2012年10月1日起实施。

9月13日 乌蒙山片区区域发展与扶贫攻坚部际联席会议在北京召开。会议主要任务是：深入贯彻落实中央扶贫开发工作会议精神和《中国农村扶贫开发纲要（2011—2020年)》有关要求，启动乌蒙山片区部际联席会议制度，加强各成员单位之间的沟通协调，密切协作配合，形成工作合力，全面推进《乌蒙山片区区域发展与扶贫攻坚规划（2011—2020年)》组织实施，促进乌蒙山片区经济社会又好又快发展。

9月17日 省政府在普洱召开全省城市建设现场会。会议强调，要紧紧抓住新一轮西部大开发等宝贵机遇，因地制宜、积极作为、注重实效，扎实推进云南城镇化健康发展。

9月20日 全省扶贫开发工作专题会议在永仁举行。会议提出，到2020年，基本解决深度贫困问题，基本解决连片特困地区贫困问题。

10月29日 中国绿色碳汇基金会碳汇经济促进中心在普洱成立。

11月5日 中国自主制造的世界最大水轮机组——单机容量80万千瓦的向家坝水电站7号机组正式投入商业运营，这标志着中国第三大水电站向家坝水电站开始投产发电。

11月17日 省委召开常委（扩大）会议，传达学习党的十八大和十八届一中全会精神，对全省学习宣传贯彻党的十八大精神进行研究部署。11月20日，省委发出《中共云南省委关于认真学习宣传贯彻党的十八大精神的通知》。

11月29日 省十一届人大常委会第三十五次会议审议通过《云南省学前教育条例》。

12月3日 国务院扶贫开发领导小组在普洱召开滇西边境片区区域发展与扶贫攻坚启动会。会议提出，要努力将滇西边境片区建设成为我国面向西南开放重要门户、国际知名旅游目的地、重要的生物多样性宝库和西南生态安全屏障、边境稳定和民族团结模范区、人力资源开发扶贫示范区。

12月8日 中缅天然气管道云南支线及城市燃气项目在昆明安宁平地哨村正式开工建设，标志着云南省和中国石油"气化云南"工程进入实质性阶段。

12月9日—11日 第十二届中缅边境经济贸易交易会在缅甸木姐市举行。这是《瑞丽重点开发开放试验区建设实施方案》获国务院正式批准后，中缅双方举行的首次边交会。

12月26日—27日 省委九届四次全体（扩大）会议在昆明举行。会议要求，按照"翻两番、增三倍、促跨越、奔小康"的要求，扎实工作，与全国同步全面建成小康社会。

12月31日 经省政府批准的《关于做好随迁子女接受义务教育后在云南参加升学考试工作的实施意见》正式公布，2013年1月1日起施行。

二〇一三年

1月9日 全省生物产业发展现场会在勐海召开。会议要求：要高标准建设生物产业加工园区；建设专业化原料基地；拓展高精尖发展领域；全链条打造产业集群；强化创新性科技支撑；品牌化发展生物产业；多元化开拓全球市场；全方位推进战略合作。

1月28日 《云南省加快建设面向西南开放重要桥头堡总体规划》正式公布，明确了云南的战略定位、发展目标、区域布局、重点任务，成为指导云南省加快建设面向西南开放重要桥头堡的行动纲领和编制相关专项规划的重要依据。

1月 "滇池治理三年行动计划"启动仪式在昆明市呈贡洛龙河污水处理厂举行。

2月22日 省委常委会会议审议通过《中共云南省委 云南省人民政府关于建设滇中产业聚集区新区的决定》。

2月26日 全省农业工作会议召开。会议强调，2013年全省农业部门要按照省委、省政府提出的"大力开展产业建设年活动"的要求，以产业兴农、产业提效、产业增收为目的，坚持"农业产业化、产业特色化、特色庄园化、庄园品牌化、品牌市场化"，大力推动高原特色农业发展，力争实现"八增两保"目标。

年初 云南各地旱情加重。2月26日，全省民政系统已经启动三级救灾应急响应，并派出工作组，深入全省16个州（市）查看灾情。3月19日，省政府常务会议要求，各地各部门要把抗旱工作作为头等大事和重要任务来抓，抗旱保民生、抗旱保春耕，做好抗旱减灾工作。3月28日，国家减灾委、民政部针对云南旱情启动国家四级救灾应急响应。4月3日，省防汛抗旱指挥部决定启动抗旱重大级（Ⅱ级）应急响应，应对加快发展的旱情，要求各州（市）按照《云南省防汛抗旱应急预案》明确的职责和要求，全力协调配合，切实做好抗旱相关工作。随着降雨的到来，全省大部分地区旱情得到有效缓解。5月，省防汛抗旱指挥部决定将全省抗旱应急预案由重大级（Ⅱ级）降低为一般级（Ⅳ级）应急响应。

3月26日 省委常委会召开会议，审议并原则通过《中共云南省委　云南省人民政府关于加大改革创新力度进一步增强农业农村发展活力的意见（送审稿）》。

同日 省政府出台《加快推进瑞丽重点开发开放试验区建设若干政策》，提出全面推进瑞丽重点开发开放试验区建设。8月，国家发改委批复《云南瑞丽重点开发开放试验区总体规划》。

3月 省委、省政府印发《关于建设滇中产业聚集区（新区）的决定》。

4月1日 全省污染减排工作会议在昆明召开。会议要求：一是突出结构调整和环境准入；二是突出重点工程和关键环节污染减排；三是突出机动车和农业源污染减排。

4月28日 省委常委会会议审议通过《中共云南省委　云南省人民政府关于加快实施创新驱动发展战略的意见》《中共云南省委　云南省人民政府关于加强法治建设创建平安云南的意见》。

5月18日 国务院批复同意会泽县成为"国家历史文化名城"，会泽县成为我国第121座国家历史文化名城。

5月20日 全省综合交通基础设施建设攻坚工作会议在大理举行。会议强调，要统一思想、凝聚力量，动员全省力量，大干、苦干、实干3年，打好综合交通基础设施建设攻坚战，为云南与全国同步全面建成小康社会打牢坚实的交通基础。

6月6日—10日 首届中国—南亚博览会暨第21届中国昆明进出口商品交易会在昆明举办。本届展会累计签约国内合作项目409个，总投资5378亿元，签约项目涵盖旅游、能源开发、基础设施、商贸、教育、环保、现代物流等领域。

6月22日 红河哈尼梯田文化景观申报世界遗产在第37届世界遗产大会通过审议和表决，成功列入世界文化遗产名录。至此，红河哈尼梯田文化景观成为我国第45处世界遗产地和我国首个以民族名称命名的世界遗产，云南的世界遗产达到5个，成为中国的世界遗产大省。

6月26日 省委常委会召开会议，认真学习中央召开的党的群众路线教育实践活动工作会议和中央政治局专门会议精神，研究云南省贯彻意见。7月3日，全省党的群众路线教育实践活动动员大会在昆明召开。

6月28日 在国务院批准公布的第七批全国重点文物保护单位中，云南省新增56处全国重点文物保护单位。至此，全省共有132处全国重点文物保护单位。

7月17日 省政府常务会议审议通过《云南省人民政府关于取消和下放一批行政审批项目的决定（草案）》，决定取消和下放80项行政审批项目。

7月24日 省人大会议审议通过的《云南省少数民族教育促进条例》，在云南少数民族教育发展史上具有里程碑意义，标志着云南少数民族教育工作正式进入法制化的轨道。

7月31日 中缅油气管道（德宏段）正式通气。

8月28日—29日 全省扶贫开发暨整乡推进工作现场会议在曲

靖市富源县召开。会议要求,聚焦重点,集中力量,完善机制,深化扶贫开发整乡推进试点工作,加大力度推进集中连片特困地区区域发展,促进扶贫攻坚实施规划的落实,推动全省扶贫开发工作不断取得新成效。

9月6日 全省美丽乡村建设工作会在玉溪市召开。会议提出,以省级重点建设村为抓手,大力实施"八大工程",聚力建设美丽乡村,致力造福农民群众,着力打造"升级版"新农村,全力开创云南城乡共同繁荣新局面。

9月28日 国务院正式批准在临沧市设立边境经济合作区,定名为临沧边境经济合作区,实行现行边境经济合作区的政策。

9月30日 省委、省政府印发《关于建设旅游强省的意见》,明确了云南省建设旅游强省的目标:到2020年,在2012年基础上实现接待海内外游客人数翻一番以上,力争达到5亿人次;旅游总收入和旅游业增加值翻两番以上,力争分别达到8500亿元、3400亿元;把旅游产业建设成为全省国民经济的战略性支柱产业和人民群众更加满意的现代服务业;把云南建设成为国内一流、国际著名的旅游目的地和中国面向西南开放的区域性国际旅游集散地。

同日 中缅天然气管道云南禄丰—广西贵港段主干线完工,中缅天然气管道干线全部建成。

10月15日 省政府出台《支持红河州河口跨境经济合作区建设若干政策》,制定了8个方面的22项具体支持政策,在财税政策、投融资政策、产业政策、土地政策、通关便利化政策、公共服务政策,以及行政管理和人才政策等各方面给予了跨合区大力的支持。

10月22日 昆明市五华区莲华街道办事处马村片区兼合式支部委员会成立大会举行,这标志着全省第一家以社区为依托的兼合式党组织正式成立。

10月 中缅油气管道建成投产,与国家西气东输二线贯通,开启了云南天然气利用的新时代。

11月3日 水利部与省政府在昆明召开滇桂黔石漠化云南片区区域发展与扶贫攻坚工作座谈会。会议提出,将连片特困地区区域发展与扶贫攻坚纳入全省的大扶贫格局,进一步瞄准贫困对象,坚持"输血"和"造血"并重,突出重点,健全扶贫开发体制机制,加快滇桂黔石漠化云南片区区域发展与扶贫攻坚步伐。

11月10日 农业部和省政府在昆明签署《中华人民共和国农业部 云南省人民政府共同支持国家级斗南花卉市场建设合作备忘录》,共同支持国家级斗南花卉市场建设。

11月22日—25日 中共中央政治局常委、全国人大常委会委员长张德江在云南就县级人大工作进行调研。张德江强调,要全面贯彻落实党的十八大、十八届三中全会精神和习近平总书记系列重要讲话精神,从完善和发展中国特色社会主义制度、推进国家治理体系和治理能力现代化的高度,按照"总结、继承、完善、提高"的总原则,着力加强县级人大工作和人大自身建设,扎实推进县级人大工作完善发展。

11月29日 省委、省政府召开全省旅游产业发展大会,全面启动和部署云南旅游强省建设工作。

12月2日 怒江傈僳族自治州召开怒江州扶贫攻坚动员会。会议上,省政府同意《怒江州扶贫攻坚总体方案(2013—2017年)》,决定从2013年到2017年,用5年时间,集中力量,突出重点,全力推进怒江州扶贫攻坚。

12月11日 云南省迪庆发展与扶贫攻坚工作推进会在迪庆藏族自治州召开。会议强调,深入贯彻党的十八届三中全会精神,全面激活迪庆藏族自治州发展内生动力,建成全国涉藏州县跨越式发展和长治久安示范区,实现全面建成小康社会目标。

12月26日—27日 省委九届七次全体(扩大)会议在昆明举行。会议审议通过《中共云南省委关于贯彻落实〈中共中央关于全面深化改革若干重大问题的决定〉的意见》。

12月29日 牛栏江—滇池补水工程实现正式通水。工程达到长期安全、稳定、可靠的运行标准,即日起工程每年向滇池补水6亿立方米左右,这标志着滇池治理迈上新台阶。

二〇一四年

1月3日 新华社北京电，元旦前夕，云南省贡山独龙族怒族自治县干部群众致信习近平总书记，汇报了当地经济社会发展和人民生活改善情况，重点报告了多年期盼的高黎贡山独龙江公路隧道即将贯通的喜讯。收到来信后，中共中央总书记、国家主席、中央军委主席习近平立即作出重要批示。习近平指出："获悉高黎贡山独龙江公路隧道即将贯通，十分高兴，谨向独龙族的乡亲们表示祝贺！独龙族群众居住生活条件比较艰苦，我一直惦念着你们的生产生活情况。希望你们在地方党委和政府的领导下，在社会各界帮助下，以积极向上的心态迎战各种困难，顺应自然规律，科学组织和安排生产生活，加快脱贫致富步伐，早日实现与全国其他兄弟民族一道过上小康生活的美好梦想。"接到习近平总书记对贡山独龙族怒族自治县干部群众致信作出的重要批示后，省委领导就贯彻落实习近平总书记重要批示精神提出要求。4月10日，独龙江公路高黎贡山隧道全线贯通。

1月9日 省政府在会泽召开全省综合交通基础设施建设汇报会。会议强调：一要创新投融资体制。二要加大招商引资力度。三要创新征地拆迁机制。四要创新工作推进机制。

1月10日 国家科学技术奖励大会召开。云南省6个项目获奖，其中自然科学二等奖1项、技术发明二等奖2项、科技进步二等奖3项。6个获奖项目中，以云南省科研工作者为主要完成人的项目有3项。

同日 全省旅游市场秩序整治工作会暨全省旅游工作会议召开。会议提出，要重点抓好融合发展，整治旅游市场，推动旅游强省建设。

1月29日 《云南省贯彻落实〈中共中央建立健全惩治和预防腐败体系2013—2017年工作规划〉的实施意见》出台。

2月12日 全省工业和信息化工作会议在昆明召开。会议要求：一是抓园区培育。二是抓特色产业集群培育。三是抓企业培育。四是抓产品培育。五是抓企业家培育。六是抓信息化建设。七是抓工业运行调度。八是抓专项资金效用。九是抓安全生产。

2月15日 全省农业工作会议召开。会议要求，2014年云南省将以深化农村改革为动力，着力培育大产业、开拓大市场，构建农产品质量安全保障体系，推动高原特色农业跨越发展，实现全省农牧渔业总产值、增加值增长5%以上，粮食增产30万吨，农民人均纯收入达到6940元，增长13%，肉类总产量、农产品加工产值等"十个连增"。

2月18日 全省教育工作会议在昆明举行。会议提出实现5个突破：一要在深化省级政府教育统筹综合改革上取得突破。二要在推进考试招生制度改革上取得突破。三要在改革创新育人模式上取得突破。四要在优化教育资源配置上取得突破。五要在支持和鼓励社会力量兴办教育上取得突破。

2月21日 全省水利工作会议在昆明召开。会议提出，2014年完成水利投资300亿元以上，新开工40件以上骨干水源工程，解决250万农村人口和农村学校师生饮水安全问题，推动水利持续健康发展。

2月26日 2014年全省安全生产暨污染减排工作电视电话会议召开。会议强调：一要在提高城镇污水处理能力上下硬功夫。二要在加快重点行业污染减排上下硬功夫。三要在强化污染减排基础性工作上下硬功夫。四要在严格落实减排责任上下硬功夫。

3月11日 全省社会管理综合治理委员会全体会议在昆明召开。会议要求，针对"3·01"事件暴露出的问题和薄弱环节，下大力气强化巡控、整治、管控及源头预防等措施，切实防患于未然，堵住社会管理漏洞，有效防止社会矛盾积累，铲除危害社会的毒瘤。

3月13日 省政府与中国交通建设股份有限公司在北京签署《高速公路合作投资建设协议》。

3月19日 省委、省政府制定印发《云南省贯彻〈党政机关厉行节约反对浪费条例〉实施细则》，要求各地区、各部门把厉行节约反对浪费摆在突出位置抓紧抓好，推进全省党政机关建设节约型机关。

3月20日 全省民族团结进步边疆繁荣稳定示范区建设领导小组会议在昆明举行。会议指出，习近平总书记高度关注云南民族团结进步边疆繁荣稳定示范区建设，多次对云南民族工作作出重要批示指示。2014年1月3日，习近平总书记再次在贡山县独龙族乡亲来信上作出重要批示。要深刻领会习近平总书记重要批示指示精神，进一步增强抓好示范区建设的自觉性和紧迫感、责任感。

3月23日—25日 中共中央政治局常委、全国政协主席俞正声就深入开展第二批党的群众路线教育实践活动在武定县调研。在滇期间，俞正声还围绕政协工作和民族宗教工作进行了深入调研。

3月28日 省人大常委会会议表决通过《云南省人民代表大会常务委员会关于调整完善生育政策的决议》，明确指出在本省行政区域内一方是独生子女的夫妇可以生育两个孩子，云南省"单独两孩"政策正式落地。3月31日，云南省所有计生部门办证点、窗口开始正式接受单独二孩申请办理资料。

4月3日 首部中缅合拍的42集大型电视连续剧《舞乐传奇》首映式在缅甸仰光举行。

4月18日 省委、省政府印发《关于创新机制扎实推进农村扶贫开发工作的实施意见》。

4月29日 北京—昆明—内比都航线开通。这是我国首条与缅甸首都——内比都的定期直达航线。

4月30日 全省扶贫开发工作会议在昆明召开。会议提出：一是着力创新扶贫开发体制机制。二是着力推进连片特困地区区域发展与扶贫攻坚。三是着力提高扶贫开发精准性。四是着力强化行之有效的专项扶贫措施。五是着力改善贫困地区生产生活条件。六是着力加强扶贫资金管理使用。

同日 昆明地铁1、2号线首期工程全线贯通试运营，标志着昆明市主城全面进入地铁时代和主城公共交通体系迎来新的纪元。

5月4日 省委常委会会议原则同意《中共云南省委 云南省人民政府关于全面深化改革扎实推进高原特色农业现代化的意见》。

5月12日 省人才工作领导小组在昆明召开2014年第一次会议。会议强调：一要加快落实人才优先发展战略。二要全面实施各项重大人才工程。三要统筹推进各类人才队伍建设。四要改革创新人才发展体制机制。五要不断提高云南省人才工作水平。

5月16日—17日 中共中央政治局常委、全国政协主席俞正声在迪庆藏族自治州调研。

6月26日 我国当时第四大水电站——华能糯扎渡水电站最后一台机组正式投产发电，标志着总装机容量585万千瓦的糯扎渡水电站全面建成投产。7月10日，我国第三大水电站向家坝电站机组全部投产发电。向家坝电站拥有当时世界上单机容量最大的水轮发电机组。

7月1日 从昆明火车站始发的首趟直通旅客列车抵达乌鲁木齐火车站，结束了云南到新疆没有直通旅客列车的历史。

7月23日 《云南日报》报道，省委、省政府出台《关于推进美丽乡村建设的若干意见》，提出，从2015年起，云南省每年推进500个以上以中心村、特色村和传统村落为重点的自然村建设，全面推进环境整治、基础设施建设和公共服务配套，建设周期不超过两年。

8月3日 昭通市鲁甸县境内发生6.5级地震，震源深度12公里。地震发生后，中共中央总书记、国家主席、中央军委主席习近平高度重视，立即作出重要指示，要求把救人放在第一位，努力减少人员伤亡，妥善做好群众安置工作；有关方面要抓紧了解灾情，组织群众避险，全力投入抗震救灾；要加强余震监测预报，密切防范次生灾害发生。省委、省政府第一时间作出部署。省、市、县立即启动应急预案。

9月4日—5日 全省兴边富民工程工作会议在文山壮族苗族自治州召开。

9月11日—12日 全省集中连片特殊困难地区区域发展与扶贫攻坚工作现场推进会在红河哈尼族彝族自治州举行。会议指出，3年来，4个连片特困地区的91个片区县人均GDP从12411元提高到17054元，贫困发生率由32.2%下降到20.8%，农民人均纯收入增幅连续3年高于全省平均水平，社会服务保障水平和综合经济实力大幅提升。

9月13日 全国"五个一工程"表彰座谈会在北京举行。云南省8件作品荣获第十三届全国精神文明建设"五个一工程"优秀作品奖，云南省委宣传部获组织工作奖。云南获奖作品位列全国前列，取得云南参评全国"五个一工程"奖以来的最好成绩，实现了历史性的突破。

9月26日　全省美丽乡村建设暨新农村建设指导员工作推进会在临沧召开。会议强调，高起点建设好美丽乡村，高要求加强指导员工作。

9月29日　省委全面深化改革领导小组会议审议并原则通过《云南省开放型经济体制改革总体方案》《云南省党的纪律检查体制改革实施方案》《云南省教育领域综合改革方案》。

10月7日　普洱市景谷傣族彝族自治县（北纬23.4度，东经100.5度）发生6.6级地震，震中位于永平镇，震源深度5公里，临沧、德宏、西双版纳等地震感强烈，大理、楚雄、昆明等地有震感，云南省启动一级救灾应急响应。地震发生后，中共中央总书记、国家主席、中央军委主席习近平高度重视，作出重要指示，强调有关地方和部门要全力以赴抢救受伤群众，要求驻地解放军、武警部队等有关方面迅速投入抗震救灾，妥善做好群众避险和安置工作，加强余震监测预报，密切防范次生灾害发生，把地震灾害造成的损失减少到最低程度，同时统筹做好鲁甸地震灾区重建工作，确保受灾群众安全过冬。中共中央政治局常委、国务院总理李克强作出批示，要求有关部门和地方迅速核实灾情，全力以赴组织抢险救援和伤员救治，尽快组织抢修受损的基础设施，抓紧调运救灾物资，严密防范次生灾害，千方百计减少人员伤亡，及时发布灾情信息，维护灾区社会秩序，安定人心。10月8日，省委立即召开常委（扩大）会议，传达学习贯彻习近平总书记关于景谷6.6级地震抗震救灾工作的重要指示精神和李克强总理等中央领导同志的批示要求，对抗震救灾工作进行安排部署。

10月17日　全省社会扶贫工作电视电话会议召开，并启动我国第一个"扶贫日"云南系列活动。

10月18日　《国宝滇金丝猴云南保护行动计划（2015—2020年）》

在昆明通过评审。通过保护行动的实施,到 2020 年,滇金丝猴种群数量有望从当时的 3000 只上升到 5000 只。

10 月 26 日 云南省阜外心血管病医院和云南泛亚国际心血管病医院破土动工。该项目是省委、省政府确定的民生工程,是云南省迄今为止投资规模最大的医院建设项目。

11 月 7 日 省委常委会召开会议,研究全面推进依法治省重大问题,研究部署深化平安云南建设工作任务。

11 月 19 日—20 日 省委九届九次全体会议在昆明举行。会议审议通过《中共云南省委关于贯彻落实〈中共中央关于全面推进依法治国若干重大问题的决定〉的意见》。

12 月 1 日 中国社会科学院将祥云县大波那村考古发现的大规模战国墓葬群列入 2014 年度国内六大考古发现。

12 月 13 日 省委常委会召开扩大会议,传达学习中央经济工作会议精神,研究云南省贯彻落实意见。会议强调,紧密结合云南实际,科学谋划下一年工作,确保中央经济工作会议精神落到实处、取得实效。

12 月 17 日 全省改善农村人居环境工作座谈会召开。会议强调,改善农村人居环境,一要以科学规划建设为引领,二要以环境综合整治为重点,三要以生态文化保护为基础,四要以人的全面发展为核心,五要以创新体制机制为保障。

12 月 29 日 省委全面深化改革领导小组会议审议并原则通过《中共云南省委重要改革举措实施规划(2014—2020 年)(送审稿)》。

同日 亚洲最长山岭铁路隧道大(理)瑞(丽)铁路高黎贡山隧道工程正式开工建设。

12 月 30 日 全省九大高原湖泊水污染综合防治工作会议在昆明举行。会议强调,要增强责任感、使命感,以铁的手腕、硬的措施,确保完成九湖综合治污目标任务。

12月 首条昆明到巴黎洲际直飞航线开通。巴黎、温哥华两条洲际航线，打破了云南多年来没有洲际航线的历史。

二〇一五年

1月5日 省委依法治省领导小组第一次全体会议召开。会议强调，要深入学习党的十八届四中全会和习近平总书记系列重要讲话精神，按照省委九届九次全会安排部署，健全依法治省领导体制和工作推进机制，强化考评问责，扎实推进法治云南建设各项工作。5月13日，省委印发《中共云南省委 云南省人民政府关于加强法治建设创建平安云南的意见》。

1月6日 省委作出《关于深入开展向高德荣同志学习的决定》。

1月10日 在国家科学技术奖励大会上，云南省8个项目荣获2014年度国家科学技术奖励，包括自然科学二等奖1项、技术发明二等奖2项、科技进步二等奖5项。其中，由云南省单位主持完成的获奖项目3项，参与完成的获奖项目5项。

1月19日—21日 中共中央总书记、国家主席、中央军委主席习近平深入昭通、大理、昆明等地，看望鲁甸地震灾区受灾干部群众，深入企业、工地、乡村考察，就灾后恢复重建和经济社会发展情况进行调研。考察期间，习近平总书记听取了云南省委、省政府工作汇报，对云南经济社会发展取得的成绩和各项工作给予肯定。习近平总书记强调，要全面贯彻落实党的十八大和十八届三中、四中全会精神，用全面建成小康社会、全面深化改革、全面依法治国、全面从严治党引领各项工作，加快贫困地区、民族地区经济社会发展，为到2020年如期实现全面建成小康社会奋斗目标努力奋斗。希望云南主动服务和融入国家发展战略，闯出一条跨越式发展的路子来，努力成为民族团结进步示范区、生态文明建设排头兵、面向南亚东南亚辐射中心，谱写中国梦云南篇章。1月20日，习近平总书记在昆明亲切会见怒江州贡山独龙族怒族自治县干部群众代表。习近平说："我来见大家，就是鼓励你们再接再厉，也是给全国各族人民看：中国共产党关心各民族的发展建设，全国各族人民要共同努力、共同奋斗，共同奔向全面小康。"1月23日，省委常委会召开扩大会议，传达学习中共中央总书记、国家主席、中央军委主席习近平考察云南重要讲话精神，研究部署云南省贯彻落实意见。同日，省委印发《关于认真传达学习贯彻落实习近平总书记在云南考察工作时的重要讲话精神的通知》。3月31日，省委九届十次全会审议通过《中共云南省委关于深入贯彻落实习近平总书记考察云南重要讲话精神闯出跨越式发展路子的决定》。

1月28日 历经5年时间，中缅原油管道工程（缅甸段）宣告基本建成，在仰光举行了试投产仪式。

3月12日 中共中央政治局常委、国务院副总理张高丽参加十二届全国人大三次会议云南代表团审议《关于修改〈中华人民共和国立法法〉的决定（草案）》和最高人民法院工作报告、最高人民检察院工作报告，听取云南代表意见建议。张高丽要求，推进云南跨越式发展，谱写好中国梦云南新篇章。

4月8日 全省开放工作会议在瑞丽召开。会议强调，要深入学习贯彻落实习近平总书记考察云南重要讲话精神，按照建设对外开放新高地、面向南亚东南亚辐射中心，进一步解放思想、求真务实、开拓创新，用大开放为闯出一条跨越式发展路子注入活力、增添动力，努力谱写好中国梦的云南篇章。

5月2日 中国首个"民族团结进步协同创新中心"在云南民族

大学揭牌。

5月4日 省委常委会召开会议，研究部署加强云南省农耕文化保护与传承工作。会议强调，要认清云南农耕文化资源优势，积极传承农业文明。会议审议并原则同意了《中共云南省委 云南省人民政府关于进一步加强农耕文化保护与传承的意见（送审稿）》及其责任分工方案。

5月8日 云南省首个综合保税区在蒙自市正式封关运行。

5月25日 全省旅游产业发展大会在昆明召开。会议强调，全省上下要牢固树立科学旅游观，推动旅游资源开发从规模扩张向质量提升转变，努力做大规模、优化结构、提升质量、强化品牌，在经济新常态下实现由旅游大省向旅游强省的发展新跨越，合力推进旅游强省建设迈上新台阶。

6月5日—6日 首届边疆民族地区军民融合深度发展论坛暨云南省军民融合深度发展任务部署会在香格里拉召开，积极探索军民融合发展"云南路径"。

6月9日 国家发展改革委、科技部、国家林业局等11个部门发布的《关于印发生态保护与建设示范区名单的通知》中，云南省迪庆藏族自治州、广南县、勐海县、洱源县名列其中。

6月23日—24日 全省扶贫开发工作会议在会泽召开。会议强调，确保全省贫困人口在2020年如期脱贫，与全国同步全面建成小康社会。

6月26日 云南昆明—上海浦东—加拿大温哥华航线开通，成为云南首条通往北美的洲际远程航线。

7月16日 国务院下发《关于同意设立云南勐腊（磨憨）重点开发开放试验区的批复》。这是云南省继瑞丽之后第二个国家级重点开发开放试验区。

7月28日 全省加快民营经济发展工作会议在昆明召开。会议强调，要抓住机遇，推动云南省民营经济发展实现新跨越。

7月29日 省委常委会召开会议，研究部署云南省加快推进生态文明建设排头兵、加强国家投资工程建设等重点领域管理相关工作。会议审议并原则同意《中共云南省委 云南省人民政府关于加快推进生态文明建设排头兵的实施意见》。

7月30日 省委、省政府在普洱市西盟佤族自治县召开全省农村危房改造和抗震安居工程启动大会。会议强调，要深入学习贯彻落实习近平总书记考察云南重要讲话精神，齐心协力抓好农村危房改造和抗震安居工程，让农村困难群众住上"保命房""安居房"、过上好日子，为云南省与全国同步全面建成小康社会奠定坚实的基础。

7月31日 省政府在昆明召开全省深入实施兴边富民工程改善沿边群众生产生活条件三年行动计划启动工作视频会议。省委、省政府决定，从2015年至2017年，以25个边境县（市）、110个沿边乡（镇）、373个沿边行政村（社区）为范围，覆盖3783个自然村、23.6万户、92.8万人，同时兼顾沿边19个农场，启动深入实施兴边富民工程改善沿边群众生产生活条件三年行动计划。

7月 《云南省深入实施兴边富民工程改善沿边群众生产生活条件三年行动计划（2015—2017年）》出台。

8月17日 第十届全国少数民族传统体育运动会在内蒙古的鄂尔多斯落下帷幕。参赛的云南各族运动员在竞赛项目中获得一等奖10个、二等奖40个、三等奖27个，获奖总数超出上届8个，创造了云南省参加全国民族运动会最好成绩。

8月21日 省委常委会召开会议，会议审议并原则同意《中共云南省委 云南省人民政府关于推进五大基础设施建设五年大会战的意见》《云南省五大基础设施网络建设规划（2016—2020）》《中共云南省委　云南省人民政府关于综合交通建设五年大会战的实施意见》。

同日　全省扶贫攻坚"挂包帮""转走访"工作动员会在昆明召开。会议提出5项要求：一是聚集贫困群体，做好"挂包帮"；二是践行宗旨意识，开展"转走访"；三是立足帮扶力量，建好驻村工作队；四是建立工作机制，确保取得实效；五是突出群众主体，坚持自力更生。8月24日，省委、省政府决定在全省开展"领导挂点、部门包村、干部帮户"和"转作风、走基层、遍访贫困村贫困户"工作。

8月22日　水利部、国家林业局组织有关部委及云南、广西、贵州三省（区），在云南省文山壮族苗族自治州召开滇桂黔石漠化片区区域发展与扶贫攻坚推进会。

8月22日—23日　省委九届十一次全体会议在昆明召开。会议审议通过《中共云南省委关于落实全面从严治党要求建设忠诚干净担当高素质干部队伍的决定》。

8月31日　全省五大基础设施网络建设5年大会战暨滇中城市经济圈高速公路网建设动员大会召开。会议指出，加大五大基础设施网络和滇中高速公路网建设，是云南省促进区域协调发展、与全国同步全面建成小康社会的重大举措，是云南省主动服务和融入国家发展战略、建设面向南亚东南亚辐射中心的基础支撑，是加快滇中城市经济圈一体化发展的重要突破口，是云南省优化发展环境、实现跨越发展的现实需求。

9月7日　国务院印发《关于设立云南滇中新区的批复》。

9月13日　云南省湖泊领域第一个院士工作站——孟伟院士工作站在省环境科学研究院举行揭牌仪式。

9月17日　全省推进旅游厕所革命暨乡村旅游与旅游扶贫推进

工作会在石林召开。会议提出，全省旅游厕所全部免费开放，用3年时间新建、改建2045座旅游厕所。

9月19日 由云南农业大学、省高原特色农业产业研究院、省食品安全管理学院共同建设的"云南农业大数据中心"正式运行，标志着云南农业已经迈入大数据时代。

9月25日 省委常委会召开会议，专题研究了云南省易地扶贫搬迁相关工作。会议强调，通过3年努力，投入600亿元，建设超过3000个安置新村，完成30万户、100万人的易地扶贫搬迁任务，让搬迁群众实现"搬得出、留得住、能致富"。

10月11日 省委、省政府召开全省工业转型升级座谈会。会议要求，以提高发展质量和效益为中心，加快推动产业结构由中低端向中高端迈进，推进云南省工业向高端化、信息化、绿色化、集群化转型发展，走有云南特色的新型工业化发展道路，努力建设生态工业强省。

10月12日 省委常委会召开扩大会议，传达学习习近平总书记等中央领导同志在中央办公厅报送的《云南实现跨越式发展亟需超常施策——习近平总书记云南考察回访调研报告》上的重要批示精神，研究云南省贯彻落实《回访调研报告》的具体措施和任务分工方案。

11月2日 《云南日报》报道，"十二五"以来全省大力推进扶贫攻坚，全省农村贫困人口从2011年底的1014万人减少到2014年底的574万人，有440万农村贫困人口实现脱贫，贫困地区农民人均纯收入从2011年初的3109元增加到2014年的6314元，走出了一条整村、整乡、整县、整州推进和整族帮扶的扶贫开发新路子。

11月13日 独龙江公路全线建成通车。

11月29日 《中共中央 国务院关于打赢脱贫攻坚战的决定》印发。《决定》的总体要求是，到2020年，稳定实现农村贫困人口不愁吃、不愁穿，义务教育、基本医疗和住房安全有保障。11月30日，省委常委会召开扩大会议，传达学习中央扶贫工作会议精神，研究云南省贯彻意见。会议强调，立下军令状，采取硬措施，举全省之力，借全社会之力，齐心协力打赢脱贫攻坚战，确保2020年574万贫困人口实现脱贫，贫困县全部摘帽，解决区域性整体贫困，全省与全国同步全面建成小康社会。会议审议并原则同意《云南省脱贫摘帽考核奖惩办法》《云南省脱贫攻坚责任书》，修改完善后印发实施。

12月6日 省委、省政府在泸水召开怒江傈僳族自治州脱贫攻坚工作汇报会。会议强调，坚决打赢怒江脱贫攻坚战，让怒江各族人民早日过上好日子，与全国同步全面建成小康社会。

12月9日—10日 省委九届十二次全体会议在昆明召开，审议通过《中共云南省委关于制定国民经济和社会发展第十三个五年规划的建议》。

12月15日 九大高原湖泊水污染综合防治领导小组暨滇池保护治理工作会在昆明召开。会议强调，以习近平总书记考察云南重要讲话精神为引领，坚持绿色发展理念，以更加科学的理念、更加务实的作风、更加有力的措施，坚定不移、毫不松懈地抓好"十三五"九湖保护治理工作，带动全省水生态环境建设。

二〇一六年

1月1日 云南省贯彻落实全国人大常委会决定，从2016年1月1日起执行国家全面两孩政策。

1月2日—4日 中共中央政治局委员、国务院副总理、国务院扶贫开发领导小组组长汪洋到云南专题调研"直过民族"扶贫工作。汪洋强调，"直过民族"贫困程度深，脱贫难度大，要认真贯彻落实党中央、国务院脱贫攻坚战略部署，从"直过民族"实际出发，坚持精准扶贫、精准脱贫，采取超常规举措，不断加大支持力度，激发贫困群众脱贫内生动力，坚决打赢"直过民族"脱贫攻坚战。6月13日，汪洋到怒江傈僳族自治州福贡县匹河怒族乡调研。汪洋强调，人口较少民族是中华民族大家庭重要组成部分，全面建成小康社会决不让一个民族掉队。

1月3日 云南省共有502个村落入选中国传统村落名录，占全国国家级传统村落总数的20%，高居全国榜首。

1月7日 省委常委会召开会议，传达学习习近平总书记在推动长江经济带发展座谈会上的重要讲话精神，研究部署云南省贯彻意见。会议要求，要结合实际，科学谋划云南省长江经济带发展。

1月8日 在国家科学技术奖励大会上，云南省有6个项目获奖。

1月12日 省政府常务会议决定实施怒江傈僳族自治州脱贫攻坚全面小康行动计划。

1月13日 省政府办公厅印发《关于加快推进海绵城市建设工

作的实施意见》，明确提出2016年全省海绵城市建设试点工作全面启动。到2030年，全省所有城市建成区80%以上的面积达到海绵城市建设标准要求。

1月20日 全省"挂包帮"定点扶贫暨加强驻村扶贫工作队工作视频会议在昆明举行。会议强调，要认真学习贯彻习近平总书记关于扶贫开发的重要论述，深入贯彻落实中央和省委扶贫开发工作会议精神，聚焦贫困县摘帽、贫困乡村出列、贫困户脱贫的目标，结合"挂包帮"对象实际，健全完善帮扶机制，采取超常规举措，拿出过硬办法，统筹协调推进、分类精准施策，扎实推进各项工作。

1月29日 省委常委会召开会议，研究部署云南省稳增长开好局相关政策措施工作。会议专题研究了经济工作，强调2016年是全面建成小康社会决胜阶段的开局之年，是推进结构性改革的攻坚之年，各地各部门要切实做好稳增长开好局工作，紧紧围绕贯彻落实中央和省委经济工作会议精神，坚持把供给侧结构性改革贯穿始终，围绕去产能、去库存、去杠杆、降成本、补短板五大任务，着力稳定企业生产经营，着力扩大消费，着力解决实体企业融资难和融资贵问题，着力推进出口增长。

2月1日 《云南省美丽宜居乡村建设行动计划（2016—2020年)》在《云南日报》发布。

同日 省委、省政府印发《关于加快高原特色农业现代化实现全面小康目标的意见》。

2月4日 省政府出台《关于稳增长开好局若干政策措施的意见》。

同日 我国首个"林业大数据中心和林权交易（收储）中心"在昆明正式挂牌。该项目采用PPP模式完成投融资和建设运营。

2月24日 全省"五网"建设暨滇中城市经济圈一体化发展推

进会在曲靖召开。会议指出，进入"十三五"，要继续坚定不移地把基础设施建设摆在发展的突出位置，全力打好路网、航空网、能源保障网、水网、互联网建设5年大会战，加快构建功能配套、智能高效、安全便利的现代基础设施体系。

2月28日—29日 省委农村工作会议在昆明召开。会议指出，农业、农村、农民问题事关全面建成小康社会大局。全省农业仍然是"四化同步"的短腿，农村仍然是全面小康的短板。

3月2日 全省农业工作会议在昆明召开。会议提出，2016年要确保实现农业总产值、农业增加值增5%以上，农产品加工产值增12%以上，农村居民人均可支配收入增9.5%以上。

3月11日 中共中央政治局常委、全国政协主席俞正声参加十二届全国人大四次会议云南代表团审议，听取云南代表意见建议。俞正声希望云南认真贯彻落实中央要求和习近平总书记系列重要讲话精神，坚持以新发展理念引领发展，如期实现全面建成小康社会奋斗目标。

3月中旬 省委、省政府在北京与中国长江三峡集团公司举行工作会谈，签订《支持云南省人口较少民族精准脱贫攻坚合作协议》。根据合作协议，中国长江三峡集团公司将对口云南省的怒族、普米族、景颇族3个人口较少民族实施整族帮扶精准脱贫攻坚。

4月1日 中共中央政治局常委、中央书记处书记刘云山在鲁甸县龙头山镇甘家寨考察震后重建安置情况。

4月11日 省委、省政府印发《关于着力推进重点产业发展的若干意见》。

4月12日 海峡两岸少数民族发展交流座谈会在德宏傣族景颇族自治州举行。来自海峡两岸的百余名少数民族代表齐聚一堂，就本民族发展做交流探讨，共叙交流合作发展前景。

4月18日 全省旅游产业发展推进会议在西双版纳傣族自治州举行。会议提出，要实施全域旅游发展战略，促进旅游产业转型升级，推动云南省从旅游大省向旅游强省跨越。

4月19日 全省"直过民族"和人口较少民族脱贫攻坚推进会在西双版纳傣族自治州举行。会议要求：一要突出对象精准。二要突出产业扶贫。三要突出劳务培训转移就业。四要突出民族特色村寨和安居工程建设。五要突出教育扶贫。六要突出抓好医疗救助和社会保障政策落实。

4月22日 省政府发出《云南省人民政府关于印发云南省国民经济和社会发展第十三个五年规划纲要的通知》，提出"十三五"发展目标是：经济保持中高速增长；产业结构迈向中高端；基础设施网络日趋完善；农村贫困人口如期脱贫；创新驱动发展能力明显提升；各族人民生活水平和质量普遍提高；公民素质和社会文明程度实现新提升；开放型经济建设取得明显成效；生态建设和环境保护实现新突破；各方面制度建设实现新进展。

4月28日 沪昆高铁云南段全线铺通，云南正式迈入高铁时代。

5月3日 省委常委会召开会议，传达学习中央政治局会议精神，研究部署云南省推进供给侧结构性改革工作。会议审议并原则同意《云南省推进供给侧结构性改革总体意见及相关配套文件》。

5月11日 省政府与国家开发银行在昆明签署《开发性金融支持云南省脱贫攻坚合作备忘录》。根据该《备忘录》，国开行在之后5年切实加大对云南贫困地区和扶贫攻坚领域的融资规模倾斜，为重大基础设施建设、易地扶贫搬迁、整村整乡推进等方面，提供全面融资、融智支持。

5月13日 省委农村工作领导小组暨省涉农领域改革专项小组会议在昆明召开。会议强调，要以深化农村改革促进社会主义新农村建设，加快农村全面小康和现代化进程。

5月14日 《怒江州脱贫攻坚旅游建设发展规划（2016—2025年)》启动实施会议在怒江举行。

5月15日 2016全国"最美家庭"揭晓暨全国五好文明家庭表彰大会在人民大会堂举行。云南省25户家庭被表彰为全国五好文明家庭，2户家庭被表彰为全国五好文明家庭标兵，25户家庭荣登2016全国"最美家庭"光荣榜。

6月2日 省委常委会召开会议，传达学习习近平总书记、李克强总理等中央领导在全国科技创新大会上的重要讲话和会议精神，以及习近平总书记在农村改革座谈会上的重要讲话和习近平总书记对统计工作的重要批示精神，研究云南省贯彻意见。

6月3日 云南省与中国华能集团公司在昆明签订《帮扶云南省拉祜族、佤族脱贫攻坚合作协议》。

6月19日 全省脱贫攻坚暨县域经济发展推进会在昆明召开视频会议。会议指出，2016年是脱贫攻坚开局之年，各级各部门要紧紧围绕"减少贫困人口120万、12个贫困县脱贫摘帽"的年度目标任务，把好"两不愁三保障"这个尺子，夯实精准识别贫困人口这个基础，聚焦重点区域和重点群体。

6月25日 省委常委会召开会议，研究全省开展法治宣传教育、加强州（市）立法相关工作。会议指出，全省各地各部门要深入学习贯彻习近平总书记系列重要讲话精神，切实抓好法治宣传教育工作，确保云南省"七五"普法规划确定的各项目标任务落到实处。7月26日，省委宣传部、省司法厅出台《关于在全省公民中开展法治宣传教育的第七个五年规划》。

7月16日 省政府印发《关于贯彻〈中国制造2025〉的实施意见》，提出：到2020年，生态工业强省建设取得积极进展；到2025年，基本建成面向南亚东南亚制造业辐射中心和区域经济增长极，培育形成一批开放型、创新型和高端化、信息化、绿色化的千亿级企业和特色产业集群。

7月21日 省政府印发《云南金沙江开放合作经济带发展规划（2016—2020年）》，将迪庆、丽江、大理、楚雄、昆明、曲靖、昭通7州（市）的23个县（市、区）纳入规划范围。

7月22日 省政府办公厅印发《关于促进农村电子商务加快发展的实施意见》，提出，到2020年，打造20个以上省级农村电子商务示范县，创建100个以上省级农村电子商务示范企业，建立覆盖全省的省、州（市）、县（市、区）、乡（镇）四级农村电子商务综合服务体系。

7月25日 省委常委会召开会议，研究进一步做好全省人才有关工作，推进人才发展体制机制改革。8月23日，《中共云南省委 云南省人民政府关于深化人才发展体制机制改革的实施意见》在《云南日报》发布。9月1日，全省人才工作会议在昆明举行。

8月8日 省委办公厅、省政府办公厅印发《云南省进一步提升城乡人居环境五年行动计划（2016—2020年）》。

8月15日 省委、省政府出台《关于实施全面两孩政策改革完善计划生育服务管理的意见》。

8月 国家旅游局公布了全国旅游扶贫示范项目和第二批"中国乡村旅游创客示范基地"名单，云南省共有13个项目和1个基地入选。其中，丽江市玉龙雪山景区、文山壮族苗族自治州丘北县普者黑景区、红河哈尼族彝族自治州元阳哈尼梯田景区入选全国"景区带村"旅游扶贫示范项目，保山市隆阳区百花岭乡村旅游创客基地入选第二批"中国乡村旅游创客示范基地"。

9月8日 省委常委会召开会议，传达学习习近平总书记在推进

"一带一路"建设工作座谈会上的重要讲话精神，研究云南省贯彻落实意见。会议要求，云南省主动服务和融入"一带一路"建设要在5个方面着力：一是进一步认识推进"一带一路"建设的重大意义，把思想和行动统一到习近平总书记重要讲话精神和党中央的决策部署上来。二是主动服务和融入"一带一路"建设，加快面向南亚东南亚辐射中心建设。三是加快开放型经济体制建设，构建开放型经济体系。四是加强理论研究和实践探索。五是加强舆论宣传，传播正能量。

同日 全省石漠化片区区域发展与脱贫攻坚现场推进会在砚山举行。会议要求，围绕全面小康目标实现精准扶贫，"十三五"期间要夯实基础，全力破解瓶颈制约。"十二五"期间，云南石漠化片区累计投入项目资金1632.81亿元，片区生产总值从2010年的508亿元增长到2015年的1190亿元，贫困人口由115.72万人减少至54.25万人。

9月20日 省委常委会召开会议，研究云南省生态文明建设相关工作，审议并原则同意《云南省生态文明建设排头兵规划（2016—2020年）》。

9月21日 国务院发布《关于昆明市城市总体规划的批复》，原则同意《昆明市城市总体规划（2011—2020年）》。

10月17日 云南省启动以民企对口帮扶贫困村共建为主要形式的"万企帮万村"精准扶贫行动计划。

11月3日 省政府办公厅印发《关于加快推进广播电视村村通向户户通升级工作的实施意见》，提出，到2020年，云南省基本实现数字广播电视户户通，形成覆盖城乡、便捷高效、功能完备、服务到户的新型广播电视覆盖服务体系。

11月7日—9日 中共中央政治局常委、国务院副总理张高丽在云南调研。张高丽强调，要深入学习贯彻党的十八届六中全会精神，奋发有为推动经济社会持续健康发展。

11月30日 全国首家以防治艾滋病为主题的宣传教育基地——云南省防艾宣传教育基地在云南省传染病专科医院（省艾滋病关爱中心／心理卫生中心）揭牌。

12月9日 省委常委会召开会议，传达学习习近平总书记在中国文联十大、中国作协九大开幕式上的重要讲话精神，研究云南省贯彻落实措施。会议强调，要始终坚持党对文艺工作的领导，突出云南省民族文化优势，推动云南文艺创新发展，进一步坚定文化自信、强化文化担当，彰显云南文化特色，深入实施"云南文化精品工程"，努力推出一批立得住、叫得响、传得开、留得下的精品力作，不断巩固和提升云南文艺的整体实力。

12月12日—13日 首届南方丝绸之路发展论坛在昆明举行。

12月16日 省政府与国家民委在北京续签《建设民族团结进步示范区合作协议》。按照协议，双方将加强合作，通过着力补齐少数民族和民族地区全面建成小康社会的短板，增强其跨越式发展动力和沿边开放活力，促进民族团结、宗教领域和谐稳定，到2020年实现全面小康同步、公共服务同质、法治保障同权、精神家园同建、社会和谐同创目标。

12月19日—23日 中国共产党云南省第十次代表大会在昆明召开。大会审议通过《紧密团结在以习近平同志为核心的党中央周围 勇于担当 奋发有为 为云南全面建成小康社会而努力奋斗》工作报告，提出今后五年的主要奋斗目标是：全面脱贫、全面小康目标顺利实现；民族团结进步示范区建设扎实推进；生态文明建设排头兵成效显著；面向南亚东南亚辐射中心建设步伐加快；全面从严治党落到实处。

12月28日 沪昆客运专线昆明南至贵阳北段、云桂铁路昆明南至百色段正式通车，标志着云南高铁从无到有，并入全国高铁路网，驶入高铁时代。

12 月 29 日 横跨云贵两省的世界第一高桥——北盘江大桥正式通车，标志着杭瑞高速全线桥梁贯通，从宣威到贵州水城只需 1 小时，比过去缩短约 3 小时。

二〇一七年

1月22日 省政府在昆明召开全省住房和城乡建设工作会议，提出，要坚定信心，把握形势，增强住房和城乡建设发展的内生动力，全面推进住房和城乡建设工作取得新成绩。

同日 省政府在昆明召开全省综合交通建设工作会议，强调2017年铁路、公路、水路、民航系统要牢牢把握发展机遇，深刻认识加快综合交通建设是推进供给侧结构性改革的重要内容，充分发挥综合交通建设对稳增长的重要作用，在关键环节取得突破。

1月23日—25日 中共中央政治局常委、国务院总理李克强在昭通、昆明考察。李克强充分肯定云南经济社会发展取得的成绩，希望云南在以习近平同志为核心的党中央坚强领导下，抓好发展这个第一要务，以供给侧结构性改革为主线，适度扩大总需求，依靠改革开放和推进新型工业化、城镇化，加快新旧动能转换，加强民族团结，继续保持好的发展势头。

1月24日 省委农村工作领导小组会议在昆明召开。会议提出：要按照生态优先和比较效益最大化原则，适应市场需求，优化云南省农产品结构和农业区域结构；要大力推进农业产业园、科技园、创业园建设，积极发展农产品加工流通，加快延伸产业链、健全价值链，促进一产与二、三产融合发展，提高农业整体效益；要大力推进绿色生产方式，积极拓展农业的生态、旅游功能，进一步改善农村人居环境，增强农业发展与全省经济社会发展的协调性。

2月3日 省委常委会会议提出落实全面从严治党要求，把2017年作为"基层党建提升年"，持续推进全省各领域党的基层组织建设，为决战脱贫攻坚、决胜全面小康、实现跨越式发展提供坚强的组织保证。

同日 全省教育工作会议在昆明召开，提出，要努力办好云南各族群众满意的教育，开创云南教育跨越发展新局面。

2月4日 省委、省政府印发《云南省建设我国民族团结进步示范区规划（2016—2020年）》。

同日 以"提升城乡人居环境，建设美丽幸福家园"为主题，州（市）、县（市、区）委书记工作经验交流会召开。会议强调，要站在全局和战略高度，坚持问题导向，主攻薄弱环节，把城乡人居环境提升行动抓紧抓实抓出成效，着力建设生态宜居的美丽幸福家园。

2月9日 省委农村工作暨全省扶贫开发工作会议在昆明召开。会议强调：要认真贯彻党中央关于农业农村和脱贫攻坚工作的决策部署，切实抓好农业供给侧结构性改革，坚定不移促进农业现代化；强化问题导向、主攻薄弱环节，确保全面完成年度脱贫攻坚目标任务，以优异成绩迎接党的十九大胜利召开。

2月13日 全省水利工作会议在昆明召开。会议提出：要始终把人民生命财产安全放在首位，扎实做好防汛抗旱工作；要加快供水安全保障网建设力度，确保完成年度目标任务；要全面推行河长制，深入推进水生态文明建设；要以供给侧结构性改革为主线，全面深化水利改革。

2月23日 全省15个"五网"建设重点项目集中开工，标志着云南省再次以集中开工的方式，推动"五网"建设提速。此次集中开工的15个重点项目总投资近1200亿元，涉及9个州（市）。

3月2日 云南省首台自主研发制造的盾构机——振兴号下线仪

式在滇中新区举行。

3月9日 中共中央政治局常委、中央纪委书记王岐山在参加十二届全国人大五次会议云南代表团审议时指出，得民心者得天下，立党为公、执政为民是执政党对人民的承诺。

3月20日 全省环境保护工作会议暨九大高原湖泊水污染综合防治领导小组会议在昆明召开。会议强调，要全面落实党中央、国务院关于生态文明建设和环境保护的一系列决策部署，以实际行动深入贯彻落实习近平总书记系列重要讲话和考察云南重要讲话精神，增强"四个意识"，压实责任，不断改善环境质量，增强人民群众的获得感。

3月22日 全省卫生与健康大会在昆明召开。会议强调，要深入学习贯彻习近平总书记系列重要讲话精神和全国卫生与健康大会精神，把人民健康放在优先发展战略地位，推进卫生与健康事业改革发展，脚踏实地加快健康云南建设，努力增进人民健康福祉。

3月23日 全省2017年脱贫攻坚工作推进会在昆明召开。会议强调，要树牢"四个意识"，以贫困不除愧对历史的使命感，以群众不富寝食难安的责任感，以决战决胜的勇气和钉钉子精神，坚决打赢脱贫攻坚这场输不起的硬仗，以脱贫实际成效兑现向党中央和全省各族人民作出的庄严承诺。

3月24日 省委常委会召开会议，研究旅游市场秩序整治，部署全面深化改革重点工作。会议原则同意省政府党组提出的旅游市场秩序整治措施。会议审议并原则通过省政府《关于加快特色小镇发展的意见（送审稿）》，强调特色小镇发展不是房地产开发，必须结合贯彻落实新发展理念和深化供给侧结构性改革工作，结合旅游产业、大健康产业、新型城镇化建设、美丽乡村建设和精准扶贫精准脱贫等工作统筹推进，确保实现产业、城镇、人口、文化等功能有机融合。

4月5日 省政府常务会议审议通过《云南省教育事业发展"十三五"规划》。

4月15日 经国务院批准，滇中引水工程可行性研究报告获国家发展改革委正式批复，标志着工程全面进入开工阶段。

4月17日 云南民族团结进步示范区建设工作推进会在昆明举行。会议强调，要牢牢把握各民族共同团结奋斗、共同繁荣发展的民族工作主题，按照"建设小康同步、公共服务同质、法治保障同权、民族团结同心、社会和谐同创"要求，突出重点，全面推进示范区建设迈上新台阶。

4月20日 省农村土地制度改革三项试点工作领导小组全体会议在大理市召开。会议强调，要着力完善农村土地征收制度、建立农村集体经营性建设用地入市制度、改革完善农村宅基地制度，推进农村土地制度改革向纵深发展。

4月27日 《云南省全面推行河长制的实施意见》出台，标志着河长制在云南全面推开。5月10日，省委、省政府召开全省全面推行河长制电视电话会议。会议强调，要深入贯彻落实中央关于全面推行河长制的重大决策部署和省委、省政府具体要求，明确目标，落实责任，把全面推行河长制工作落实落细，推动全省河湖库渠管理保护工作再上新台阶，为决战脱贫攻坚、决胜全面小康提供更加坚实的生态保障。

5月8日 省委文化教育卫生体制改革专项小组召开会议，审议《云南省"十三五"时期文化发展改革规划纲要》。

5月9日 省委常委会召开会议，传达学习近期中央政治局会议精神，研究云南省人才培养引进、脱贫攻坚等工作。会议审议并原则同意《关于实施"云岭英才计划"的意见》《云南省脱贫攻坚责任制实施细则》。

5月10日 交通运输部乌蒙山片区交通扶贫及"四好农村路"建设工作座谈会在昆明召开。会议提出,要"建好、管好、护好、运营好"农村公路,加快推进乌蒙山片区和滇西边境地区交通扶贫。

5月18日 《大理白族自治州乡村清洁条例》公布施行大会在大理市召开。《条例》是大理州依据新修订的《中华人民共和国立法法》制定的第一部地方性法规,也是云南省第一部乡村清洁条例。

5月22日 省环保厅联合中国科学院昆明植物研究所和昆明动物研究所,共同发布《云南省生物物种红色名录(2017版)》。这是我国发布的首个省级生物物种红色名录。

5月23日 省委常委会召开会议,传达学习汪洋副总理在部分省份易地扶贫搬迁工作推进会上的重要讲话精神和国家发展改革委《关于当前易地扶贫搬迁工作主要问题的通报》。会议审议并原则同意《云南省脱贫攻坚规划(2016—2020年)》《云南省道网规划修编(2016—2030年)》《怒江美丽公路规划设计方案》。

5月24日 云南省主动服务和融入"一带一路"建设座谈会在昆明召开。会议强调,要深入学习贯彻习近平总书记在"一带一路"国际合作高峰论坛上的重要讲话精神和关于"一带一路"建设重要论述,把握战略机遇,加快推进面向南亚东南亚辐射中心建设。

5月30日 《云南省"十三五"节能减排综合工作方案》出台,确定"十三五"全省节能减排目标任务、重点工作及保障措施等,全面推进"十三五"全省节能工作。

6月6日 省委常委会会议审议并原则通过《"健康云南2030"规划纲要》《云南省加快推进旅游产业转型升级重点任务》。

6月14日 云南省提升城乡人居环境领导小组(扩大)会议在昆明召开。会议强调,要深入学习贯彻习近平总书记系列重要讲话精神和城乡规划建设管理重要论述,对标中央关于城乡环境治理的部署要求，遵循城乡发展规律，改善生产生活方式，全面立法治理脏乱差，提升城乡环境质量，确保提升城乡人居环境行动的正确方向。

6月20日 省委常委会会议审议并原则通过《关于进一步深化医药卫生体制改革的实施意见》《推动农业转移人口和其他常住人口在城镇落户方案》。会议要求：全力推进医药卫生体制改革，努力提高人民群众健康水平；加快新型城镇化建设，促进有能力在城镇就业和生活的常住人口有序实现市民化。

7月6日 全省召开工业经济攻坚战州（市）、县（市、区）委书记工作经验交流会。会议强调，要抢抓新一轮工业革命机遇，大抓工业经济，大兴实体经济，增强云南经济发展核心竞争力。

7月27日 省委农村工作领导小组暨省涉农领域改革专项小组会议在昆明召开。会议审议《省涉农领域改革专项小组议事规则（试行)》，研究推进全省涉农领域重点改革。

8月1日 省委常委会召开会议，审议并原则通过《云南省服务经济倍增计划（2017—2021)》《关于进一步推进"放管服"改革10条措施的意见》。

8月2日 省委全面深化改革领导小组会议召开。会议审议《关于推进供给侧结构性改革落实情况的汇报》《关于推进农业供给侧结构性改革加快高原特色现代农业发展情况的报告》，审议并原则通过《关于进一步健全相关领域实名登记制度的实施方案》《云南省降低实体经济企业成本实施细则》《关于从事生产经营活动事业单位改革的实施意见》《关于稳步推进农村集体产权制度改革的实施意见》。

8月4日 滇中引水工程正式开工。工程受水区共涉及沿线6个州（市）35个县（市、区），输水线路全长661.06公里，受益面积3.69万平方公里，惠及人口1112万。

8月25日 沪滇扶贫协作工作联席会议在昆明召开。会议提出，加大拓宽扶贫协作力度和范围，勠力同心，坚决打赢脱贫攻坚战。

9月1日 省委全面深化改革领导小组会议审议并原则通过《云南省"多证合一"改革实施方案》《关于推进医疗服务价格改革的实施意见》《关于进一步改革完善药品生产流通使用政策的实施意见》。14日，省委全面深化改革领导小组会议审议并原则通过《关于推进安全生产领域改革发展的实施意见》《关于推进防灾减灾救灾体制机制改革的实施意见》。26日，省委全面深化改革领导小组会议审议并原则通过《关于贯彻落实〈中共中央关于加快构建中国特色哲学社会科学的意见〉的实施意见》《云南"十三五"时期文化发展改革行动计划》《云南省重点产业落地发展考核办法》《关于深化统计管理体制改革提高统计数据真实性的实施意见》《云南省旅行社经营行为评价及重点监管办法》《云南省导游人员服务质量综合评价办法》。

9月5日 省委常委会召开会议，传达学习习近平总书记关于群团改革工作的重要指示和中央群团改革工作座谈会精神，以及中央组织部深度贫困地区抓党建促脱贫攻坚工作交流座谈会精神，研究云南省贯彻意见。会议强调，要深入学习贯彻习近平总书记对深度贫困地区脱贫攻坚作出的重要指示精神，增强政治自觉和政治担当，充分发挥基层党组织政治优势、组织优势和密切联系群众的优势，扎实拓展深度贫困地区党建与脱贫攻坚"双推进"工作。

9月20日 省委常委会召开会议，传达学习9月18日中央政治局会议精神，以及全国社会治安综合治理表彰大会和第二十三次全国地方立法工作座谈会精神，研究部署促进民营经济健康发展、党政主要负责人履行推进法治建设主体责任等工作。会议审议并原则通过《关于促进民营经济健康发展10条措施》《关于进一步改善民营经济发展法治环境的10条措施》。

9月23日 全省产业扶贫工作会议在昆明召开。会议强调，要深入学习贯彻习近平总书记关于扶贫开发、脱贫攻坚重要论述，全面贯彻党中央、国务院关于产业扶贫的决策部署，强化政策措施落地，加快培育特色优势产业，为贫困地区和贫困人口实现稳定脱贫致富注入持久动力。

9月27日 省委、省政府在昆明召开全省促进民营经济健康发展大会。会议强调，深入贯彻习近平总书记对发展非公有制经济作出的重要指示精神，认清新形势、把握新机遇、营造优环境、提供强保障，奋力推进全省民营经济大发展大提升。

9月29日 乌蒙山片区区域发展与脱贫攻坚部际联席会议在楚雄彝族自治州举行。会议提出，要凝心聚力、攻坚克难、撸起袖子加油干，坚决如期打赢乌蒙山片区脱贫攻坚硬仗。

同日 全省"一部手机游云南"工作会议在昆明召开。会议强调，瞄准世界一流、中国领先的目标，明确任务，加强领导，务实高效推进"一部手机游云南"建设工作，确保2018年3月1日实现上线试运行，为全省旅游产业转型升级注入新动力。

9月30日 省政府召开全省安全生产工作电视电话会议。会议强调，安全是最大的民生，安全责任重于泰山，要牢固树立"隐患就是事故，事故就要处理"的理念，强化措施严防各类安全生产事故发生，为党的十九大胜利召开营造稳定的安全环境。

11月1日 省委常委会召开会议，研究部署学习宣传贯彻党的十九大精神，强调深入学习宣传贯彻党的十九大精神是全省当前和今后一个时期首要政治任务，要迅速掀起学习宣传贯彻热潮，切实在学懂弄通做实上下功夫，自觉以习近平新时代中国特色社会主义思想统一思想和行动，把党中央各项决策部署落到实处。会议审议并原则同意《中共云南省委关于认真学习宣传贯彻党的十九大精神的通知》《云南省宣传党的十九大精神工作方案》。11月13日，全省学习贯彻党的十九大精神宣讲动员会在昆明召开。

11月21日 省委常委会召开扩大会议，传达学习十九届中共中央政治局第一次会议审议通过的《中共中央政治局关于加强和维护党中央集中统一领导的若干规定》《中共中央政治局贯彻落实中央八项规定精神的实施细则》，通报中共中央总书记、国家主席习近平访问越南、老挝有关情况，研究部署云南省贯彻落实工作。会议审议并原则通过《关于支持深度贫困地区脱贫攻坚的实施意见》《省级领导挂联脱贫攻坚深度贫困县方案》。

11月27日 省委全面深化改革领导小组会议审议并原则通过《云南省生态保护红线划定方案》《关于清理规范重点支出同财政收支增幅或生产总值挂钩事项的实施意见》《关于鼓励社会力量兴办教育促进民办教育健康发展的实施意见》《关于加快构建政策体系培育新型农业经营主体的实施意见》《新时期云南省产业工人队伍建设改革实施方案》《关于贯彻落实湿地保护修复制度方案的实施意见》等。

11月29日 省委常委会召开会议，研究部署加强扶贫领域监督执纪问责等工作。会议审议并原则同意《关于在全省深入开展扶贫领域腐败和作风问题专项治理的工作方案》。

12月5日 省委常委会召开会议，学习近期中央政治局会议精神，研究部署云南省贯彻落实《中国共产党党务公开条例（试行）》相关工作。会议强调，推进党务公开，是贯彻落实党的十九大精神的重要举措，是发扬党内民主、发展社会主义民主政治的必然要求，对于推进全面从严治党，全面落实新时代党的建设总要求，充分调动全党积极性、主动性、创造性具有重大而深远的意义。

12月13日 《云南日报》报道，省委印发《关于加强党内法规制度建设的实施意见》。

同日 第六届云南省道德模范暨第一届云南省文明家庭表彰大

会在昆明举行。来自全省城乡基层一线的36位道德模范、62位提名奖获得者、120个文明家庭受到表彰。

12月17日 省委常委会召开扩大会议，传达学习习近平总书记关于进一步纠正"四风"、加强作风建设的重要指示精神和中共中央办公厅通知精神。会议强调，省委常委会和省级领导干部要坚持以上率下，带头贯彻习近平总书记重要指示精神，严格执行《中共中央政治局贯彻落实中央八项规定的实施细则》和省委实施办法，以"关键少数"的自我革新，形成"头雁效应"。

12月22日 全省河（湖）长制领导小组暨总河（湖）长会议在昆明召开。会议强调，要全面深入学习贯彻党的十九大精神和习近平新时代中国特色社会主义思想，从全面建成小康社会、实现中华民族永续发展的战略和全局高度，深刻认识加强河湖管理保护的重要性和紧迫性，切实增强使命感和责任感，深入贯彻落实党中央决策部署，扎实做好全面推行河长制、湖长制各项工作，推进河湖系统保护和水生态环境整体改善，加快成为全国生态文明建设排头兵步伐。

12月23日 省委常委会召开扩大会议，传达学习习近平总书记在中央宣传部呈报的《弘扬脱贫攻坚精神，推动农村物质文明和精神文明协调发展——寻乌扶贫调研报告》上的重要指示精神。

12月27日 省委全面深化改革领导小组会议审议并原则通过《关于加强和完善城乡社区治理的实施意见》《关于建立现代医院管理制度的实施意见》等。

年末 全省实现所有县（市、区）至少有1所省级幼儿园、所有乡（镇）至少有1所中心幼儿园的目标。

二〇一八年

1月2日 省委常委会召开扩大会议。会议强调,实施乡村振兴战略,是解决"三农"问题的总抓手。各级党委、政府要提高政治站位,增强"四个意识",深入推进农业供给侧结构性改革,坚持城乡融合发展和乡村绿色发展,推动农村各项改革在重点领域取得突破,促进脱贫攻坚与乡村振兴有机结合,提升乡村治理能力水平,让农业成为有奔头的产业,让农民成为有吸引力的职业,让农村成为安居乐业的美丽家园。

1月10日 云南"党建云"正式开通运行,标志着云南省"互联网+党建"工作迈入"云时代"。

1月22日 《云南日报》报道,《中共云南省委关于深入学习贯彻党的十九大精神促进云南跨越式发展的决定》出台,提出要高举习近平新时代中国特色社会主义思想光辉旗帜,用党的创新理论武装头脑、指导实践、推动工作。

1月25日 省政府工作报告提出:打造世界一流的绿色能源、绿色食品、健康生活目的地"三张牌"。

1月25日—29日 中共中央政治局常委、国务院扶贫开发领导小组组长汪洋在怒江傈僳族自治州调研脱贫攻坚工作。汪洋强调,要深入开展扶贫调研,以政策精准促进工作精准。

2月7日 省打造"绿色食品牌"工作领导小组会议召开。会议强调,要按照高质量发展要求,抓住农业产业革命机遇,瞄准世界一流目标，做好顶层设计，加强领导、强力推进，推动云南高原特色现代农业尽快形成国际竞争力，迅速占领行业制高点。

2月8日 省委农村工作会议在昆明召开。会议提出：到2020年，全省乡村振兴制度框架和政策体系基本形成；到2035年，全省农业农村现代化基本实现；到2050年，全省与全国同步全面实现农业强、农村美、农民富。

2月11日 省委、省政府印发《关于加强和完善城乡社区治理的实施意见》。

3月8日 省委办公厅、省政府办公厅印发《云南省"千人计划"实施办法（试行）》《云南省"万人计划"实施办法（试行）》。

3月25日—27日 中共中央政治局常委、中央纪委书记赵乐际到云南省调研。赵乐际强调，要忠实履行党章和宪法、监察法赋予的职责，扎实推进对所有行使公权力的公职人员监察全覆盖。

3月26日 省政府常务会议召开，学习贯彻近期国务院常务会议精神，研究实施乡村振兴战略加快推进云南农业农村现代化、推进"证照分离"改革试点、加快昆明国际航空枢纽建设、做好省政府2018年立法等工作。

3月31日 省人大常委会会议通过《云南省禁毒条例》。

4月3日 第五届中国云南—缅甸合作论坛在昆明举行。

4月23日 省政府常务会议召开。会议强调：要按照国务院常务会议部署要求，以更大力度发展"互联网+医疗健康"，切实缓解看病就医难题；因地制宜、优化布局，办好乡村小规模学校和乡镇寄宿制学校，为农村孩子提供公平有质量的义务教育；推行终身职业技能培训制度，支持企业开展职业技能培训，积极打造素质高、创新力强的产业工人队伍。

5月8日 省委常委会召开扩大会议，传达学习习近平总书记在纪念马克思200周年诞辰大会和在中央政治局第5次集体学习时的重要讲话精神，强调坚定不移高扬马克思主义伟大旗帜，谱写云南高质量跨越式发展新篇章。

5月29日 省委、省政府印发《中共云南省委 云南省人民政府关于贯彻乡村振兴战略的实施意见》。

5月31日 "游云南"APP正式上线试运行。该应用程序是省政府与腾讯公司联合打造的国内首个省级全域旅游智慧化平台"一部手机游云南"第一阶段成果，标志着"带手机游云南，说走就走，全程无忧"已基本实现。

6月12日 2018GMS经济走廊省长论坛在昆明开幕。会议倡议深化能源合作、深化农业合作、深化康旅合作。

6月14日 第5届中国—南亚博览会、第25届中国昆明进出口商品交易会、第1届中国—南亚合作论坛在昆明滇池国际会展中心开幕。

6月29日 《云南省生态保护红线》正式发布，明确云南省生态保护红线面积11.84万平方公里，占全省区域面积的30.90%。

7月6日 省政府印发《云南省"厕所革命"三年行动计划(2018—2020年)》。

7月13日 第十九届中国昆明国际花卉展、2018中国国际家庭花卉园艺展、第十八届中国花卉零售业交流会在昆明滇池国际会展中心拉开帷幕。活动主题为"花开七彩云南，绽放'一带一路'"，展会为期3天。

7月21日 《中共云南省委 云南省人民政府关于全面加强生态环境保护坚决打好污染防治攻坚战的实施意见》印发。23日，全省生态环境保护大会召开。会议强调深入学习贯彻习近平生态文明思想和全国生态环境保护大会精神，切实扛起"把云南建设成为中国最美丽省份"的时代使命担当，全面提升生态文明建设水平，筑牢国家西南生态安全屏障，为建设美丽中国作出新的更大贡献。

8月8日 全省东西部扶贫协作推进会在昆明召开。会议指出，要认真学习贯彻习近平关于扶贫工作的重要论述，增强政治意识，准确把握东西部扶贫协作新要求，与上海、广东心连心手拉手，多层次、多形式、多领域、全方位开展扶贫协作，推动沪滇、粤滇扶贫协作转型升级、提质增效。

8月23日 省委办公厅印发《关于进一步激励广大干部新时代新担当新作为的实施意见》。

8月25日 省委、省政府印发《中共云南省委 云南省人民政府关于打赢精准脱贫攻坚战三年行动的实施意见》。

8月30日 省委常委会召开扩大会议，传达学习推进"一带一路"建设工作5周年座谈会精神，强调主动服务和融入"一带一路"建设，以扩大开放推动改革深化赢得发展先机。9月8日，首届"一带一路"生态文明科技创新论坛在昆明举行。

9月19日 《云南省深入实施兴边富民工程改善沿边群众生产生活条件三年行动计划（2018—2020年)》出台。

9月21日 省人大常委会会议通过《云南省生物多样性保护条例》，自2019年1月1日起施行，标志着云南省在全国率先出台生物多样性保护地方性法规。

9月23日 昆明与香港直通高铁列车通车。

9月29日 省政府发出《关于批准寻甸县等15个县退出贫困县的通知》，明确寻甸回族彝族自治县、罗平县、牟定县、姚安县、石屏县、宁洱哈尼族彝族自治县、勐海县、祥云县、宾川县、巍山彝族回族自治县、洱源县、鹤庆县、芒市、玉龙纳西族自治县、云县15个县（市）已达到贫困县退出有关指标，符合贫困县退出条件，经省委、省政府研究,批准退出贫困县。

10月13日—14日 省委召开十届五次全会,审议通过《中共云南省委贯彻〈中共中央关于深化党和国家机构改革的决定〉的实施意见》。

10月15日 第十四届中国昆明国际农业博览会闭幕。

11月16日 《云南日报》报道,"十三五"期间,全省新增高速公路里程5000公里,达到9006公里,总里程居全国第二。县域高速公路"能通全通"工程成效显著,16个州(市)实现高速公路互联互通,实现110个县(市、区)通高速公路,129个县(市、区)全部实现通高等级公路。实施了199座"溜索改桥"工程,结束了云南贫困边远山区人民群众溜索过江的历史。

11月28日—12月1日 中共中央政治局常委、全国人大常委会委员长栗战书在云南就制定基本医疗卫生与健康促进法开展立法调研。

12月3日 省政府常务会议召开,进一步研究洱海保护治理工作,听取省直有关部门2018年工作情况汇报,研究2019年政府工作。会议强调,要进一步提高政治站位,树牢"四个意识",牢记习近平总书记对洱海保护的殷殷嘱托,把抓好洱海保护治理摆在至关重要的位置,举全省之力坚决打赢洱海保护治理攻坚战。要举一反三,组织力量对九大高原湖泊保护治理工作进行全面检查,深入查找问题、解决问题,确保各项综合防治措施不折不扣落实到位、取得实效。

12月4日 省委办公厅印发《关于建设忠诚干净担当高素质干部队伍的意见》。

12月10日 省政府常务会议召开,学习贯彻近期国务院常务会议精神,研究一体化在线政务服务平台建设、被征地农民基本养老保障、水土保持目标责任考核、调整艰苦边远地区津贴标准、房地产市场平稳健康发展等工作。

12月18日 党中央、国务院授予原云南省保山地委书记杨善洲同志改革先锋称号，颁授改革先锋奖章。

12月28日 牛栏江—滇池补水工程通过竣工验收，成为云南已建成的水利工程中投资最大、中央补助资金最多、工程建设最快的单项水利工程。

12月 省委、省政府印发《云南省乡村振兴战略规划（2018—2022年)》，提出：到2022年，乡村振兴取得重大突破，制度框架和政策体系初步健全；打造世界一流"绿色食品牌"取得重大突破，形成6个千亿元级大产业、2个600亿元级产业；脱贫攻坚成果得到进一步巩固，农村居民人均可支配收入基本达到全国平均水平；农村基础设施条件持续改善，人居环境显著改善，城乡融合发展体制机制初步建立，乡村文化繁荣发展，现代乡村治理体系初步构建。

年末 昆明机场开通的国际航线已经全面覆盖南亚东南亚国家首都，成为国内面向南亚东南亚区域国际航线较多的机场之一。昆明长水机场已开通连接东盟十国、南亚五国首都及重点旅游城市航班，南亚东南亚通航点达34个，位列全国首位，促进了云南国际交往能力。

二〇一九年

1月1日 《中国少数民族大辞典·拉祜族卷》首发式在昆明举行。该书是《中国少数民族大辞典》系列分卷之一,是拉祜族历史上第一部全面系统反映拉祜族社会生活的百科全书。

同日 大理市人民政府依据相关法律法规并结合洱海生态环境资源现状研究决定,除对银鱼实行特许生态捕捞外,2019年洱海全湖禁止一切形式的捕捞作业,旨在有效保护和恢复洱海生态环境,优化洱海生态结构。

同日 《云南省大气污染防治条例》正式施行,标志着云南省大气污染防治工作的法规体系更加完善。

同日 云南省第四次全国经济普查入户登记全面启动。

1月10日 云南"一部手机办事通"APP上线试运行。通过该APP用户可以办理户籍、查询职工养老保险、预约办税等多项政务服务。

同日 云南省招商引资大数据中心正式上线运行,标志着云南省招商引资进入大数据时代。

1月18日 全国首批"青少年12355"区域中心之一——云南昆明12355青少年服务平台正式启动。云南昆明12355青少年服务平台是由共青团云南省委和共青团昆明市委共同孵化管理的非营利性社会服务组织。

1月23日 云南移动率先在丽江大研古城开通了云南首个5G试

验基站,标志着云南移动 5G 技术及业务应用探索进入新的阶段,开启 5G 时代。

2月12日 省委、省政府在昆明召开昭通市脱贫攻坚推进会。会议强调,要增强"四个意识"、坚定"四个自信"、做到"两个维护",深入学习贯彻习近平总书记关于扶贫工作的重要论述,从实现第一个百年奋斗目标的高度来对待昭通市脱贫攻坚工作,以对党、对人民、对历史负责的态度,拿出决战决胜的精神状态,齐心协力、共同发力,举全省之力坚决攻克深度贫困堡垒。

2月13日 中共中央政治局常委、国务院副总理韩正主持召开中国生物多样性保护国家委员会会议,审议并通过《〈生物多样性公约〉第十五次缔约方大会筹备工作方案》,确定第十五次缔约方大会会议地点为云南省昆明市,并决定成立筹备工作组织委员会和执行委员会,积极做好筹备工作,全面履行东道国义务。

2月17日 教育部"云南重大生物演化事件及古环境"国际合作联合实验室成立仪式暨国际学术研讨会在云南大学举行。

2月21日 省政府与中国农业发展银行在昆明签署《支持云南实施乡村振兴战略金融服务合作协议》。签约仪式上,云南省建设投资控股集团有限公司与中国农业发展银行云南省分行还签署了《支持高原湖泊保护治理专项金融合作协议》。

2月24日—26日 中共中央政治局常委、国务院副总理韩正在大理、昆明就当前经济运行、企业生产经营、生态环境保护等进行调研。韩正强调,云南要坚持新发展理念,推动高质量发展,大力支持实体经济,确保今年开好局、起好步,以优异成绩庆祝新中国成立70 周年。

3月7日 中共中央政治局常委、全国政协主席汪洋参加十三届全国人大二次会议云南省代表团的审议。汪洋充分肯定了过去一年云南改革发展取得的成绩,希望云南深入贯彻习近平总书记对云南工作的重要指示精神,坚定不移落实党的民族政策和宗教工作基本方针,大力帮助人口较少民族和"直过民族"发展,努力打造民族团结进步示范区。

3月初 省扶贫开发领导小组发出通知,要求在全省深入推进五级书记遍访贫困对象行动,示范带动各级干部树牢以人民为中心的发展思想,看真贫、扶真贫、真扶贫,扎实推动脱贫攻坚责任、政策、工作落实,在脱贫攻坚战场上锤炼新作风、实现新作为,确保坚决打赢脱贫攻坚战。

3月9日 《云南日报》报道,省委、省政府印发《云南省九大高原湖泊保护治理攻坚战实施方案》,提出,到2020年,九湖流域污染风险得到有效管控,水生态环境明显改善,生态系统稳定性提升,生态功能基本恢复,湖泊污染全面遏制,水质持续改善,努力达到考核目标要求。到2035年,九湖生态环境质量全面改善,生态系统实现良性循环和稳定健康,基本形成河湖水质优良、生态系统稳定、人与自然和谐的生态安全格局,构建人水和谐美丽家园。

3月10日 《云南日报》报道,国家发展改革委印发《关于支持云南省加快建设面向南亚东南亚辐射中心的政策措施》,提出在农业、基础设施、产能、经贸等方面深化与周边国家的交流与合作。

3月14日 省政府新闻办举行《中共云南省委 云南省人民政府关于新时代扩大和深化对外开放的若干意见》及其政策要点新闻发布会。《意见》提出7个方面100条政策措施,云南省将深入推进区域性国际经济贸易中心、科技创新中心、金融服务中心、人文交流中心4个中心建设,为我国构建陆海内外统筹、东西双向互济的开放新格局作出应有贡献。

3月26日 "学习强国"云南学习平台正式上线。

3月下旬 云南省正式启动县域生态环境风险调查评估，着力推动以县域为单位解决生态环境问题，防范生态环境风险。

4月1日 《云南省人民政府办公厅关于进一步调整优化结构提高教育经费使用效益的实施意见》出台，提出，各级政府要按照"两个只增不减"要求，更多通过政策设计、制度设计、标准设计带动投入，保障中央和省级制定的各种教育生均经费投入落实到位，落实财政教育支出责任。科学核定基本办学成本，全面落实各项生均经费拨款制度，建立健全动态调整机制，确保到2020年，国家和省制定的各级各类学校生均经费拨款政策落实到位。

4月4日—11日 经省委、省政府研究同意，批准东川区等33个县（市、区）退出贫困县序列。至此，全省累计有48个贫困县（市、区）脱贫摘帽，占贫困县总数的54.5%，与全国贫困县退出进度大致相当，为确保2020年脱贫攻坚取得全胜奠定了坚实基础。

4月7日 中国工程科技发展战略云南研究院在昆明成立。

4月8日 《云南省人民政府办公厅关于印发云南省实施"补短板、增动力"省级重点前期项目行动计划（2019—2023年）的通知》发布，提出8项重点任务：加快八大重点产业发展，打造世界一流"三张牌"；抢抓数字经济机遇，全力建设"数字云南"；加快"五网"基础设施建设，筑牢经济发展基础；打赢脱贫攻坚战，补齐社会民生短板；打好污染防治攻坚战；推进新型城镇化建设；推动形成全面开放新格局；其他领域发展。

4月10日 习近平总书记给贡山县独龙江乡群众回信，祝贺独龙族实现整族脱贫，勉励乡亲们为过上更加幸福美好的生活继续团结奋斗。

4月12日 省委常委会召开扩大会议，传达学习习近平总书记对民政工作重要指示和第十四次全国民政会议精神，研究建设中国最美丽省份、创建"一县一业"示范县、加快打造世界一流"绿色食品牌"等工作。

4月15日 省委办公厅、省政府办公厅印发《关于城市安全发展的实施意见》。

4月18日 省委常委会召开扩大会议,传达学习习近平总书记在解决"两不愁三保障"突出问题座谈会上的重要讲话精神。会议强调:要认真学习贯彻习近平总书记重要讲话精神,提高政治站位、强化政治担当、坚持目标标准、贯彻精准方略,深入分析存在的问题,拿出过硬措施和办法,确保2019年底全省基本解决"两不愁三保障"突出问题,为如期实现脱贫攻坚目标奠定坚实基础。

同日 《云南省人民政府办公厅关于进一步完善农村最低生活保障制度的意见》出台,指出,农村最低生活保障对象是指家庭年人均收入低于户籍所在地县(市、区)最低生活保障标准且家庭财产状况符合县级以上政府规定的农村居民家庭,主要是指因病残、年老体弱等原因丧失劳动能力而造成生活困难的农村居民家庭。家庭户籍状况、家庭收入和家庭财产是认定最低生活保障对象的3个基本条件。

4月23日 《云南省人民政府办公厅关于促进"互联网+医疗健康"发展的实施意见》出台,提出:到2021年底,支持互联网医疗健康发展的政策体系基本建立;各级医疗卫生机构普遍达到国家要求的信息化等级水平;云南省健康医疗大数据中心基本建成,各级医疗卫生机构实现信息互联互通;通过互联网医院、远程医疗等实现优质医疗资源下沉到基层医疗卫生机构,支撑分级诊疗、双向转诊等业务发展,医疗健康服务供给更加优化可及、为民惠民。

4月26日 《云南省人民政府关于创建"一县一业"示范县加快打造世界一流"绿色食品牌"的指导意见》出台,提出,经过3年努力,"一县一业"建设取得重大进展,全省建成一批绿色农业产业带,每个示范县培育1个区域特色鲜明、比较优势突出、产业规模较大、产业链条完整、经济效益明显、市场竞争力强的主导产业，每个示范县建设10个以上"一村一品"专业村，为推动乡村产业兴旺、打赢脱贫攻坚战提供有力支撑，为推动高原特色现代农业高质量发展、打造世界一流"绿色食品牌"奠定坚实基础。

4月30日 《云南省人民政府办公厅关于印发云南省降低社会保险费率实施方案的通知》发布，提出：降低养老保险单位缴费比例；继续阶段性降低失业保险、工伤保险费率；调整社保缴费基数政策等。

5月1日 《云南省民族团结进步示范区建设条例》正式开始施行，内容包括总则、规划与建设、保障与服务、法律责任等，明确提出了"将云南建设成为全国民族团结进步示范区，促进各民族共同团结奋斗、共同繁荣发展，实现中华民族一家亲，同心共筑中国梦"的总目标。

5月17日 省委农村工作会议召开。会议强调，坚持农业农村优先发展，全面实施乡村振兴战略。

5月24日 全省脱贫摘帽县党委书记座谈会在昆明召开。会议强调，以钉钉子精神抓好脱贫摘帽后续工作，攻坚不停步，夺取新胜利。

6月6日 云南"不忘初心、牢记使命"主题教育正式启动，制定了《云南省委关于开展"不忘初心、牢记使命"主题教育的实施意见》。

同日 《云南省人民政府关于加快推进农业机械化和农机装备产业转型升级的实施意见》出台，提出，到2020年，农机装备产业科技创新能力持续提升，主要经济作物薄弱环节"无机可用"问题明显改善。全省农机总动力达到2710万千瓦，其中灌排机械动力达到49

万千瓦。全省农作物耕种收综合机械化率达到50%，优势水稻主产区水稻生产全程机械化率达到55%，马铃薯、玉米等主要粮食作物全程机械化生产体系基本建立。

6月13日 《云南省人民政府办公厅关于印发云南省开展消费扶贫助力打赢脱贫攻坚战实施方案的通知》发布，提出，以解决制约消费扶贫问题为重点，组织实施社会购买、渠道畅通、质量提升、休闲旅游升级四大行动，推动贫困地区产品和服务融入全国大市场，培育贫困地区特色优势产业和现代产业体系，助力打赢脱贫攻坚战，推进实施乡村振兴战略。

6月19日 《云南省人民政府办公厅关于改革完善医疗卫生行业综合监管制度的实施意见》出台，提出，到2020年，建立政府主导、分工协作、职责明确、科学有效的医疗卫生行业综合监管制度，健全机构自治、行业自律、政府监管、社会监督相结合的多元化综合监管体系，形成专业高效、统一规范、文明公正的卫生健康监督执法队伍，实现医疗卫生行业综合监管法治化、规范化、常态化。

同日 《云南省人民政府办公厅关于进一步加强"一部手机办事通"宣传推广应用工作的通知》发布，指出，"办事通"是贯彻落实党中央、国务院和省委、省政府深化"放管服"改革、加快推进"互联网＋政务服务"决策部署的创新举措，是践行以人民为中心的发展思想、方便企业和群众办事创业的重要平台，被列入2019年省人民政府10件惠民实事之一。

同日 《云南省人民政府办公厅关于印发〈云南省煤炭产业高质量发展三年行动计划（2019—2021年）〉的通知》发布，提出，2020年，全省原煤产量控制在5800万吨以内，实现工业总产值500亿元，实现利税总额100亿元，与自然保护区、风景名胜区、饮用水水源保护区（以下简称"三区"）重叠煤矿应退尽退，原煤生产百万吨死亡率下降到全国平均水平。

6月28日 省退役军人事务厅出台《关于促进新时代退役军人就业创业工作18条措施的意见》。

7月12日 省政府与中国移动通信集团有限公司在昆明签署深化"数字云南"建设战略合作协议。

7月19日 省政府扶贫开发办公室与上海寻梦信息技术有限公司（拼多多）在昆明签署助力云南省贫困地区脱贫攻坚实施协议。

7月19日—20日 2019年首届"数字云南"区块链国际论坛在昆明举办。丽江玉龙雪山景区获区块链电子发票，这是全国第一张区块链景区电子冠名发票，标志着云南省纳税服务正式开启区块链时代。11月21日，《云南省人民政府办公厅关于印发"数字云南"信息通信基础设施建设三年行动计划（2019—2021年）的通知》发布，提出，力争到2021年，围绕"滇中崛起、沿边开放、滇西一体化"发展步伐，通过"补短板打基础、高质量发展、全面提升"三步走，建成高速、移动、安全、泛在、优质的新一代信息通信基础设施。

7月26日 《云南省人民政府办公厅关于印发云南省贯彻落实减税降费工作实施方案的通知》发布。

7月27日 《云南省人民政府办公厅关于切实做好防汛减灾工作的紧急通知》发布，提出，要坚持底线思维、危机意识、问题导向，坚持守土有责、守土尽责，坚持以防为主、防抗救相结合，严格落实各项防汛和地质灾害防范工作责任制，坚决克服麻痹思想和侥幸心理，对各项防汛减灾工作再检查、再督促、再落实，狠抓洪涝和地质灾害防范应对工作，全力保障人民群众生命财产安全。

7月28日 云南大理白族自治州大理市双廊镇双廊村等13个村入选第一批全国乡村旅游重点村名单。

8月1日 云南省决战县域高速公路"能通全通"工程领导小组

第 1 次会议召开。会议强调决战决胜县域高速公路"能通全通"工程，并在有条件的州（市）积极推进县域间高速公路"互联互通"。

8 月 2 日 中国（云南）自由贸易试验区正式设立，积极推动云南成为我国面向南亚东南亚辐射中心开放前沿。

8 月 12 日 省人力资源和社会保障厅、省教育厅、省公安厅、省财政厅以及中国人民银行昆明中心支行 5 部门联合转发《关于做好当前形势下高校毕业生就业创业工作的通知》，要求持续拓宽就业创业渠道，同时对基层服务项目期满人员可直接通过考察择优聘用到乡镇事业单位、允许本科生用创业成果申请学位论文答辩、扩大求职创业补贴对象范围等也作出安排。

8 月 20 日 《云南省人民政府办公厅关于印发云南省消防安全责任制实施办法的通知》发布。该办法自 2019 年 10 月 1 日起施行。2015 年 9 月 26 日发布执行的《云南省消防安全责任制实施办法》同时废止。

8 月 21 日 省政府办公厅发出《关于云南省深化医药卫生体制改革 2019 年重点工作任务的通知》发布，指出，要坚持保基本、强基层、建机制，推动以治病为中心向以人民健康为中心转变，落实预防为主，加强疾病预防和健康促进，紧紧围绕解决看病难、看病贵问题，持续深化医疗、医保、医药联动改革，不断健全基本医疗卫生制度，为推动云南高质量跨越式发展提供健康保障。

8 月 27 日 党中央决定，首次开展国家勋章和国家荣誉称号集中评选颁授，隆重表彰一批为新中国建设和发展作出杰出贡献的功勋模范人物。首批有 8 名"共和国勋章"建议人选，28 名国家荣誉称号建议人选，云南省高德荣入选国家荣誉称号建议人选。

同日 《云南省人民政府办公厅关于公布云南省"一县一业"示范县和特色县名单的通知》发布。《通知》公布示范县的名单：一、茶叶产业为勐海县、思茅区、双江县。二、花卉产业为开远市、晋宁区、红塔区。三、蔬菜产业为元谋县、通海县、陆良县、砚山县。四、水果产业为华坪县（芒果）、宾川县、蒙自市、昭阳区（苹果）。五、坚果产业为永平县（核桃）、凤庆县（核桃）。六、中药材产业为文山市（三七）、腾冲市。七、肉牛等畜牧业为宣威市（火腿及生猪）、寻甸县（肉牛）。《通知》公布特色县的名单：一、茶叶产业为昌宁县。二、蔬菜产业为大关县（筇竹笋）、泸西县、弥渡县、罗平县（生姜）。三、水果产业为新平县（柑橘）、德钦县（葡萄）、麒麟区（蓝莓）、孟连县（牛油果）。四、坚果产业为永德县（澳洲坚果）、大姚县（核桃）。五、中药材产业为彝良县（天麻）、福贡县（草果）。六、肉牛等畜牧业为巍山县（肉牛）、广南县（高峰牛）。七、咖啡产业为隆阳区。八、其他特色产业为南华县（野生菌）、鲁甸县（花椒）、耿马县（甘蔗）、陇川县（蚕桑）。

9月9日　《云南省人民政府关于命名云南省特色小镇的通知》发布，指出，经严格评选，省人民政府决定命名昆明市凤龙湾小镇，曲靖市鲁布革布依风情小镇，保山市和顺古镇，红河州临安古城、西庄紫陶小镇、东风韵小镇、太平湖森林小镇、红河水乡、可邑小镇、哈尼小镇、滴水苗城，文山州普者黑水乡，普洱市那柯里茶马古道小镇，西双版纳州勐巴拉雨林小镇，大理州大理古城、喜洲古镇、双廊艺术小镇、巍山古城、新华银器小镇，丽江市大研古城，迪庆州巴拉格宗小镇为"云南省特色小镇"。

同日　《云南省人民政府办公厅关于印发云南省扎实推进"厕所革命"工作实施方案的通知》发布，提出：全部消除城镇建成区公共旱厕；全面消除A级以上旅游景区旱厕；实现重点旅游城市A级旅游厕所全覆盖；推进学校卫生厕所标准化建设；实施村委会卫生厕所和农村户厕无害化改造。

9月29日 《中共云南省委关于以习近平新时代中国特色社会主义思想为指导加强党的政治建设的实施意见》出台,提出要切实加强党的政治建设,推动全面从严治党向纵深发展。

11月5日 全省东西部扶贫协作推进会在昆明召开。会议强调,要认真学习贯彻党的十九届四中全会精神和习近平总书记关于扶贫工作的重要论述,贯彻省委十届七次、八次全会精神,强化扶贫协作,促进长期合作,确保东西部扶贫协作取得新的更大成绩。

11月18日 《云南省人民政府关于印发云南省新一代人工智能发展规划的通知》发布,提出,到2020年,云南省新一代人工智能技术应用取得阶段性进展,示范领域进一步拓展,智能产业生态开始形成。网络基础设施持续优化升级,重要场景和重点景区实现5G网络覆盖,窄带物联网(NB-IoT)和工业互联网基础设施基本建立。到2025年,云南省新一代人工智能产业体系日益完备,部分特色领域达到全国先进水平,科技创新体系逐步完善,面向云南周边、南亚东南亚地区输出人工智能技术产品和应用服务。大数据、高效能计算、边缘计算等人工智能基础设施达到一定水平。到2030年,形成涵盖核心技术、关键系统、支撑平台和智能应用的较为完备的新一代人工智能产业体系。

11月21日 《中共上海市委宣传部 中共云南省委宣传部加强沪滇文化交流合作框架协议》签约仪式在上海国家会展中心举行。《协议》明确,将从建立合作机制、加强媒体合作、促进文化交流、深化产业合作、推进人才培养等5个方面加强合作。

12月6日 《云南日报》报道,省委办公厅、省政府办公厅印发《关于加快乡村产业发展促进农民就业的实施意见》,提出,到2020年,打造世界一流"绿色食品牌"取得积极进展,农林牧渔业增加值达到2800亿元以上,农村劳动力转移就业率达到60%,农村常住居民人均可支配收入达到13000元以上。到2025年，高原特色现代农业产业、生产、经营体系初步构建，农村一二三产业融合发展格局初步形成，农民就业质量显著提升，农村常住居民人均可支配收入达到全国平均水平。

12月25日—26日 中国共产党云南省第十届委员会第九次全体会议在昆明举行。会议审议通过《中共云南省委深入学习贯彻〈中共中央关于坚持和完善中国特色社会主义制度、推进国家治理体系和治理能力现代化若干重大问题的决定〉的实施意见》。

12月26日 中国共产党云南省第十届委员会第九次全体会议通过《中共云南省委深入学习贯彻〈中共中央关于坚持和完善中国特色社会主义制度、推进国家治理体系和治理能力现代化若干重大问题的决定〉的实施意见》。《实施意见》指出，云南省的总体目标是：到我们党成立一百年时，各领域改革全面突破、全面见效，在边疆民族地区治理上形成一套系统完备、科学规范、运行有效的制度体系；到二〇三五年，各方面制度更加完善，边疆民族地区治理体系和治理能力现代化基本实现；到新中国成立一百年时，实现边疆民族地区治理体系和治理能力现代化，拥有与社会主义现代化强省相适应的物质文明、政治文明、精神文明、社会文明、生态文明，争当边疆民族地区治理体系和治理能力现代化排头兵，使中国特色社会主义制度优越性充分展现。

年末 独龙族、基诺族、德昂族、阿昌族、布朗族、普米族、景颇族、佤族、拉祜族实现整族脱贫。

二〇二〇年

1月2日 省政府常务会议召开，传达学习国务院常务会议精神，研究国务院安委会安全生产专项督查反馈意见整改落实、2020年政府工作报告及惠民实事、边境小康村建设、退役军人管理保障等工作。

1月4日 国务院扶贫开发领导小组在怒江召开深度贫困地区脱贫攻坚座谈会，全面启动脱贫攻坚收官工作。中共中央政治局委员、领导小组组长胡春华出席会议并讲话。胡春华强调，要深入贯彻习近平总书记关于扶贫工作的重要论述，认真落实中央经济工作会议精神，尽锐出战、攻坚克难，确保现行标准下农村贫困人口全部脱贫、贫困县全部摘帽。

1月9日 省委常委会召开扩大会议，传达学习习近平总书记2020年新年贺词和对审计工作的重要指示精神，以及中央有关会议精神，研究云南省贯彻工作。会议强调，要保持永不懈怠精神状态和一往无前奋斗姿态，确保全面打赢脱贫攻坚战全面建成小康社会。

1月10日 全省"不忘初心、牢记使命"主题教育总结大会召开。会议强调，全省各级党组织要把不忘初心、牢记使命作为加强党的建设的永恒课题，坚定不移推进全面从严治党、构建风清气正政治生态，为高质量跨越式发展提供坚强政治保证。1月12日，省委常委会召开扩大会议，专题传达学习习近平总书记在中央政治局"不忘初心、牢记使命"专题民主生活会上的重要讲话精神及中央有关通报精神，提出云南省贯彻要求。

同日 2019年度国家科学技术奖励大会在北京举行。云南省2项科研成果荣获国家科学技术进步奖二等奖，分别由西南林业大学、昆明理工大学主持完成。

1月11日 省扶贫开发领导小组全体（扩大）会议召开。会议强调，要认真贯彻落实习近平总书记关于扶贫工作的重要论述，坚定贯彻精准扶贫精准脱贫基本方略，保持攻坚态势，强化攻坚责任，吹响冲锋号、发起总攻战，全面打赢脱贫攻坚收官战，确保高质量全面完成脱贫攻坚任务，同全国一道进入全面小康社会。

1月13日 省政府常务会议召开，传达学习习近平总书记对审计工作作出的重要指示及国务院常务会议、全国深度贫困地区脱贫攻坚座谈会精神，听取全省疫苗安全工作情况汇报，研究易地扶贫搬迁、城乡融合发展、创新创业高质量发展、加强国有企业资产负债约束，以及企业职工基本养老保险、工伤保险基金省级统筹等工作。

1月15日 省委常委会召开扩大会议，传达学习十九届中央纪委四次全会精神。会议审议并原则同意《云南省"智慧党建"行动计划（2020—2022)》《推进2020年基层党建工作重点任务的总体方案》。

1月19日—21日 中共中央总书记、国家主席、中央军委主席习近平在省委主要领导、省政府主要领导陪同下，到腾冲、昆明等地，深入农村、古镇、生态湿地、年货市场、爱国主义教育基地考察调研，给各族干部群众送去党中央的关怀和慰问。21日上午，习近平听取了云南省委和省政府工作汇报，对云南各项工作取得的成绩给予肯定，希望云南正确认识和把握在全国发展大局中的地位和作用，坚决贯彻党中央重大决策部署，统筹推进稳增长、促改革、调结构、惠民生、防风险、保稳定工作，努力在建设我国民族团结进步示范区、生态文明建设排头兵、面向南亚东南亚辐射中心上不断取得新进展，谱写好中国梦的云南篇章。1月22日，省委常委会召开扩大会议，传达学习习近平总书记考察云南重要讲话精神。

1月22日 省委常委会召开扩大会议，传达学习习近平总书记对新型冠状病毒感染的肺炎疫情作出的重要指示精神和李克强总理批示精神，研究云南省疫情防控工作。会议指出，近期全国多个地区发生新型冠状病毒感染的肺炎疫情，云南已有1例输入性病例确诊。疫情发生后，习近平总书记对做好防控工作作出重要指示，李克强总理作出批示。云南要认真贯彻落实党中央、国务院决策部署，把人民群众生命安全和身体健康放在第一位，落实属地防控责任，周密制定应急预案，采取切实有效措施，做好疫情防控工作。

1月23日 《云南省人民政府办公厅关于切实加强新型冠状病毒感染的肺炎疫情防控工作的通知》发布，提出要坚决扛起疫情防控政治责任，以对人民极端负责的态度，树立"宁可十防九空，不能失防万一"的强烈意识，密切关注疫情变化，全面落实防控措施，依法、科学、规范、有序做好疫情防控工作，坚决遏制疫情扩散蔓延。

1月27日 云南首批援助湖北医疗队出征。来自全省6家医院的137名队员及医疗救助物资飞抵武汉，参与新型冠状病毒感染的肺炎疫情防控和救治工作。3月22日，云南省754名支援湖北医疗队员圆满完成任务，平安返回云南。

1月28日 省委常委会召开会议，学习贯彻习近平总书记重要指示精神，听取全省新型冠状病毒感染的肺炎疫情防控工作情况汇报，对当前全省疫情防控工作进一步作出研判和部署。会议强调，要深入学习贯彻习近平总书记重要指示精神，把总书记的重要指示作为政治动员令和作战动员令，坚持人民至上、生命至上，把宗旨意识转化成为民行动，统一领导、统一指挥、统一行动，全面动员、全面部署、全面加强疫情防控工作，做到守土有责、守土负责、守土尽责，全力守护好人民群众生命安全和身体健康。

1月31日 云南省首例新型冠状病毒感染确诊病例治愈出院。

2月3日 省委举行电视电话会议，学习贯彻习近平总书记重要指示批示精神和考察云南重要讲话精神，贯彻落实中央应对新型冠状病毒感染肺炎疫情工作领导小组有关部署要求，就全省疫情防控、安全生产、脱贫攻坚以及稳增长等当前重点工作进行再部署、再推动、再落实，全力保持全省经济平稳健康发展和社会大局稳定。

2月5日 省委常委会召开会议，传达学习习近平总书记在中央政治局常委会会议研究应对新型冠状病毒感染的肺炎疫情工作时的重要讲话。会议强调，要坚决服从统一指挥、统一协调、统一调度，确保党中央各项决策部署贯彻落实到位。

同日 省委、省政府应对新型冠状病毒感染肺炎疫情工作领导小组指挥部印发《关于做好企业复工复产和疫情防控工作的通知》要求，坚持疫情防控和经济发展"两手抓"，努力把疫情对经济发展的影响降到最低，确保经济持续健康发展。

2月10日 全省脱贫攻坚推进电视电话会议召开，学习贯彻习近平总书记考察云南重要讲话精神、中央政治局常委会会议精神和党中央决策部署，对决战脱贫攻坚进行总动员，发起决战决胜总攻战。会议强调，要以对党和人民事业高度负责的历史使命感，增强"四个意识"、坚定"四个自信"、做到"两个维护"，勇往直前、背水一战，确保脱贫攻坚全面胜利、圆满收官，确保贫困地区和贫困人口同全国一道进入全面小康社会，以高质量的脱贫成果接受人民群众的检验。

2月11日 《云南省人民政府关于应对新冠肺炎疫情稳定经济运行22条措施的意见》出台，提出，实施加快补齐全面建成小康社会短板行动计划，补齐教育、医疗、农村基础设施等方面短板。

2月14日　《云南省人民政府关于推动创新创业高质量发展打造"双创"升级版的实施意见》出台，提出，从促进创新创业环境升级、推进创业带动就业能力升级、促进创新创业平台服务升级、深入推动科技创新支撑能力升级、加快构筑创新创业发展高地、进一步完善创新创业投融资政策、切实打通政策落实"最后一公里"七个方面来推动创新创业高质量发展。

2月15日　省委常委会召开会议，传达学习习近平总书记在中央政治局常委会会议上关于当前疫情形势和做好下一步疫情防控工作的重要讲话，研究全省贯彻工作。会议强调，要科学准确判断形势，分区分级精准防控，统筹抓好疫情防控和改革发展稳定工作。

2月21日　省委常委会召开会议，传达学习2020年中央对台工作会议精神，研究云南省贯彻工作；研究关心关爱一线医务人员、提升传染病防治能力等重点工作。会议审议并原则同意关于关心关爱一线医务人员的有关措施和《云南省重大传染病救治能力提升工程实施方案》《云南省疾控机构核心能力提升工程实施方案》。

2月24日　省委农村工作会议召开。会议强调，要深入学习贯彻习近平总书记关于"三农"工作的重要论述，全面贯彻落实中央经济工作会议、中央农村工作会议和习近平总书记考察云南重要讲话精神，聚焦打赢脱贫攻坚战和补上全面小康"三农"领域突出短板两大重点任务，有效应对新冠肺炎疫情影响，坚决稳住"三农"基本盘，确保脱贫攻坚战圆满收官，确保农村同步全面建成小康社会。

同日　《云南省人民政府办公厅关于印发云南省教育领域财政事权和支出责任划分改革实施方案的通知》发布。

3月2日　省政府常务会议召开，传达学习习近平总书记对全国春季农业生产工作作出的重要指示精神，研究全省"三农"工作、煤矿安全生产、食品安全、信访工作。会议强调，坚持把"三农"工作摆到重中之重的位置，统筹抓好决胜全面建成小康社会、决战脱贫攻坚的重点任务，迅速恢复农业生产秩序，做到疫情防控和农业生产两不误，为打赢疫情防控阻击战、实现全年经济社会发展目标任务提供有力支撑。

3月3日 省委常委会召开会议，学习贯彻习近平总书记重要讲话精神，研究部署进一步抓好疫情防控工作，听取关于云南省第四次全国经济普查成果和地区生产总值统一核算改革有关情况的汇报，研究加快推进交通发展等有关工作。会议审议并原则通过《关于贯彻落实〈交通强国建设纲要〉的实施意见》《云南省县域高速公路"互联互通"工程实施方案》。

同日 《云南省人民政府办公厅关于印发云南省加快推进城市生活垃圾分类工作实施方案的通知》发布，提出：到2020年底，列入国家强制分类的昆明市主城区（包括呈贡区、昆明空港经济区）全面开展居民生活垃圾强制分类示范试点，完善生活垃圾分类管理制度体系，扩大生活垃圾强制分类实施范围，为全省总结形成可推广、可复制、可借鉴的经验，主城区生活垃圾分类收集覆盖率达90%以上，生活垃圾回收利用率达35%以上；到2022年底，生活垃圾分类收集覆盖率达95%以上，生活垃圾回收利用率达40%以上；到2025年底，建成生活垃圾分类处理系统。

3月4日 省委全面依法治省委员会召开会议。会议审议并原则同意《省委全面依法治省委员会2020年工作要点》、《省级有关部门贯彻〈省委全面依法治省委员会2020年工作要点〉重点任务分工方案》、省委全面依法治省办《2020年法治督察工作计划》，以及《2020年立法工作计划》《关于加强综合治理从源头切实解决执行难问题的实施意见》。

3月5日 全省煤矿安全生产电视电话会议召开。会议指出，近期接连发生了弥勒市吉田煤矿"2·17"事故和罗平县树根田煤矿"2·29"事故,充分暴露出煤矿安全生产存在的薄弱环节和突出问题,再次敲响了安全生产警钟。会议强调,要铁腕整治重组全省煤炭行业。

同日 全省加大投资促进发展电视电话会议召开。会议强调,要认真贯彻落实习近平总书记关于统筹推进疫情防控和经济社会发展工作的重要指示精神,一手抓新冠肺炎疫情防控,一手抓经济社会发展,更好发挥投资在全省经济社会平稳健康发展中的关键性支撑作用,奋力夺取疫情防控和经济社会发展双胜利。

3月6日 全省电视电话会议召开。会议强调,要深入学习贯彻习近平总书记在决战决胜脱贫攻坚座谈会上的重要讲话和考察云南重要讲话精神,坚决贯彻落实党中央决策部署,政治上对标对表,行动上坚决有力,一手抓疫情防控,一手抓脱贫攻坚,以更加精准的举措、更加精细的工作、更加扎实的作风,把各项工作抓实、抓细、抓落地,坚决夺取战"疫"战"贫"两场硬仗的全面胜利。

3月7日 省委常委会召开会议,传达学习习近平总书记重要讲话精神,研究云南省贯彻工作。会议审议并原则同意《关于抓好"三农"领域重点工作确保如期实现全面小康的实施意见》。会议强调,认真贯彻落实党中央、国务院决策部署,加强党的领导,落实工作责任,大力培养"三农"工作队伍,有效应对新冠肺炎疫情影响,持续抓好农业稳产和农民增收,大力发展高原特色农业,保持农村社会和谐稳定,提升农民群众的获得感、幸福感和安全感,确保脱贫攻坚战圆满收官,确保农村同步全面建成小康社会。

3月13日 云南省制定《云南省决战决胜脱贫攻坚百日总攻行动方案》,决定从3月6日到6月30日,在全省范围内组织开展决战决胜脱贫攻坚百日总攻行动,确保如期高质量完成脱贫攻坚目标任务。此次行动的目标任务是：户户达标，剩余贫困人口稳定实现"两不愁三保障"，已脱贫人口巩固提升；村村提升，429个未出列贫困村基础设施、公共服务、集体经济全部达标；8502个贫困村村级基层组织建强，村内基础设施和公共服务管护制度措施落实，有特色产业和稳定的村集体经济，村庄环境干净整洁；县县清零，有扶贫开发任务的县（市、区），中央脱贫攻坚专项巡视"回头看"、脱贫攻坚成效考核、监督检查等发现问题全部整改清零，脱贫攻坚责任、政策、工作全面落实到位。

3月16日　《云南日报》报道，2019年，全省蓝天、碧水、净土"三大保卫战"和九大高原湖泊保护治理等"八个标志性战役"取得显著成效。在全国率先发布《云南省外来入侵物种名录（2019版）》，启动编制《云南的生物多样性保护》白皮书。贡山独龙族怒族自治县被命名为第三批"绿水青山就是金山银山"实践创新基地，盐津县、洱源县、屏边苗族自治县被命名为第三批国家生态文明建设示范县。

3月19日　云南省决战决胜脱贫攻坚新闻发布会召开，2019年，全省实现136.8万贫困人口净脱贫、3005个贫困村出列、33个贫困县申请摘帽。到2019年底，全省建档立卡贫困人口减少95%，贫困村减少95%，贫困县减少92%，减贫进度和全国基本同步。到2019年底，全省贫困地区"两不愁三保障"突出问题基本解决，脱贫攻坚工作取得决定性胜利，为全面建成小康社会打下坚实基础。

3月23日　省委常委会召开扩大会议，传达学习中央政治局常委会会议精神、中央脱贫攻坚专项巡视"回头看"的反馈意见和国务院扶贫办脱贫攻坚成效考核的反馈意见，研究部署云南省整改工作。会议强调，要强化责任担当，把中央脱贫攻坚专项巡视"回头看"和成效考核反馈的问题，与各类监督检查、评估考核发现的问题结合起来，按照"决战决胜脱贫攻坚百日总攻行动"和脱贫攻坚挂牌督战、挂联督导的工作要求，从严从实抓好问题整改落实，做到全面整改、立行立改、即知即改、真改实改，确保如期实现"户户达标、村村提升、县县清零"。

同日 省政府常务会议召开，传达学习国务院常务会议精神，研究全省安全生产、抗旱减灾、优化提升营商环境和政府立法等工作。会议强调，安全生产是人命关天的大事。

3月25日 《云南日报》报道，"十三五"以来，全省乡村旅游接待游客达9.25亿人次，实现乡村旅游总收入7000亿元，文化旅游累计带动贫困人口增收脱贫75万人，占全省脱贫人口的12.2%。

同日 省财政厅、省商务厅、省文化和旅游厅联合发布《关于支持住宿餐饮业复工营业加快发展12条实施意见》，采取贴息、担保、补助等方式，支持住宿、餐饮企业减轻成本压力，尽快复工运营，加快高质量发展。

3月27日 全省边境新冠肺炎疫情防控专题会议在腾冲召开。会议强调，要深入学习贯彻习近平总书记在二十国集团领导人应对新冠肺炎特别峰会上的重要讲话精神和关于疫情防控的重要指示精神，全面贯彻党中央各项决策部署，科学分析研判当前全省面临的境外疫情防控形势，持续做好境内疫情精准防控，抓紧抓实抓细防范境外疫情输入措施，全力以赴严防死守，坚决防止境外疫情输入。

3月30日 省政府常务会议召开，传达学习国务院常务会议精神，研究应对新冠肺炎疫情影响降低实体经济企业成本促进复工复产、实施健康云南行动、促进夜间经济发展、推进政务服务事项标准化等工作。会议强调，要全面落实党中央关于实施健康中国战略的重大决策部署，坚持以人民为中心的发展思想，对标对表国家要求，紧盯目标标准，以普及健康生活、优化健康服务、完善健康保障、建设健康环境、发展健康产业等为重点，加快补齐卫生健康事业短板，大力实施健康云南行动，努力为人民群众提供全方位、全周期的卫生健康服务，全面提升人民群众健康水平，为谱写好中国梦的云南篇章打下坚实健康基础。

3月31日 省委、省政府印发《关于抓好"三农"领域重点工作确保如期实现全面小康的实施意见》，指出，2020年是全面建成小康社会目标实现之年，是全面打赢脱贫攻坚战和"十三五"规划收官之年，做好"三农"工作具有特殊重要意义。

4月1日 全省森林草原防灭火工作电视电话会议召开。会议强调，要坚决遏制森林草原火灾多发态势，全力保障人民群众生命和财产安全。

4月3日 省委常委会召开扩大会议，传达学习习近平总书记在浙江考察时的重要讲话和关于四川省凉山州西昌市森林火灾的重要指示精神，研究全省贯彻工作。会议强调，要坚持"以人为本，安全第一"，切实抓好森林草原防灭火工作，深入排查火灾、泥石流、安全生产等各方面风险隐患，坚决防范遏制各类灾害事故，全力保障人民群众生命和财产安全。

4月8日 省委、省政府印发《关于建立全省国土空间规划体系并监督实施的意见》。

4月14日 省委常委会召开扩大会议，传达学习中央政治局常委会会议精神，听取全省一季度经济运行及支持实体经济发展若干措施有关情况的汇报，安排部署有关工作。会议强调，要增强信心、坚定信心，坚持稳中求进工作总基调，坚定不移贯彻新发展理念，不断深化供给侧结构性改革，统筹做好稳增长、促改革、调结构、惠民生、防风险、保稳定工作，坚决打好三大攻坚战，全面做好"六稳"工作，力争把疫情造成的损失降到最低限度，奋力实现全年经济社会发展目标任务。会议审议并原则通过《云南省打造市场化法治化国际化营商环境实施方案》《云南省支持文旅产业应对新冠肺炎疫情加快转型发展若干措施》。

4月15日 省委国家安全委员会全体会议召开。会议强调,要坚持以习近平新时代中国特色社会主义思想为指导,深入学习贯彻习近平总书记考察云南重要讲话精神,深入贯彻党中央关于维护国家安全各项决策部署,坚持总体国家安全观,树牢底线思维,强化斗争精神,打好主动仗、整体仗,为确保全面建成小康社会、开启全面建设社会主义现代化国家新征程提供强有力的安全保障。

同日 省委全面深化改革委员会召开会议,审议并原则通过《云南省促进区域协调发展实施方案》《关于深化改革加强食品安全工作的实施意见》《关于建立以国家公园为主体的自然保护地体系的实施意见》等文件。

4月22日 省委常委会召开扩大会议,传达学习中央政治局会议精神,强调要准确把握严峻复杂的国内外疫情防控和经济形势,坚决贯彻落实党中央决策部署,坚持底线思维,坚定必胜信心,倍加珍惜来之不易的防控成绩,充分估计困难、风险和不确定性,切实做好统筹推进疫情防控和经济社会发展各项工作。会议学习了《中共中央办公厅关于持续解决困扰基层的形式主义问题为决胜全面建成小康社会提供坚强作风保证的通知》。

同日 省政府出台《关于支持实体经济发展的若干措施》。

4月26日 省政府常务会议召开,传达学习国务院常务会议精神,研究煤炭行业整治、农村电商发展、药品检查员队伍建设等工作。会议强调,要认真贯彻落实国务院常务会议精神,落实落细各项惠企政策措施,采取更有针对性举措,切实帮助企业渡过难关,全面推动复工复产达产。要大力支持稳企业、拓岗位,加强就业服务,采取有力有效举措,促进高校毕业生创业就业。要以改造完善小区配套和市政基础设施为重点，加大城镇老旧小区改造力度，不断改善居民居住条件和生活品质。要加大对贫困人口、低保人员和失业人员的帮扶力度，切实保障困难群众基本生活。要积极鼓励银行加大信贷投放，释放更多信贷资源，促进金融机构更好服务小微企业。

4月28日 省委常委会召开扩大会议，学习贯彻习近平总书记在陕西考察时的重要讲话精神，传达学习中央政治局常委、全国政协主席汪洋在云南调研时的重要讲话精神。会议强调，要深入学习贯彻习近平总书记关于扶贫工作的重要论述，认真贯彻汪洋同志讲话要求，统筹推进疫情防控和经济社会发展，以更大决心、更强力度向贫困发起最后总攻，全面做好脱贫攻坚收官之年各项工作，确保如期高质量完成脱贫攻坚目标任务，交出一份让党中央放心、让人民满意的答卷。

4月29日 《云南省人民政府办公厅关于促进全民健身和体育消费推动体育产业高质量发展的实施意见》出台，指出，从壮大体育产业市场主体、推动体育产业协调发展、促进关联产业融合发展、积极促进体育消费、推进体育设施建设、提升管理服务水平、加大产业政策扶持力度、强化保障措施几个方面促进全民健身，推动体育产业高质量发展。

5月4日 《云南日报》报道，农业农村部、财政部公示了2020年农业产业强镇建设名单，全国拟批准建设259个乡（镇），云南省9个乡（镇）入围。云南省入选的9个乡（镇）分别是兰坪白族普米族自治县通甸镇、石屏县坝心镇、富源县墨红镇、玉龙纳西族自治县鲁甸乡、镇雄县杉树乡、富宁县归朝镇、保山市隆阳区板桥镇、弥渡县新街镇、大姚县龙街镇。

5月6日 《云南省人民政府关于推进健康云南行动的实施意见》出台，指出，到2030年，全省居民健康素养水平大幅提升，健康生活方式基本普及，居民主要健康影响因素得到有效控制，因重大慢性病导致的过早死亡率明显降低，人均健康预期寿命得到较大提高，健康公平基本实现。

5月7日 省委常委会召开扩大会议，传达学习中央政治局常委会会议精神；听取将提请省两会审议的政府工作报告，省人大常委会、省政协常委会工作报告和省高级人民法院、省人民检察院工作报告的修改情况汇报。会议强调，要扎实做好"六稳"工作，落实"六保"任务，保持经济健康发展。要及时总结经验、补齐短板，加快公共卫生体系建设，提高重大疫情、公共卫生应急管理和救治能力。要加强乡村人居环境整治，大力开展爱国卫生运动，引导群众培养文明健康、绿色环保的生活方式。要高度重视做好学校疫情防控工作，精准细致周密做好高校开学的疫情防控工作，引导师生科学做好防护。

5月10日—12日 云南省十三届人大三次会议在昆明云南海埂会堂召开。会议表决通过《云南省创建生态文明建设排头兵促进条例》，该《条例》将于2020年7月1日起施行。

5月12日 《云南省人民政府办公厅关于印发云南省非法侵占林地种茶毁林等破坏森林资源违法违规问题专项整治工作方案的通知》发布，指出，重点整治2017年全面停止天然林商业性采伐以来严重破坏自然生态、群众反映强烈的非法侵占林地、种茶毁林等破坏森林资源问题。

5月13日 省委2020年议军会议召开。会议强调，要坚持以习近平新时代中国特色社会主义思想为指导，深入贯彻习近平强军思想，深入贯彻新时代军事战略方针，坚定实施军民融合发展战略，巩固深化国防和军队改革成果，不断在国防动员建设高质量发展上取得新进展、展现新作为，为实现党在新形势下的强军目标作出应有贡献。

5月15日 《云南省人民政府办公厅关于加强传统村落保护发展的指导意见》出台，指出，到2030年，适应新时代需求的传统村落保护发展长效机制全面建立，传统村落的文化内涵、民族特色和生态价值得到充分彰显，全省传统村落得到有效保护与合理发展利用。

5月16日 《云南省人民政府关于批准昭阳区等31个县（市、区）退出贫困县的通知》发布，指出，昭阳区等31个县（市、区）退出贫困县后，要严格落实摘帽不摘责任、摘帽不摘政策、摘帽不摘帮扶、摘帽不摘监管的要求，继续强化脱贫攻坚责任落实、政策落实和工作落实，保持持续攻坚态势，一手抓剩余贫困人口减贫，一手抓已脱贫人口巩固提升，有效防止返贫和产生新的贫困人口。

5月18日 省政府常务会议召开，传达学习国务院常务会议精神，研究国家统计局统计督察反馈意见整改、强化稳就业举措、支持特色农产品生产加工和冷链物流建设、促进农村消费、科学技术奖励等工作。会议强调，稳就业就是稳经济、稳社会大局。

5月19日 教育部召开义务教育均衡发展2020年度例行新闻发布会，公布了2019年全国义务教育发展基本均衡县（市、区）名单，会泽县等9县（市）名列其中，云南最后一批县（市）通过国家义务教育发展基本均衡县督导评估，云南省129个县（市、区）全部实现县域义务教育发展基本均衡。

5月22日 《云南省人民政府办公厅关于印发云南省深化医药卫生体制改革2020年重点工作任务的通知》发布。

5月27日 《云南省人民政府办公厅关于全面推进基层政务公开标准化规范化工作的实施意见》出台，提出，2023年，基本建成覆盖基层行政权力运行全过程和政务服务全流程的全省统一的基层政务公开标准体系，基层政务公开标准化规范化水平大幅提高，形成体系完备、制度健全、平台规范、队伍专业、保障有力的基层政务公开新格局，推动全省政务公开工作整体迈上新台阶。

5月 省打造世界一流"绿色食品牌"工作领导小组召开会议。会议强调，要千方百计保粮食安全，以更大力度打造世界一流"绿色食品牌"，促进一二三产业融合发展，加快培育万亿级绿色食品产业，推动云南农业高质量发展。

同月 省安委会印发《云南省安全生产专项整治三年行动计划》，提出，从2020年5月至2022年12月，在危险化学品、煤矿、消防安全、道路运输等10个行业领域启动实施专项整治，为全省经济社会高质量发展提供有力的安全生产保障。

6月1日 《云南省人民政府办公厅关于印发云南省2020年开拓农村市场促进农村消费行动方案的通知》发布，指出，总体目标是2020年，实现全省农村网络零售额同比增长30%以上，乡村社会消费品零售总额同比增长15%以上。

同日 《云南省人民政府办公厅关于应对新冠肺炎疫情影响进一步做好稳就业工作的若干意见》出台，指出，从大力实施就业优先政策、促进农村劳动力安全有序转移就业、统筹推进高校毕业生等重点群体就业、加强失业人员基本生活保障、推进大规模职业技能培训和就业服务、强化组织保障和工作责任六个方面应对新冠肺炎疫情影响，进一步做好稳就业工作。

6月2日 《云南省人民政府关于支持中国（云南）自由贸易试验区高质量发展的若干意见》出台，指出，着力打造战略新兴产业、前沿产业集群，加快形成新动能，增强国际竞争新优势。

6月4日 省决战县域高速公路"能通全通"工程领导小组召开会议。会议强调，要确保2020年底全省高速公路通车里程超过9000公里，加快补齐交通基础设施建设短板，为推动云南高质量发展奠定坚实基础。

6月5日　《云南省人民政府办公厅关于印发云南省推进农村电子商务提质增效促进农产品上行三年行动方案（2020—2022年）的通知》发布，指出，总体目标是到2022年底，网商规模达300万家以上，全省农产品网络交易额占农产品产值50%以上。

6月9日　《云南省人民政府办公厅关于印发云南省支持生猪产业加快生产发展若干措施的通知》发布，指出，要建立"一清单四制度"，建立生猪养殖重点县、重点龙头企业、重点项目清单和企业服务制度、部门协调制度、定期调度制度、督促检查制度，推动生猪养殖项目加快落地。

6月11日　云南省第十三届人民代表大会常务委员会第十八次会议通过《云南省人民代表大会常务委员会关于深入学习宣传和实施〈中华人民共和国民法典〉的决定》。

6月15日　省政府常务会议召开，传达学习国务院常务会议精神，听取全省脱贫攻坚整改工作进展情况汇报，研究构建现代化产业体系、完善农业支持保护制度、深化农村公路管理养护体制改革等工作。会议指出，要加快完善农业支持保护制度，进一步提高农业支持保护效能，增强农业发展质量、效益和竞争力。

6月16日　省委常委会召开会议，学习贯彻习近平总书记有关重要讲话重要指示精神，研究普通高校毕业生就业创业工作等。会议强调，千方百计促进高校毕业生就业创业。6月23日，"2020年昆明市高校毕业生就业创业服务月"首场专场招聘活动在昆明市人力资源中心启动。

同日　省委书记专题会议召开，听取关于近期新冠肺炎疫情防控工作的情况汇报，安排部署有关工作。会议强调，要深入学习贯彻习近平总书记关于统筹推进疫情防控和经济社会发展工作的重要指示精神，坚决落实党中央决策部署，深刻认识疫情防控的复杂性、严峻性、长期性，强化底线思维和忧患意识，坚决防止麻痹思想、厌战情绪、侥幸心理、松劲心态，认真落实落细常态化防控措施，慎终如始抓好"外防输入、内防反弹"工作，坚决防止因局部防控不力造成疫情反弹，决不能让来之不易的疫情防控持续向好形势发生逆转。

6月22日 云南省关注森林活动组委会第一次会议召开，标志着云南关注森林活动步入制度化、规范化轨道。

6月23日 在国际禁毒日到来之际，国家禁毒委员会作出《关于表彰全国禁毒工作先进集体和先进个人的决定》，表彰2015年以来在禁毒工作各条战线上作出突出贡献的100个先进集体和100名先进个人，云南省7个单位和12名个人受到表彰。

同日 省委、省政府印发《云南省促进区域协调发展实施方案》，提出，到2020年底，建立与全面建成小康社会相适应的区域协调发展新机制。到2025年，"做强滇中、搞活沿边、多点支撑、联动廊带"的发展布局基本形成。到2035年，主体功能明显、优势互补、高质量发展的区域经济布局全面形成，建立与基本实现现代化相适应的区域协调发展新机制。到21世纪中叶，建立与全面建成社会主义现代化强国相适应的区域协调发展新机制。

6月24日 深入学习宣传贯彻习近平总书记考察云南重要讲话精神省委宣讲报告会在昆明举行。会议强调，习近平总书记考察云南重要讲话和重要指示，为云南发展把航定向，是新时代云南发展的行动纲领和根本遵循。7月8日至9日，深入学习宣传贯彻习近平总书记考察云南重要讲话精神省委宣讲团分赴各州（市）、省级部门、省属国有企业、高等院校等开展宣讲活动。

同日 省委办公厅、省政府办公厅印发《关于建立以国家公园为主体的自然保护地体系的实施意见》。

6月28日 省扫黑除恶专项斗争领导小组会议召开。会议强调，全省要抓好重点地区督办工作，促进专项斗争协调发展，各重点地区要深入分析短板弱项，研究出台"硬核"举措，坚持"抓市促县"，扎实开展"六清"行动、落实"六力"要求，推动重点地区攻坚克难、争先创优。

6月29日 怒江傈僳族自治州脱贫攻坚专题会议召开。会议强调，要深入学习贯彻习近平总书记在决战决胜脱贫攻坚座谈会上的重要讲话精神，聚焦"两不愁三保障"，严格对标对表，坚持问题导向，再梳理、再排查、再整改、再提升，确保如期高质量完成怒江州脱贫攻坚目标任务，努力交出一份优异答卷。

同日 《云南省人民政府办公厅关于印发云南省深化农村公路管理养护体制改革实施方案的通知》发布，指出，主要目标是到2035年，全面建成体系完备、运转高效的农村公路管理养护体制机制，基本实现城乡公路交通基本公共服务均等化，路况水平和路域环境根本性好转，农村公路治理能力全面提高，治理体系全面完善。

7月1日 中老昆万铁路元江双线特大桥胜利合龙。

7月2日 省生态环境厅在2020年全国低碳日云南省主会场上发布，"十三五"期间国家下达云南省的单位地区生产总值二氧化碳排放（即碳强度）降低目标任务为18%。截至2019年，云南省碳强度较2015年降低30.23%，已提前超额完成"十三五"目标任务。

7月6日 省委全面深化改革委员会召开会议。会议审议并原则通过《中国（云南）自由贸易试验区改革创新任务落实情况督查报告》《云南省开放型经济体制改革实效评估报告》《云南省深化科技体制改革实效评估报告》《关于推进贸易高质量发展的实施意见》《关于营造更好发展环境支持民营企业改革发展的实施意见》等文件。

7月9日 全省脱贫攻坚普查动员部署视频会议召开。会议强调，要坚决贯彻落实习近平总书记重要指示精神，按照省委、省政府部署要求，如期高质量完成脱贫攻坚普查各项任务。

同日 2019年度云南省科学技术奖励大会在昆明召开。2019年度云南省科学技术奖励项目包括杰出贡献奖1人，自然科学奖特等奖1项、一等奖5项、二等奖13项、三等奖14项，技术发明奖特等奖1项、一等奖2项、二等奖2项、三等奖3项，科学技术进步奖特等奖2项、一等奖13项、二等奖20项、三等奖77项。

7月10日 云南省新型基础设施建设工作推进会议召开。会议强调，要深入学习贯彻习近平总书记系列重要讲话和考察云南重要讲话精神，贯彻落实党中央、国务院重大决策部署，推动全省"新基建"不断取得突破性进展，为云南加快构建现代化经济体系特别是产业体系厚植新根基，为实现经济高质量发展打造新引擎。

7月14日 省委常委会召开扩大会议，传达学习习近平总书记对当前防汛救灾工作重要指示精神，听取全省有关工作情况汇报。会议强调，要把人民生命安全放在第一位，充分认识全省防汛救灾面临的严峻形势，层层落实防汛救灾责任，加大风险隐患排查力度，严格落实水库防汛责任，加强巡查防守，完善应急措施，统筹协调防汛抗洪、抢险救灾，以更加有力有效的举措做好防汛救灾工作。会议研究部署《习近平谈治国理政》第三卷学习宣传工作，审议并原则通过《关于进一步推进农场企业化改革的实施意见》《关于加快建设体育强省的意见》。

同日 省委、省政府应对疫情工作领导小组指挥部召开会议。会议要求：各地各部门要高度重视水产品等冷冻食品的检验检疫，做好农贸市场、冷库管理和冷冻食品安全等工作；继续落实外防输入、内防反弹各项防控措施，做好陆路水路口岸（通道）、航空口岸和边境地区社会面管控；按照"分区分级、精准防控"原则，进一步完善应急处置预案，全力做好常态化疫情防控工作。

7月16日 全省法治政府建设工作电视电话会议召开。会议强调：要进一步提高行政决策科学化、民主化、法治化水平；要深入学习宣传实施民法典；要进一步转变政府职能；要进一步严格规范公正文明执法；要进一步落实行政机关负责人出庭应诉制度；要加强和完善政府立法工作；要进一步依法有效化解矛盾纠纷；要进一步强化责任狠抓落实。

同日 全省推进爱国卫生专项行动动员部署会议召开。会议强调，要深入学习贯彻习近平总书记关于开展新时代爱国卫生运动的重要指示精神，以更大的力度、更明确的目标、更有力的举措，深入推进爱国卫生运动，扎实开展"清垃圾、扫厕所、勤洗手、净餐馆、管集市、常消毒、众参与"7个专项行动，广泛动员人民群众参与，全面改善人居环境，筑牢严密的个人健康"防疫大堤"，形成坚不可摧的"免疫屏障"，全力维护人民群众生命安全和身体健康。

同日 上海云南扶贫协作第二十三次联席会议在文山壮族苗族自治州广南县举行。12月2日，云南广东扶贫协作工作联席会议在广州市举行。2015年至2020年，中央投入云南的财政专项扶贫资金从48.02亿元增加到154.08亿元，年均增长26.26%，累计达556.65亿元，增幅和总量均居全国第一。

7月21日 省委常委会召开扩大会议，学习贯彻中央政治局常委会会议精神，听取关于全省上半年经济运行情况及下半年工作措施建议的汇报。会议审议并原则通过《关于支持滇中新区深化改革创新加快推动高质量发展的实施意见》。

7月24日 《云南省人民政府办公厅关于切实做好长江流域禁捕有关工作的通知》发布。

7月26日 《云南省人民政府办公厅关于印发云南省推进爱国卫生"7个专项行动"方案的通知》发布，指出，总体目标是通过集中开展为期一年半的"7个专项行动",全面消除城乡裸露垃圾,消除城镇旱厕,完善公众洗手配套设施,改善餐饮服务环境卫生,大力推进公共场所常态化清洁消毒,彻底改变农贸市场"脏、乱、差"现状,引导全社会形成健康文明新风尚,全面推进全省卫生城镇创建达标,着力健全完善常态化疫情防控体制机制,推动从环境卫生治理向全面社会健康管理转变,解决好关系人民健康的全局性、长期性问题。

7月27日 《云南省推进新型基础设施建设方案(2020—2022年)》出台。截至2020年底,全省共有公共图书馆151个、文化馆149个、美术馆4个、非遗中心27个、乡镇文化站1450个。

同日 《中共云南省委 云南省人民政府关于加快构建现代化产业体系的决定》下发,提出,要重点培育先进制造业、旅游文化业、高原特色现代农业、现代物流业、健康服务业等为重点的万亿级支柱产业和绿色能源、数字经济、生物医药、新材料、环保、金融服务业、房地产业、烟草等为重点的千亿级优势产业。

7月28日 全省美丽县城建设工作现场推进会在腾冲召开。会议强调,要深入学习贯彻习近平生态文明思想和习近平总书记考察云南重要讲话精神,坚定信心,加强领导,狠抓落实,久久为功,坚决做到干净,千方百计做到宜居,努力彰显特色,尽快补上智慧短板,深入扎实推进美丽县城建设。

7月29日 云南省决战决胜脱贫攻坚系列新闻发布会举行临沧市专场。临沧市宣布:截至2019年底,全市94357户368942人建档立卡贫困人口全部脱贫,562个贫困村、28个贫困乡(镇)全部退出,临沧提前一年实现贫困人口和贫困村清零目标。

7月30日 省委常委会召开扩大会议,传达学习习近平总书记近期重要讲话和重要指示精神,研究全省食品安全等有关工作。会议强调，要坚持以人民为中心的发展思想，切实增强责任感紧迫感，承担起"促一方发展、保一方平安"的政治责任，扎实做好食品安全各项工作，努力推进食品安全治理体系和治理能力现代化。

8月3日　《云南省人民政府关于印发产业发展"双百"工程实施方案的通知》发布，指出，着力推动八大重点产业高质量发展，持续打造世界一流"三张牌"，加快培育"五个万亿级、八个千亿级"产业。

同日　《云南省加快新能源汽车产业发展和推广应用若干政策措施》出台。《措施》明确：按照"车桩相适、适度超前"原则和"滇中成网、干线联动、点状布局"思路，加快完善新能源汽车充电基础设施布局和建设。

8月5日　《云南省人民政府办公厅关于加快建设体育强省的意见》出台，指出，到2050年，全面建成社会主义现代化高原特色体育强省，人民健康水平明显提升，云南体育特色更加鲜明、优势更加突出、影响更加广泛，体育综合实力显著增强。

8月8日　省委办公厅、省政府办公厅印发《关于进一步推进农场企业化改革的实施意见》。

8月16日　省委、省政府印发《关于营造更好发展环境支持民营企业改革发展的实施意见》。

8月18日　中国（云南）自由贸易试验区昆明片区举行招商大会。大会上与华为公司、阿里巴巴教育科技、新希望集团等57家企业签约，总投资269亿元，涵盖智能制造、数字经济、总部经济、生物医药、金融服务等产业。

8月中旬　省委、省政府印发《关于支持滇中新区深化改革创新加快推动高质量发展的实施意见》，指出，要立足于承担国家重大发展和改革开放战略任务的综合功能平台定位，用改革的办法和市场化、法治化的手段，培育新动能，激发新活力，塑造新优势，推动新区与昆明市错位发展、互补融合、联动支撑，发挥新区对滇中地区的龙头带动作用，在建设我国民族团结进步示范区、生态文明建设排头兵、面向南亚东南亚辐射中心上展现新区担当。

8月20日 省打造世界一流"绿色食品牌"工作领导小组会议召开。会议强调，要深入研究事关云南农业农村长远发展的重大问题，保持战略定力，坚定信心决心，狠抓农业产业化投资，加快建设农业产业化示范园，积极打造数字化农业示范点，建立健全龙头企业帮扶机制，锲而不舍打造世界一流"绿色食品牌"。

8月21日 省委常委会召开扩大会议，传达学习习近平总书记对"十四五"规划编制工作、制止餐饮浪费行为、防汛救灾和灾后重建工作等作出的重要指示精神，研究绿色能源发展规划等有关工作。会议强调，要充分认识加快发展绿色能源的重大意义，努力建设全国绿色能源示范省，把能源产业打造成为现代产业体系的绿色支撑，为现代化经济体系建设提供强大发力支点，促进云南经济高质量发展。

8月24日 省政府常务会议召开，传达学习国务院常务会议精神，听取近期全省新冠肺炎疫情防控、2020年云南省"10大名品"和绿色食品"10强企业""20佳创新企业"评选、疫苗产业发展等工作情况汇报，研究减轻中小学教师负担、人民建议征集等工作。

8月31日 省委常委会召开扩大会议，传达学习习近平总书记在中央第七次西藏工作座谈会上的重要讲话，研究全省贯彻工作。会议强调，要坚决贯彻落实习近平总书记关于西藏工作重要论述和党中央关于涉藏工作各项决策部署，增强"四个意识"、坚定"四个自信"、做到"两个维护"，压紧压实责任，扎实做好工作，不断开创云南涉藏工作新局面，推动迪庆藏族自治州实现高质量跨越式发展和长治久安。

同日 省政府常务会议召开,传达学习国务院常务会议精神,听取近期全省新冠肺炎疫情防控工作情况汇报,研究稳就业、半山酒店项目建设等工作。

8月 省委作出决定,在全省组织开展新时代"西畴精神"学习活动,大力弘扬新时代"西畴精神",凝聚万众一心打赢脱贫攻坚战、决胜全面建成小康社会的磅礴力量。

9月8日 全省9州(市)农村人居环境整治推进现场会在祥云召开。会议强调,工作不落实是政治问题,抓工作落实是政治要求,党政领导要扛起政治责任,把定了的事干成、干好。

9月11日 省委全面深化改革委员会召开会议。会议审议并原则通过《关于深化医疗保障制度改革的实施意见》《云南省关于促进中医药传承创新发展的实施意见》《关于进一步推动云南民族工作创新发展的意见》等文件。

9月14日 全省新冠肺炎疫情防控工作电视电话会议召开。会议强调,要深入学习贯彻习近平总书记在全国抗击新冠肺炎疫情表彰大会上的重要讲话和对疫情防控工作的一系列重要指示批示精神,全省上下紧急动员起来,强化政治担当,增强风险意识,全面加强常态化疫情防控工作,切实落实好外防输入、内防反弹的防控策略,继续抓紧抓实抓细各项防控举措,切实履行守卫国家安全的政治责任,为夺取抗疫斗争全面胜利作出贡献。

9月15日 云南省第八次民族团结进步表彰大会隆重举行。会议强调,要深入学习贯彻习近平总书记关于民族工作的重要论述和考察云南重要讲话精神,着力塑造和丰富"边疆、民族、山区、美丽"基本省情的新内涵,不断丰富和发展"各民族都是一家人,一家人都要过上好日子"的新时代内涵,坚持共同团结奋斗、共同繁荣发展,为推动中华民族走向包容性更强、凝聚力更大的命运共同体贡献云南智慧和力量。大会对昆明市人大常委会办公室等50个全省民族团结进步模范集体和陈浩等100名全省民族团结进步模范个人进行了表彰。

9月17日 云南绿色铝创新产业园绿色铝项目投产仪式在文山壮族苗族自治州砚山县举行。云南绿色铝创新产业园由省政府与魏桥集团合作共建,旨在加快推动云南绿色能源产业与铝产业深度融合,建设具有全球影响力的绿色铝工业基地,助力打造世界一流"绿色能源牌"。

9月22日 省政府与中国华能集团有限公司在昆明签署能源经济合作协议。根据合作协议,双方将在现有合作基础上,进一步深化能源经济战略合作,加强绿色能源、绿色制造业、节能环保等领域的务实合作,共同打造世界级绿色发展新高地。

9月23日 省委常委会召开扩大会议,传达学习习近平总书记对新时代民营经济统战工作的重要指示及全国民营经济统战工作电视电话会议精神。会议强调,要认真学习贯彻习近平总书记重要指示和会议精神,坚持信任、团结、服务、引导、教育方针,团结好、引导好广大民营经济人士,为推进全省高质量跨越式发展凝聚强大智慧力量。

同日 云南省重大传染病救治和疾控机构核心能力提升工程30个新建项目举行集中开工仪式。

9月29日 云南省第五届"兴滇人才奖"表彰奖励大会举行。本届"兴滇人才奖"共有20人获奖,其中包括党政人才1名、科研领域专业技术人才9名、企业经营管理人才4名、技能人才2名、农村实用人才1名、民族文化人才2名、社会工作专业人才1名。

10月2日 《云南日报》报道,"十三五"期间,云南省共筹措安排公民科学素质建设资金6.17亿元,开展青少年科普宣讲活动、农民实用技术培训、社区科普大学等，全省129个县（市、区）重点科普活动覆盖率达到100%。

10月9日 省委常委会召开会议，学习习近平总书记在联合国生物多样性峰会上的重要讲话，研究全省贯彻工作。会议强调：要认真学习领会习近平总书记重要讲话精神，深入贯彻习近平生态文明思想，扎实做好全省生物多样性保护工作，努力把云南建设成为生态文明建设排头兵和中国最美丽省份；要举全省之力高标准、高质量、高水平做好联合国《生物多样性公约》第十五次缔约方大会筹备工作，抓住提升云南国际知名度、影响力的重大机遇，向世界展示云南之美，为美丽中国增添光彩。

10月17日《云南日报》报道，省委、省政府决定，自2020年10月至2021年1月在全省接力开展决战决胜脱贫攻坚百日巩固行动。

10月20日 省委常委会召开扩大会议，学习贯彻习近平总书记在深圳经济特区建立40周年庆祝大会上的重要讲话和对脱贫攻坚工作的重要指示等。会议强调：要认真贯彻落实习近平总书记重要讲话重要指示精神，坚定不移贯彻新发展理念，在更高起点上推进改革开放，推动全省经济社会高质量跨越式发展；始终保持攻坚态势，慎终如始不懈怠、全力以赴不放松，坚决打赢脱贫攻坚收官战。

10月22日《云南日报》报道，自交通运输部和国家发展改革委联合启动了全国"信用交通省"创建工作以来，通过3年的探索和努力，云南省迈入全国"信用交通省"建设典型省份行列，创建工作取得阶段性成果，以信用为基础的新型交通运输市场监管机制初步形成。

10月26日《云南日报》报道：2019年，全省25个边境县（市）生产总值总额达2484.8亿元，是2000年的15倍；25个边境县（市）全部通二级以上公路，城乡公路通畅率达100%，乡村公路硬化率达100%，边境地区通航运营机场达到9个，澜沧江－湄公河航运实现集装箱运输零的突破；25个边境县（市）橡胶、澳洲坚果种植面积占全省的90%以上，咖啡种植面积占全省近70%，茶叶种植面积占全省的45%以上，三次产业比重由2000年的40.6：20：39.4调整为2018年的23.4：31.9：44.7；瑞丽口岸边民自助查验通道出入境人员查验速度缩短至6秒钟，红河州河口口岸在全国率先推行通关便利化"三证合一"模式；边境地区共建成国家级生态乡镇31个，省级生态乡镇91个，森林覆盖率（含灌木林）达到70.4%，25个边境县（市）水质监测评价考核全部达标。截至2019年底，全省11个"直过民族"和人口较少民族中9个实现整族脱贫，21个边境贫困县（市）中18个实现脱贫摘帽，25个边境县（市）贫困人口从1999年的139.3万人下降到6.4万人。

11月1日 第七次全国人口普查登记正式开启。

11月6日 《云南省人民政府办公厅关于印发云南省进一步优化营商环境更好服务市场主体28条措施的通知》发布。

同日 昆明市官渡区电子劳动合同服务平台与云南省公共就业服务平台开放数据共享接口成功并线运行。至此，云南省电子劳动合同与就业失业登记、养老、工伤、失业等网上大厅业务办理实现无缝对接，在全国率先实现电子劳动合同"全程网办"。

11月12日 省委常委会召开扩大会议，研究加强全省新时代党政军警民合力强边固防、镇雄等9个县（市）退出贫困县序列等工作。会议强调，要深入学习贯彻习近平总书记考察云南重要讲话精神和党中央关于维护国家安全各项决策部署，坚持总体国家安全观，树牢底线思维，强化斗争精神，切实履行好筑牢云南边境安全稳定屏障、促进边疆繁荣发展的重大政治责任，持续提升边疆治理能力。

11月13日 《云南省人民政府关于批准镇雄等9个县（市）退出贫困县的通知》发布。11月14日，云南省扶贫办向新华社发布消息，怒族、傈僳族近日实现整族脱贫。至此，云南独龙族、德昂族、基诺族、怒族、布朗族、景颇族、傈僳族、拉祜族、佤族、普米族、阿昌族11个"直过民族"和人口较少民族历史性告别绝对贫困，实现整族脱贫。

同日 省政府新闻办在《中共云南省委 云南省人民政府关于深化医疗保障制度改革的实施意见》新闻发布会上指出，到2025年云南将基本完成医疗关键领域的改革任务，到2030年全面建成医疗保障制度体系。《实施意见》具体提出25项改革任务和50余条具有云南省特色的改革创新举措，搭建未来10年全省医保制度改革的"四梁八柱"。

11月18日 省委常委会召开扩大会议，传达学习习近平总书记在中央全面依法治国工作会议上的重要讲话，研究云南省贯彻工作。会议强调，要认真学习领会习近平总书记重要讲话精神，增强学习贯彻习近平法治思想的思想自觉、政治自觉和行动自觉，切实把习近平法治思想贯彻落实到全面依法治省各方面和全过程，更好转化为建设法治云南的生动实践。

同日 《云南省人民政府办公厅关于支持多渠道灵活就业的实施意见》出台，指出，进一步清理取消对灵活就业的不合理限制，强化政策服务供给，创造更多灵活就业机会。

11月20日 由省委、省政府主办的第五届云南国际人才交流会开幕。本届交流会以"聚天下英才，促跨越发展"为主题，围绕"搭平台、促交流、引贤才、聚项目、助合作"目标，促成人才智力交流合作。

11月23日 省委常委会召开扩大会议，传达学习习近平总书记近期重要指示、重要讲话精神和全国精神文明建设表彰大会精神，研究云南省贯彻工作。会议强调，站在实现"两个一百年"奋斗目标的历史交汇点上，全省上下必须进一步解放思想、担起重任，正视差距、找准方向，加快培育云南经济社会发展新动能，为实现第二个百年奋斗目标开好局、起好步。

11月24日 省政府印发《关于统筹推进城市更新的指导意见》，提出到2025年实现全省城市空间布局更加优化、综合功能更加完善、人居环境更加优美、风貌特色更加突出，产城进一步融合，显现具有时代特征、民族特色、云南特点的城市之美。

11月24日—25日 省十三届人大常委会第二十一次会议召开。会议表决通过《云南省艾滋病防治条例》《云南省反家庭暴力条例》《云南省人民代表大会常务委员会关于修改部分地方性法规的决定》《云南省人民代表大会常务委员会关于加强行政审判工作的决定》，表决批准《昆明市大气污染防治条例》《昆明市老年人权益保障条例》《玉溪市革命遗址保护条例》《大理白族自治州非物质文化遗产保护条例》等州（市）地方性法规。

11月27日 全省强边固防工作会议召开。会议强调，要以习近平新时代中国特色社会主义思想为指导，深入学习贯彻习近平总书记关于强边固防的重要论述和考察云南重要讲话精神，坚决担负起做好新时代强边固防工作的重大政治责任，为国守门、为国把关，为建设我国民族团结进步示范区、生态文明建设排头兵、面向南亚东南亚辐射中心筑牢安全稳定屏障。

11月30日 《云南省人民政府关于印发云南省民族团结进步示范区建设条例实施细则的通知》发布。本实施细则自2021年1月1日起施行。

12月4日 中共中央关于授予周永开、张桂梅同志和追授于海俊、李夏、卢永根、张小娟、加思来提·麻合苏提同志"全国优秀共产党员"称号的决定。12月12日,《云南日报》报道,中央宣传部12月11日向全社会宣传发布张桂梅同志的先进事迹,授予她"时代楷模"称号。12月30日,省委主要领导向张桂梅同志颁授"全国优秀共产党员"奖章、证书。

12月7日 《云南省人民政府办公厅关于印发坚决制止耕地"非农化"行为任务分工的通知》发布。

12月8日 省委常委会召开扩大会议,学习习近平总书记重要讲话和重要指示精神,通报云南省党政代表团赴广东省、上海市对接扶贫协作工作和赴浙江省学习考察情况,研究部署联合国《生物多样性公约》第十五次缔约方大会云南省筹备工作等。会议审议并原则同意《关于深化新时代教育督导体制机制改革的实施意见》,强调要完善教育督导体系,充分运用督导结果,不断提高教育督导质量和水平。

12月11日 省委第三次涉藏工作会议召开。会议强调,要全面贯彻习近平总书记关于涉藏工作的重要论述和新时代党的治藏方略,深入扎实做好新时代全省涉藏工作,确保涉藏州县长治久安。

12月16日 《云南日报》报道,"十三五"期间,云南省以农业供给侧结构性改革为主线,转变农业发展方式,调整优化产业结构,强化科技支撑引领,发展适度规模经营,加快"走出去"步伐,发展质量、效益和竞争力显著增强,高原特色农业现代化发展迈出坚实步伐,农村居民人均可支配收入增速位居全国前列。

12月19日 省委常委会召开扩大会议,传达学习中央经济工作会议精神。会议强调,要坚持以习近平新时代中国特色社会主义思想为指导,切实把思想和行动统一到党中央对经济形势重大判断和对经济工作重要决策部署上来,齐心协力、开拓进取,确保

"十四五"开好局起好步。12月25日至26日，省委经济工作会议举行。会议确定，2021年经济工作主要围绕立足新发展阶段，贯彻新发展理念，构建新发展格局，把云南建设成为国内大市场与南亚东南亚国际市场之间的战略纽带、"大循环、双循环"的重要支撑来展开。

12月24日 省委常委会召开扩大会议，传达学习习近平总书记在中央政治局第二十五次集体学习时的重要讲话，研究云南省贯彻工作。会议强调，要认真学习领会习近平总书记重要讲话精神，树牢保护知识产权就是保护创新的理念，全面加强知识产权保护工作。

同日 省政府与中国载人航天工程办公室在昆明签署共同推进太空生物科技产业发展战略合作框架协议。根据合作协议，双方将充分发挥各自优势，在太空生物科技产业领域开展更多务实合作，助力云南发展高原特色现代农业、打造世界一流"绿色食品牌"，更好服务经济社会发展，为中国载人航天事业作出更大贡献。

12月27日 省委全面依法治省和平安云南建设工作会议召开。会议强调，要认真学习贯彻习近平法治思想和中央全面依法治国工作会议、平安中国建设工作会议精神，努力建设更高水平的法治云南、平安云南，为推动全省高质量发展提供有力法治保障。

同日 省政府常务会议召开，传达学习国务院常务会议、李克强总理重要批示及全国政府秘书长和办公厅主任视频会议、全国长江禁捕退捕工作推进电视电话会议精神，听取近期全省新冠肺炎疫情防控工作情况汇报，研究政府工作报告、"十四五"规划纲要、禁毒等工作。会议强调，要把禁毒工作作为重大政治任务抓好，坚持厉行禁毒方针，依法严厉打击毒品犯罪活动，强化系统治理、依法治理、综合治理、源头治理，坚决夺取新时代禁毒人民战争新胜利。

12月28日 云南省抗击新冠肺炎疫情表彰大会隆重举行。会议强调，要深入学习贯彻党的十九届五中全会和习近平总书记在全国抗击新冠肺炎疫情表彰大会上的重要讲话精神，大力弘扬伟大抗疫精神，为决胜全面建成小康社会、开启全面建设社会主义现代化新征程、谱写好中国梦的云南篇章而努力奋斗。会议宣读了《中共云南省委 云南省人民政府关于表彰云南省抗击新冠肺炎疫情先进个人和先进集体的决定》及《中共云南省委关于表彰云南省优秀共产党员和云南省先进基层党组织的决定》，授予500名同志"云南省抗击新冠肺炎疫情先进个人"称号，授予300个集体"云南省抗击新冠肺炎疫情先进集体"称号，授予144名共产党员"云南省优秀共产党员"称号，追授6名共产党员"云南省优秀共产党员"称号，授予120个基层党组织"云南省先进基层党组织"称号。

12月31日 省委全面深化改革委员会召开会议。会议审议并原则通过《关于构建更加完善的要素市场化配置体制机制的实施意见》《云南省推动基础设施高质量发展实施方案》《云南省国企改革三年行动实施方案（2020—2022年)》等文件。

同日 全省安全生产和消防工作电视电话会在昆明召开。会议强调，要狠抓工作落实，全力推动安全生产和消防工作迈上新台阶，全力营造高质量发展的安全环境。

同日 云南省科学技术协会第九次代表大会在昆明召开。会议强调，科技兴则民族兴，科技强则国家强。要立足新发展阶段，贯彻新发展理念，构建新发展格局，推动高质量发展。

同日 《云南省生态环境保护督察实施办法》发布实施。《实施办法》是云南省生态环境保护领域的第一部党内法规，分为总则、组织机构和职责、例行督察及"回头看"、专项督察、日常督察、结果运用和信息公开、督察纪律和责任、附则，共8章56条。

本年 云南全省现行标准下农村贫困人口全部脱贫、88个贫困县全部摘帽、8502个贫困村全部出列,11个"直过民族"和人口较少民族实现整体脱贫,困扰云南千百年的绝对贫困问题得到历史性解决。

二〇二一年

1月4日 省委常委会召开扩大会议,传达学习中央农村工作会议精神,研究全省贯彻工作。会议强调,要深入学习领会习近平总书记重要讲话精神,巩固拓展脱贫攻坚成果,全面推进乡村振兴,加快农业农村现代化。

同日 省政府常务会议召开,传达学习国务院常务会议精神,贯彻落实省委经济工作会议精神,听取全省近期新冠肺炎疫情防控、元旦期间综合情况汇报,研究促进经济平稳健康发展和重点项目建设等工作。会议强调,要坚持稳中求进工作总基调;抓实抓好整治欠薪专项行动,扎牢工资支付保障制度笼子,严厉打击恶意欠薪违法行为,确保农民工按时足额拿到工资;要从严执行春运疫情防控措施,切实保障群众安全出行;加强农村疫情防控,继续落实常态化疫情防控措施,坚决打赢"外防输入、内防反弹"阻击战。

1月7日 省军区党委十二届六次全体(扩大)会议在昆明开幕。会议强调,要坚持守边有责、守边负责、守边尽责,把维护边境安全稳定作为压倒一切的重大政治责任,军地合力推进强边固防"五个一",构建边境立体化防控体系,坚决打赢"外防输入"阻击战,筑牢祖国西南安全稳定屏障。

1月8日 省委常委会召开扩大会议,传达学习习近平总书记在中央政治局民主生活会上的重要讲话及中央有关通报精神。会议审议并原则同意《关于促进经济平稳健康发展22条措施的意见》《云南省

2021年"四个一百"重点建设项目计划》《2021年版"补短板、增动力"省级重点前期项目表》。

同日 《云南日报》报道，自1月1日起，全省全面启动2021年度农村劳动力转移就业"百日行动"，重点围绕"五个一"活动实施，即开展一次务工情况大排查，开展一次省外稳岗大走访，开展一次岗位信息大推送，开展一系列就业政策大宣传，开展一轮转移就业大输送。

同日 《云南日报》报道，2016年至2020年10月底，全省农村饮水安全巩固提升工程累计完成投资118.3亿元，巩固提升了1950.8万农村人口的饮水安全保障水平，其中建档立卡贫困人口280.5万人。农村集中供水率从2015年底的83%提高到96%，自来水普及率从2015年底的77.7%提高到94%。全省农村饮用水水质合格率明显提升，提前完成了省政府批准的《云南省农村饮水安全巩固提升工程"十三五"规划》目标任务。

1月10日 《云南日报》报道，2015年以来，全省105个县（市、区）进入全国电子商务进农村综合示范县行列，数量在全国排名第一位。此外，建成覆盖96个县、993个乡镇、6433个村的农村电商服务网络。

1月13日 经过5年多的建设，墨江哈尼族自治县至临沧市高速公路建成试通车。这是临沧市第一条通往市外的高速公路，这条高速公路的通车标志着全省16个州（市）实现高速公路互联互通。

1月15日 省委常委会召开扩大会议，传达学习习近平总书记在省部级主要领导干部学习贯彻党的十九届五中全会精神专题研讨班上的重要讲话，研究全省贯彻工作。会议强调，要清醒认识新发展阶段云南的新特征，牢牢抓住新发展阶段云南新机遇，在新发展阶段云南一定要有新作为。要全力落实好"三个定位"，巩固拓展脱贫攻坚成果，深度融入新发展格局，推动高质量发展，筑牢祖国西南安全稳定屏障，保障改善民生，坚持全面从严治党，不断净化政治生态，确保云南全面建设社会主义现代化开好局、起好步。

同日 省政府办公厅印发《云南省防止耕地"非粮化"稳定粮食生产工作方案》，要求进一步巩固云南粮食生产功能区划定成果，防止耕地"非粮化"，稳定粮食生产。

1月18日 省政府常务会议召开，传达学习国务院常务会议精神，听取全省近期新冠肺炎疫情防控工作情况汇报，研究推动高质量发展、国民经济和社会发展计划及地方财政预算、促进中小企业发展等工作。会议要求，要严格落实中央关于解决形式主义突出问题为基层减负的部署要求，突出前瞻性和计划性，统筹安排好各类会议活动，做到务实精简、提高质量，更好推动各项决策部署落实落地。

同日 全省爱国卫生"7个专项行动"暨农村人居环境整治督办推进会议召开。会议提出，推动爱国卫生运动从环境卫生治理向全面社会健康管理转变、从以县城为主向城乡一体推进转变、从集中整治向常态长效转变。3月30日，省委办公厅、省政府办公厅发出通知，根据2020年全省爱国卫生"7个专项行动"考核结果，省委、省政府决定对曲靖市麒麟区等67个县（市、区）予以通报表扬，并分别给予5000万元资金奖励。4月8日至9日，全省爱国卫生"7个专项行动"暨农村人居环境整治提升现场推进会在曲靖召开。会议强调，要认真贯彻落实习近平总书记关于新时代爱国卫生运动、常态化疫情防控、全面推进乡村振兴等一系列重要指示精神，践行人民至上、生命至上，全面改善城乡人居环境，确保年底前全省129个县（市、区）达到国家卫生县城（城市）标准。

1月19日 省委、省政府应对疫情工作领导小组指挥部召开疫情防控工作视频调度会。会议强调，各地各部门要坚决守住云南省疫情防控的"四条底线":坚决守住边境地区不发生规模性输入的底线,坚决守住农村地区不发生聚集性疫情的底线,坚决守住城市地区不发生疫情扩散的底线,坚决守住冬春季不发生疫情暴发的底线。

1月20日 按照中央统一部署,省委常委班子召开2020年度民主生活会。会议强调,要带头旗帜鲜明讲政治作表率,树立忠诚干净担当良好形象。

1月21日 省委常委会召开扩大会议,传达学习中共中央政治局委员、国务院副总理胡春华同志在云南省督导巩固拓展脱贫攻坚成果工作的讲话精神,传达学习全国统战部长会议精神,研究全省贯彻工作,听取省人大常委会、省政府、省政协、省高级人民法院、省人民检察院党组工作汇报等。会议强调,坚决贯彻落实党中央决策部署,全力巩固拓展脱贫攻坚成果。会议审议并原则同意《云南省第五轮禁毒人民战争实施方案(2021—2025年)》。

同日 省委农村工作会议在昆明召开。会议强调,要深入学习贯彻中央农村工作会议精神特别是习近平总书记重要讲话精神,从讲政治的高度来看"三农"抓"三农",全力巩固拓展脱贫攻坚成果,全面推进乡村振兴,加快农业农村现代化。

1月25日 省政协十二届四次会议在昆明开幕。会议强调,要坚持以人民为中心的发展思想,真正做到人民政协为人民。

同日 省政府印发《关于促进经济平稳健康发展22条措施的意见》,从统筹疫情防控和经济社会发展、巩固拓展脱贫攻坚成果、坚定不移扩大内需、加快发展现代产业体系、拓展城乡区域协调发展新空间、激发市场主体活力、推动更高水平对外开放、优化营商环境8个方面提出了22条措施。

1月26日 省十三届人大四次会议在昆明开幕。省政府主要领导代表省人民政府向大会作政府工作报告。报告提出,2021年要做好以下重点工作：推进巩固拓展脱贫攻坚成果同乡村振兴有效衔接，全力推动产业强省建设，统筹做好"六稳""六保"和投资消费工作，加快创新型云南建设，大力推进基础设施建设，更大力度推进改革开放，大力推进区域协调发展和新型城镇化，持续抓好污染防治和生态建设，不断改善人民生活品质，牢牢守住安全底线。

1月27日《云南日报》报道，"十三五"时期，是云南省经济社会实现高质量、跨越式发展的重要时期。5年来，地区生产总值增速位居全国前列，经济总量实现历史性突破，在全国的排位从2015年第23位跃升到第18位；以"四个彻底转变"的革命性举措抓好九大高原湖泊保护治理，森林覆盖率提高到65.04%，城乡生态环境和人居环境明显改善，生态文明建设排头兵建设实现历史性突破；实现义务教育发展基本均衡，彻底消除中小学校C、D级危房；基层医疗卫生服务能力明显提升，覆盖城乡居民的社会保障体系基本建立；世界一流"三张牌"扎实推进，绿色能源成为第一大产业，高原特色农业全面提升，智慧旅游站到行业制高点，服务业撑起"半壁江山"；5年新增高速公路5000公里，迈入高铁时代，新增里程超过1000公里，基础设施建设实现历史性突破；城乡居民人均可支配收入不断增长，人民生活水平持续提高；民族团结进步示范创建成效显著，边疆治理体系和治理能力现代化水平不断提高；改革开放全面深化，面向南亚东南亚辐射中心建设迈出新步伐；政治生态全面修复净化，干事创业的精气神全面提振。

1月29日 省农业农村厅、省林业和草原局、省供销合作社联合社发出《关于命名2020年云南省省级农民合作社（联合社）示范社》的通知，确定昆明富民红山果种植专业合作社等195个农民合作社（联合社）为2020年度省级农民合作社（联合社）示范社，以先进典型引路，为全省农村合作社规范发展、质量提升发挥带头示范作用。

2月1日 《云南日报》报道，"十三五"时期，云南累计筹措安排资金675.98亿元，为易地扶贫搬迁各项建设任务提供财力保障。按中央政策规定的人均约5.8万元的标准，筹措安排576.36亿元支持"十三五"时期建设24.47万套安置房，实现99.6万建档立卡贫困搬迁人口全部搬迁入住，规模居全国第三。筹措86亿元资金支持易地扶贫搬迁安置点基础设施和公共服务设施建设等重点领域，投入11.36亿元用于支持安置点教育和医疗等配套设施建设，为搬迁群众"稳得住"打下基础。

同日 《云南日报》报道，自1996年中央确定上海市对口帮扶云南省以来，上海累计投入帮扶资金139.74亿元，实施帮扶项目13268个，有效助推了云南脱贫攻坚进程。上海蔬菜集团、上海农产品中心批发市场在云南11个州（市）建成18个蔬菜产销对接基地、3个市外蔬菜主供应基地，云南成为上海市农产品的重要来源地之一。

同日 《云南日报》报道，"十三五"以来，全省一般公共预算收入累计近1万亿元，年均增长4%。争取中央转移支付累计1.7万亿元，年均增长12%；中央财政安排云南省政府债券资金累计4312亿元，年均增长48.5%，中央财政对云南的支持达到历史新高。全省一般公共预算支出累计3.1万亿元，年均增长8.6%。其中，2020年全省地方一般公共预算支出逼近7000亿元大关，为全省经济社会发展提供了强有力的支撑。

同日 省委办公厅、省政府办公厅印发《关于深化新时代教育督导体制机制改革的实施意见》，提出到2022年，基本建成全面覆盖、运转高效、结果权威、问责有力的教育督导体制机制。

同日 省政府与中国宝武钢铁集团有限公司在昆明签署合作协议。根据合作协议，双方将在新材料、先进装备制造、现代物流园区、数字化和智慧化转型等领域寻求合作机会。宝武集团将扩大在滇投资，助推相关产业集聚发展，助力产业结构升级。

同日 即日起，云南省跨省异地长期居住人员和跨省临时外出就医人员，可通过国家医保服务平台 APP 和云南一部手机办事通 APP 等线上服务渠道实现掌上轻松快捷办理异地就医备案服务。备案成功后，便可在就医地所有异地就医联网定点医疗机构住院并直接结算。

2月2日 省委常委会召开扩大会议，传达学习 2021 年对台工作会议、全国老干部局长会议、全国编办主任会议、全国保密工作会议精神，研究云南贯彻工作；听取关于贯彻落实全国安全生产电视电话会议精神、全省推进爱国卫生"7个专项行动"工作情况汇报等。会议强调，要深入学习贯彻习近平总书记关于安全生产的重要论述，落实好李克强总理批示精神和全国安全生产电视电话会议工作部署，坚持人民至上、生命至上，树牢安全发展理念，坚决扛起"促一方发展、保一方平安"的政治责任。

同日 《云南日报》报道，2020年云南省贫困地区农村居民人均可支配收入 11740 元，增长 9%，增速分别比全国、全省农村居民平均增速高 2.1 和 1.1 个百分点。

同日 省委、省政府下发《关于对荣获全国文明城市称号的昆明市等9个城市予以嘉奖的通报》，决定对昆明市、普洱市、曲靖市、景洪市、石林县、楚雄市、澄江市、安宁市、腾冲市予以嘉奖。

2月3日 中国（云南）自由贸易试验区在昆明举行第一批联动创新区授牌仪式。第一批5个联动创新区分别是：昆明国家高新技术产业开发区、曲靖经济技术开发区、大理经济技术开发区、普洱国家绿色经济试验示范区、中国老挝磨憨—磨丁经济合作区。

同日 《云南日报》报道，"十三五"期间，全省林地面积达到 4.24 亿亩，森林蓄积量达到 20.67 亿立方米，森林覆盖率达到 65.04%。昆明、普洱、临沧、楚雄、曲靖、景洪荣获"国家森林城市"称号。全省累计建成国家森林乡村 235 个、省级森林乡村 1081 个，乡村绿化率达到 47.45%，超过国家和省确定的 2020 年达到 30% 的目标。

2月6日 工业和信息化部公布第五批制造业单项冠军企业（产品）名单，云南北方奥雷德光电科技股份有限公司、震安科技股份有限公司入选制造业单项冠军示范企业。至此，云南共有 3 户企业入选国家级制造业单项冠军示范企业，云南蓝晶科技有限公司于 2018 年入选。

2月8日 省政府常务会议召开，传达学习国务院常务会议精神，听取近期全省新冠肺炎疫情防控工作情况汇报，研究加强统计工作、规范农村供水管理、行政规范性文件清理、推进企业上市等工作。会议强调，要深入贯彻落实习近平总书记"节水优先、空间均衡、系统治理、两手发力"的治水方针，将农村供水事业纳入国民经济和社会发展规划，加强农村供水工程规划建设，建立健全长效运行管护机制，持续巩固提升农村饮水安全，全面提升水资源利用效率，促进农村供水事业持续健康发展，切实巩固拓展脱贫攻坚成果。

同日 省政府印发《云南省国民经济和社会发展第十四个五年规划和二〇三五年远景目标纲要》，提出"十四五"时期主要目标是：经济发展取得新成效；民族团结进步示范区建设达到新水平；生态文明建设排头兵取得新进展；面向南亚东南亚辐射中心建设迈出新步伐；社会文明程度得到新提高；边疆治理能力实现新提升。

2月9日《云南日报》报道，"十三五"期间，全省建筑业总产值和增加值实现双翻番，全省建筑业总产值、增加值累计分别达到 2.68 万亿元、1.19 万亿元，年均增长皆达到 15% 以上，较"十二五"

分别翻一番。全省建筑业税收累计1280亿元，占全省税收9%左右。

2月17日 《云南日报》报道，由中国矿业大学、中国应急管理学会与社会科学文献出版社联合发布的《公共安全感蓝皮书：中国城市公共安全感调查报告（2019）》中，昆明市城市公共安全感指数跃居全国省会城市首位。

2月18日 省政府常务会议召开，听取春节假日期间全省综合情况、近期全省新冠肺炎疫情防控工作情况汇报，研究国有金融资本管理、残疾预防和残疾人康复等工作。会议强调，要坚持以人民为中心的发展思想，加强残疾预防和残疾人康复工作。

2月19日 《云南省人民政府关于印发中国（德宏）跨境电子商务综合试验区实施方案的通知》发布，指出，到2025年，力争引进和培育100家跨境电子商务骨干企业，落地10家以上跨境电子商务领军企业，力争实现跨境电子商务进出口交易额达100亿元以上。

同日 《云南日报》报道，"十三五"期间，云南省科技创新能力显著提升，综合科技创新水平指数提升2位。全社会研究与试验发展经费投入总量实现翻番，排名从全国第23位提升到19位。

同日 省打造世界一流"绿色食品牌"工作领导小组会议召开。会议强调，要深入学习贯彻习近平总书记考察云南重要讲话精神，认真落实中央和省委农村工作会议精神，按照省委、省政府部署要求，持续发力、久久为功，全力打造世界一流"绿色食品牌"，坚定不移做强做优做大高原特色现代农业。

同日 深入推进"旅游革命"暨"一部手机游云南"工作领导小组会议召开。会议强调，要深入学习贯彻习近平总书记考察云南重要讲话精神，全面贯彻新发展理念，深化旅游供给侧结构性改革，纵深推进"旅游革命"，加快产业转型升级步伐，推动云南旅游业在"十四五"时期有大提升、上新台阶，实现高质量发展。

2月25日 全国脱贫攻坚总结表彰大会在北京人民大会堂隆重举行。中共中央总书记、国家主席、中央军委主席习近平向全国脱贫攻坚楷模荣誉称号获得者等颁奖并发表重要讲话,庄严宣布我国脱贫攻坚战取得了全面胜利。党中央、国务院决定,授予毛相林等10名同志、河北省塞罕坝机械林场等10个集体"全国脱贫攻坚楷模"荣誉称号,云南省张桂梅同志获"全国脱贫攻坚楷模"荣誉称号。中共中央总书记、国家主席、中央军委主席习近平为"全国脱贫攻坚楷模"荣誉称号获得者,丽江华坪女子高级中学党支部书记、校长,华坪县儿童福利院院长张桂梅颁授奖章、证书。全国脱贫攻坚总结表彰大会对全国脱贫攻坚先进个人和先进集体进行了表彰,云南省112名先进个人和85个先进集体受到表彰。

2月26日 省委常委会召开会议,学习习近平总书记在党史学习教育动员大会和全国脱贫攻坚总结表彰大会上的重要讲话,研究全省贯彻工作;听取关于建立"一平台、三机制"进展情况的汇报,审定乡村振兴重点帮扶县建议方案;审议2020年全省巡视巡察工作情况和2021年工作计划报告,听取十届省委第十二轮巡视情况汇报等。会议强调:要大力弘扬脱贫攻坚精神,巩固拓展脱贫攻坚成果,全面推进乡村振兴;要拿出实际行动,扎扎实实推进"一平台、三机制"建设,坚决守住任何情况下都不发生规模性返贫的底线。

同日 《云南日报》报道,云南省通过兜住"义务教育有保障"底线、拓展贫困家庭子女入学渠道、职业教育扶智"造血"等多项举措,全力打赢打好教育脱贫攻坚战。其中,全省义务教育阶段建档立卡贫困户学生辍学问题已得到历史性解决,实现动态清零。2016年至2020年,中央财政对云南省拨付乡村教师生活补助奖补资金共计22.71亿元,12.58万名乡村教师获得补助。

同日 全省开展党史学习教育动员大会在昆明召开。

2月27日 《云南省农村供水管理办法》出台，自2021年5月1日起施行。《办法》的出台填补了云南省农村供水管理方面的立法空白，以法规形式推进解决农村供水方面存在的突出问题。

同日 《云南日报》报道，中国（云南）自由贸易试验区昆明片区全区地区生产总值由2015年的304.4亿元增加至2020年的520.4亿元，年均增长10.2%。主营业务收入由2015年的1320亿元增加至2020年的2218亿元，累计增长68%。规模以上工业增加值由2015年的108.7亿元增加至2020年的154.6亿元，年均增长9.7%。一般公共预算收入由2015年的29.8亿元增加至2020年的42.3亿元，累计增长41.9%。注册企业18448户，其中内资企业18370户，外资企业78户。累计引进世界500强及分支机构扩大到58家。

同日 云南省医疗系统首家医疗收费电子票据系统在昆明医科大学第一附属医院上线运行。

3月7日 中共中央政治局常委、中央书记处书记王沪宁在参加十三届全国人大四次会议云南代表团审议时强调，要深入贯彻习近平总书记重要指示精神，在推动高质量发展上迈出新步伐。

3月8日 《云南日报》报道，"十三五"时期，全省农村居民人均可支配收入从2015年的8242元增加至2020年的12842元，年均增长9.3%，增速高于全国农村0.9个百分点。与2010年相比，2020年全省农村居民人均可支配收入扣除价格影响，10年累计实际增速为134%，高于全国农村累计实际增速22个百分点，超额完成2010—2020年云南农村居民人均收入增长翻一番的全面建成小康目标任务。

3月9日 《云南日报》报道，"十三五"以来，全省城镇居民人均可支配收入由2015年的26373元提高到2020年的37500元，累计增长42.2%，年均增长7.3%，高于全国城镇居民0.3个百分点。

2010—2020年城镇居民收入实际增长87.6%，高于同期全国城镇居民5.5个百分点。与此同时，全省城镇居民人均消费支出由2015年的17675元增加到2020年的24569元，增长39%，年均增速6.8%，高于全国城镇平均水平2个百分点。

3月10日 云南省人民政府办公厅印发《云南省切实解决老年人运用智能技术困难的工作方案》，针对老年人日常生活涉及的高频事项和服务场景，提出40条具体措施和要求，破解老年人运用智能技术难题。

3月12日 《云南省残疾预防和残疾人康复规定》颁布。本规定自2021年5月1日起施行。

3月14日 《云南日报》报道，"十三五"以来，全省工业综合实力迈上更高台阶，工业总量突破5000亿元大关，全部工业增加值从2016年的4087.54亿元增长至2020年的5457.96亿元。工业总量全国排名从第23位上升至第19位，全部工业增加值年均增长8%，增速位列全国第一梯队，有力支撑了全省经济社会快速发展。

3月15日 《云南日报》报道，"十三五"期间，云南省新增供水能力22亿立方米，新增蓄水库容17亿立方米。完成水土保持重点工程治理面积2.54万平方公里，超额完成目标任务。农田灌溉水有效利用系数从0.45提高至0.492，万元GDP用水量、万元工业增加值用水量分别下降29%、42.9%，水资源利用效率和效益明显提升。普洱市通过验收成为首批国家水生态文明城市。

3月16日 省委常委会召开会议，研究巩固拓展脱贫攻坚成果、全面推进乡村振兴、加快农业农村现代化和"美丽县城""特色小镇"建设等工作。会议强调，要加强党对"三农"工作的全面领导，健全完善乡村振兴工作体制机制。党政主要负责人要亲自研究推动乡村振兴工作，县委书记要把主要精力放在抓好"三农"工作上，当好乡村振兴的"一线总指挥"。

同日 《云南日报》报道,"十三五"以来,全省交通运输系统以"三区三州"等深度贫困地区为主战场,组织实施交通运输脱贫攻坚战。5年来,云南累计投资约9800亿元,建设公路11.5万公里。其中,新改建农村公路10.7万公里,完成固定资产投资908亿元,为新中国成立以来云南省5年规划最高值。5年间,全省累计建成自然村通硬化路约5.8万公里,实现81298个自然村通硬化路,自然村通硬化路率由2015年底的不足20%上升至51.53%;完成边远山区199座"溜索改桥"项目,15个州(市)、2153个村小组、122.9万群众告别"溜索时代"。全省所有乡(镇)和建制村100%通硬化路、100%通邮,具备条件的建制村100%通客车,"三通"任务如期实现。

同日 省政府与华为技术有限公司在昆明签署战略合作协议。双方将进一步加强工作对接,聚焦数字经济、数字政府、数字社会、数字城市,在云南尽快落地一批高质量合作项目,助力"数字云南"建设,实现共同发展。

3月17日—18日 省委、省政府召开昆明现场办公会。会议强调,昆明市要立足新发展阶段、贯彻新发展理念、构建新发展格局,务实重干、砥砺奋进,成为云南经济社会发展排头兵、火车头。

3月18日 《云南省人民政府关于授予王洪涛等10名同志云南省第三届工业发展杰出贡献奖的决定》发布。

3月19日 《云南日报》报道,"十三五"期间,云南铁路货运量高位增长,累计发送货物2.96亿吨,与"十二五"末相比,增加6000万吨以上,增长8.1%。"十三五"期间,共计开工建设铁路项目7个、投产运营11个,营业里程由2974公里增至4123公里,"八出省五出境"骨架网络基本成型,完善的路网结构为铁路货运发展奠定了坚实基础。

同日 云南省推进政府职能转变和"放管服"改革协调小组暨优化营商环境领导小组会议在昆明举行。会议强调,努力推动云南深化"放管服"改革、优化营商环境工作迈上新台阶。

3月23日 省委常委会召开会议,学习贯彻习近平总书记有关重要指示精神,听取《生物多样性公约》第十五次缔约方大会云南筹备工作情况等汇报,研究部署生态环境保护、九大高原湖泊保护治理等工作。会议强调,以强烈使命感、责任感抓好生态环境保护。

3月25日 云南省湖泊保护治理工作会议在大理召开。会议强调,要深入学习贯彻习近平生态文明思想和习近平总书记考察云南重要讲话精神,牢记总书记殷殷嘱托,以革命性举措抓好高原湖泊保护治理。

3月26日 省委、省政府召开大理现场办公会。会议强调,大理白族自治州要找准奋斗目标、加快自身发展,走一条以绿色为底色的高质量发展之路,在全省经济发展中发挥带头支撑作用。

同日 《云南日报》报道,"十三五"时期累计完成移民搬迁安置10.815万人,搬迁安置和后扶投资631.78亿元,分别占工作计划的125.18%、43.58%。

3月27日 昆明医科大学第三附属医院(云南省肿瘤医院)肺癌罕见突变靶向门诊授牌仪式举行。这是云南首家肺癌罕见突变靶向门诊。

3月28日 省政府发布《关于命名"云南省美丽县城""云南省特色小镇"的通知》,命名弥勒市等16个县(市)为"云南省美丽县城",命名安宁温泉小镇等为"云南省特色小镇"。至此,云南省"美丽县城"已达36个,"特色小镇"达27个。5月26日至27日,全省"美丽县城""特色小镇"建设工作现场推进会在弥勒召开,为获得"云南省美丽县城""云南省特色小镇"称号的16个县(市)和6

个小镇授牌。会议强调，要有强烈的历史抱负、历史情怀、历史责任，按照"世界一流、中国唯一"标准，深入推进"美丽县城""特色小镇"建设，打造传世之作、世界经典之作。

3月28日—29日 高黎贡山生态保护及边境安全会议在腾冲召开。会议强调，要深入学习贯彻习近平生态文明思想，认真贯彻落实习近平总书记关于生物安全的重要指示精神，坚决扛起历史责任，应急谋远相结合，标本兼治两不误，持之以恒抓落实，坚决保护好高黎贡山生物生态安全，牢牢守住国家西南生物生态安全的第一道屏障。

3月31日 省十三届人大常委会第二十三次会议在昆明闭幕。会议表决通过了省人大常委会关于修改《云南省县乡两级人民代表大会代表选举实施细则》的决定、关于废止《云南省和顺古镇保护条例》的决定，批准了《保山市和顺古镇保护条例》《曲靖市城市管理综合行政执法条例》《云南省楚雄彝族自治州养老服务条例》《云南省红河哈尼族彝族自治州建水历史文化名城保护管理条例》《云南省江城哈尼族彝族自治县传统村落保护条例》。

同日 云南省正式启动《云南省文化和旅游行业文明建设"彩云行动"三年计划（2021—2023年)》的实施工作，将开展"语言美、行为美、形象美、放心食、安心住、顺心行、舒心游、称心购、开心娱、众参与"10个专项行动，全力塑造云南旅游文化业"爱国、守法、诚信、文明、热情"新形象。

同日 文山壮族苗族自治州城市轨道交通现代有轨电车4号线（含支线）一期工程正式进入试运行。该项目是高海拔、高落差、高地质状况要求下实施的国内首个县级城市有轨电车项目，也是国内首条高铁站直达景区的便捷式城市有轨电车。

4月1日 省总工会召开云南省脱贫攻坚和易地扶贫搬迁安置工作省五一劳动奖表彰大会。经省委、省政府批准，省总工会授予昭通市扶贫开发办公室等9个单位云南省五一劳动奖状,肖云峰等50名职工云南省五一劳动奖章;授予在全省易地扶贫搬迁安置工作中作出突出贡献的昭通市人力资源和社会保障局等30个单位云南省五一劳动奖状,王顺帮等60名职工云南省五一劳动奖章;授予在全省易地扶贫搬迁安置点建设项目劳动竞赛中表现优异的云南建投第四建设有限公司等4个单位云南省五一劳动奖状,黄路华等19名职工云南省五一劳动奖章,云南建投第四建设有限公司直管十一部等19个集体云南省工人先锋号。

4月5日 《云南日报》报道,从2011年《中国妇女(儿童)发展纲要(2011—2020年)》和《云南妇女(儿童)发展规划(2011—2020年)》颁布以来,云南省妇幼健康主要指标完成良好,全省妇女儿童健康水平大幅提高。2020年,全省孕产妇死亡率12.42/10万,5岁以下儿童死亡率6.89‰,两个死亡率均创历史新低,连续第三年优于全国同期平均水平;新生儿破伤风彻底消除;全省孕产妇住院分娩率达到99.87%,基本实现全覆盖;婚前医学检查率持续优于全国平均水平;新生儿疾病筛查从无到有,已覆盖全省所有新生儿;出生人口性别比升高趋势得到有效遏制,持续下降接近世界卫生组织推荐的正常出生性别比范围;全省妇女常见病筛查率达到88.83%,超过全国平均水平。

4月6日 白鹤滩水电站开始蓄水。电站建成后,成为我国仅次于三峡水电站的第二大水电站。

同日 《云南日报》报道,"十三五"期间,省财政厅从省级工业和信息化发展专项资金中安排资金1.5亿元,直接支持汽车产业建设项目36个。同时,安排中央和省级补助资金12.5亿元,支持新能源汽车推广应用和新能源公交车运营补贴。通过从供给和需求两端共同发力,圆了云南人的汽车梦。

同日 《云南日报》报道,"十三五"期间,云南省水路交通完成固定资产投资51.42亿元,是"十二五"时期的2.4倍,新增和改善航道855公里,通航里程突破5000公里,水运投资再创历史新高,水路交通运输发展向前迈进了一大步。

4月8日 省委、省政府召开曲靖现场办公会。会议强调,曲靖市要明确目标定位,找准科学路径,形成加快发展的共识,上下一心、团结奋斗,埋头苦干、艰苦奋斗,建设成为名副其实的云南副中心城市和滇中城市群重要增长极。

4月10日 《云南日报》报道,2018年至2020年,云南省通过开展农村"厕所革命",新建改建农村无害化卫生户厕339.37万座、行政村村委会所在地无害化卫生公厕11194座,超额完成云南省"厕所革命"三年行动目标任务。

4月11日 省委决定追授在办案一线牺牲的临沧市公安局禁毒支队民警张子权同志为"云南省优秀共产党员"。4月下旬,云南省委作出《关于向张从顺、张子权同志学习的决定》,决定在全省组织开展向"云岭楷模"、云南省优秀共产党员张从顺、张子权学习活动。5月26日,"云岭楷模"张从顺、张子权同志先进事迹报告会在昆明举行。

4月12日 《云南日报》报道,国务院国资委发布2020年国有企业数字化全国100个典型案例名单,云南建投物流公司"云上营家"供应链平台榜上有名,成为云南省唯一入选企业。

同日 《云南日报》报道,"十三五"期间,云南省印发《云南省农村饮水安全脱贫攻坚推进方案》,先后制定了解决"两不愁三保障"突出问题专项巡视整改方案、脱贫攻坚百日总攻等系列实施方案,为精准推进农村饮水安全脱贫攻坚工作提供了行动指南。巩固提升了1963.1万农村人口的饮水安全保障水平,其中建档立卡贫困人口 280.5 万人。农村集中供水率从 2015 年底的 83% 提高到 2020 年的 96.7%，自来水普及率从 2015 年底的 77.7% 提高到 2020 年的 95.5%，农村饮用水水质合格率明显提升。

同日 云南电网 500 千伏昭阳（明通）输变电工程一期 3 号主变成功投运，是云南省建成的首座 500 千伏智能变电站。

4月13日 省委常委会召开会议，传达学习习近平总书记在中央财经委员会第九次会议上的重要讲话、习近平总书记对深化东西部协作和定点帮扶工作的重要指示以及全国东西部协作和中央单位定点帮扶工作推进会精神等，研究全省贯彻意见。会议强调，抓住碳达峰、碳中和机遇，建设绿色云南，持续深化东西部协作和定点帮扶工作。

同日 省委国家安全委员会召开全体会议。会议强调，要坚持总体国家安全观，坚持系统思维，构建大安全格局，坚决维护以政权安全、制度安全为核心的政治安全，坚决维护边境安全、经济安全、社会安全、生物生态安全，坚决守住各领域安全防线，为庆祝建党100周年营造良好氛围。

同日 《云南日报》报道，由昆明医科大学申报、该校与泰国玛希隆大学合作举办的护理学专业本科教育项目获教育部和省教育厅批准，成为云南省首个获得国家批准的医学类中外合作办学项目。

4月14日 中国（云南）自贸试验区昆明片区的昆明电力交易中心成功为隆基绿能科技有限公司开出全国首张"绿色用电凭证"。

4月15日—16日 省委、省政府召开迪庆现场办公会。会议强调，要全面贯彻新时代党的治藏方略，努力把迪庆藏族自治州建设成为民族团结进步示范区的标杆、世界的"香格里拉"。

4月16日 《云南日报》报道，截至2月底，全省14570个村（社区）党组织、14573个村（居）民委员会全面完成换届选举，均一次性选举成功。截至3月22日，全省7.78万个村（居）民小组党支部换届选举、17.84万个村（居）民小组干部推选、村级配套组织换届选举全面完成，全省村（社区）"两委"换届选举工作圆满完成。此次换届，共选举产生了14570名新一届村（社区）党组织书记，为推动云南"十四五"开好局起好步、巩固脱贫攻坚成果、接续推进乡村振兴提供了坚强组织保障和有力人才支撑。

同日 人民普惠保（普洱）"医保＋商业医保"直赔项目试点建设与运营在普洱市完成第一期测试，实现成功赔付。这是全国首个搭建完成的地级市区域内全覆盖的"医保＋商业医保"直赔体系网络。

4月19日 省政府常务会议召开，传达学习国务院常务会议精神，听取中央生态环境保护督察交办问题整改、全省一季度经济运行和新冠肺炎疫情防控工作情况汇报，研究部署有关工作。会议强调，坚决抓好中央生态环境保护督察交办问题整改，坚定信心确保完成全年经济社会发展目标任务，要扎实有效抓好常态化疫情防控，全面加强防控能力建设，切实筑牢祖国西南安全屏障。

4月20日 省委常委会召开会议，传达学习习近平总书记对职业教育工作的重要指示及全国职业教育大会精神，学习长江保护法、生物安全法，听取关于中央生态环境保护督察交办问题整改工作情况的汇报、关于全省一季度经济运行情况及下一步工作措施建议的汇报等，研究部署相关工作。会议强调，认真抓好中央生态环保督察交办问题整改，坚定不移贯彻新发展理念推动高质量发展。

4月21日 重庆市、四川省、贵州省、云南省、西藏自治区在昆明签署《协同推进西南五省（区、市）政务服务"跨省通办"合作协议》，着力优化营商环境，更好地满足五省（区、市）市场主体和人民群众异地办事需求。

4月22日—23日 省委、省政府召开怒江现场办公会。会议强调，要清楚历史方位、认清奋斗目标，重整行装再出发，以滚石上山的精神，把怒江傈僳族自治州建设成为脱贫致富示范区、生物多样性保护核心区、世界级高山峡谷旅游胜地。

4月24日 全省深化"放管服"改革优化营商环境电视电话会议召开。会议强调，要深入学习贯彻习近平总书记关于优化营商环境的重要论述，树牢抓"放管服"改革就是抓营商环境、抓营商环境就是抓发展的鲜明导向，推动思想解放、政策创新，持续解放生产力、增强创造力、提高竞争力，用高质量营商环境为高质量发展保驾护航。

4月25日 建设"数字云南"领导小组召开会议。会议强调，科学统筹规划协调，确保项目实用管用。

4月26日 省委组织部、省委宣传部，省自然资源厅、省发改委等9家部门联合印发《关于开展"干部规划家乡行动"的通知》，在全省范围内广泛动员国家公职人员深入基层为民办实事、服务基层发展，充分发动和依靠群众，编制"多规合一"的实用性村庄规划，促进乡村振兴。"干部规划家乡行动"，自2021年起，利用3年时间，按照2021年底前完成30%、2022年底前完成40%、2023年完成其余30%的计划，完成全省行政村、农村社区村庄规划编制。

4月27日 云南省召开"双报到双服务双报告"工作视频培训会，把"双报到双服务双报告"工作，作为党史学习教育中"我为群众办实事"实践活动的有效载体和构建党建引领共建共治共享城市基层治理格局的重要举措，在全省县级及以上部门（单位）党组织和在职党员中全面启动。

4月28日 赤水河流域（云南段）生态环境保护治理工作现场会在镇雄举行。会议强调，要坚持以习近平生态文明思想为指引，认真贯彻落实习近平总书记重要指示批示精神，坚定扛起扛牢赤水河流域保护治理的政治责任，全力抓好赤水河流域生态环境保护工作，为长江大保护作出云南应有的贡献。

4月29日 云南省脱贫攻坚总结表彰大会在昆明隆重举行。会议强调，要深入学习贯彻习近平总书记在全国脱贫攻坚总结表彰大会上的重要讲话和考察云南重要讲话精神，大力弘扬伟大脱贫攻坚精神，巩固拓展脱贫攻坚成果，全面推进乡村振兴，朝着全面建设社会主义现代化、实现第二个百年奋斗目标奋勇前进。大会对1495名云南省脱贫攻坚先进个人和794个云南省脱贫攻坚先进集体进行表彰。

同日 云南省第二十三届劳动模范和先进工作者表彰大会在昆明隆重举行。会议强调，要深入学习贯彻习近平总书记在全国劳动模范和先进工作者表彰大会上的重要讲话精神，要立足新发展阶段、贯彻新发展理念、构建新发展格局，大力弘扬劳模精神、劳动精神、工匠精神，充分发挥工人阶级和广大劳动群众主力军作用，万众一心开创美好未来。

同日 省委、省政府召开昭通现场办公会。会议强调，昭通市要准确把握自身在全省乃至全国发展大局中的特点，科学谋划未来发展路径，努力成为脱贫致富示范区、生态保护修复排头兵、滇东北开发开放新高地。

同日 省医保局会同省卫健委、省总工会、省税务局等部门联合发布"惠民利民"医保政策涵盖医保谈判药门诊待遇保障、"两病"门诊用药保障、新冠肺炎出院患者门诊康复管理和退休人员医保待遇四个方面的内容。从5月1日起，云南将针对群众关心的谈判药门诊用药负担重的问题制定专门的报销政策，门诊报销比例将达到70%左右，让患者吃得起药。

4月 省委组织部印发《"万名人才兴万村"行动方案》，启动云南"万名人才兴万村"行动。

5月6日 省委常委会召开会议,学习中央政治局会议和习近平总书记在广西考察时重要讲话精神,研究中央生态环境保护督察组指出问题立行立改工作等。会议强调:要深入学习贯彻习近平总书记考察广西重要讲话精神,坚决守住不发生规模性返贫这条底线,全面推进乡村振兴,坚定不移走生态优先、绿色低碳的高质量发展之路;把贯彻落实习近平生态文明思想具体化,以实际成效践行"两个维护"。会议审议并原则同意《云南省中长期人才发展规划(2021—2030年)》《云南省人民政府2021年立法工作计划(草案)》。

同日 《云南日报》报道,"十三五"期间,云南第一产业增加值从"十二五"末的全国第14位进到第9位。2018年以来,全省茶叶、花卉、蔬菜、水果、坚果、咖啡、中药材、肉牛8个"绿色食品牌"重点产业综合产值保持了16%的年均高速增长,走出了一条具有云南特色的农业发展之路。

5月7日 全省民族团结进步创建工作现场推进会在昆明召开。会议强调,以铸牢中华民族共同体意识为核心要义,推动民族团结进步示范区建设不断取得新进展。

5月9日 省政府常务会议召开,传达学习国务院常务会议精神,通报省政府代表团赴海南参加中国国际消费品博览会和学习调研情况,听取中央生态环境保护督察交办问题整改、脱贫攻坚普查、新冠肺炎疫情防控工作等情况汇报,研究边境小康村建设等工作。会议强调,要用好脱贫攻坚普查成果,大力宣传脱贫攻坚取得的伟大成就,严格落实"四个不摘"要求,不断巩固拓展脱贫攻坚成果,牢牢守住防止规模性返贫底线。

同日 省滇中引水工程建设管理领导小组会议召开。会议强调,要深入贯彻习近平总书记"节水优先、空间均衡、系统治理、两手发力"的治水方略,提速一期工程、全面开工二期工程,全力打造"安全、优质、生态、民心、廉洁"千年精品工程。

5月10日—11日 省委、省政府召开临沧现场办公会。会议强调，临沧市要找准路径，万众一心，以更大的决心和魄力，拿出超常规发展的举措，努力成为乡村振兴示范区、兴边富民示范区、国家可持续发展示范区。

5月12日 省委、省政府召开保山现场办公会。会议强调，保山市要坚定不移沿着习近平总书记指引的方向砥砺前行，坚定信心、加压奋进，努力成为世界一流"三张牌"示范区、兴边富民示范区、国际文化旅游胜地。

5月13日 国内首家茶树演化自然博物馆在云县白莺山挂牌。白莺山茶园总面积5.6万余亩，有野生型、栽培型和过渡型古茶树12个品种200多万株，完整记录了茶树从野生到半野生再到人工栽培的驯化进程。

同日 云南首届乡村振兴文化旅游节在昆明启动。

5月13日—14日 省委、省政府召开德宏现场办公会。会议强调，德宏傣族景颇族自治州要明确目标、找准路径、埋头苦干、艰苦奋斗，努力成为乡村振兴示范区、沿边开放示范区、民族团结进步示范区。

5月14日 云南省第七次全国人口普查主要数据发布。普查数据显示：全省总人口为4720.9万人，居全国第12位，占全国人口总量的3.34%。常住人口城镇化率持续提高，受教育程度进一步提高，性别结构改善，老龄化程度加深。

5月17日 《云南省人民政府办公厅关于印发云南省巩固提升农村供水保障水平实施方案的通知》发布，提出，到2025年底，全省农村自来水普及率达到全国平均水平，初步形成专业化管理、企业化经营、社会化服务的农村供水运营管理格局，农村供水保障水平明显提高。

5月18日　省委常委会召开会议,传达学习习近平总书记在中央政治局第二十九次集体学习时的重要讲话,听取关于中央生态环境保护督察交办问题整改工作情况汇报等,研究部署相关工作。会议强调,忠诚践行习近平生态文明思想,来一场"湖泊革命"。

同日　贫困治理与现代化发展国际论坛在怒江傈僳族自治州举行。论坛认为,云南省作为中国脱贫攻坚的主战场之一,怒江州作为中国"三区三州"深度贫困地区之一,如期消除绝对贫困的巨大变化,是中国脱贫攻坚历史进程中的一个典型案例,也是脱贫攻坚中国经验的生动诠释。

同日　2021年中国云南省与越南老街、河江、莱州、奠边省以视频形式举行省委书记会晤。会议签署了《2021年中国云南省与越南老街、河江、莱州、奠边省委书记会晤纪要》。

5月20日—21日　省委、省政府召开西双版纳现场办公会。会议强调,西双版纳傣族自治州要锚定目标、坚定信心,努力建设成为世界旅游名城、沿边开放示范区、民族团结进步示范区。

5月21日　5月21日21时48分,大理州漾濞县(北纬25.67度,东经99.87度)发生6.4级地震,震源深度8公里。地震发生后,习近平总书记、李克强总理等中央领导同志作出重要批示要求。省委、省政府主要领导要求大理州和省级有关部门千方百计搜救群众,抓紧查实灾情,统筹各方面力量迅速开展抗震救灾,确保群众生命财产安全,做好安抚群众工作,加强地震监测,按照预案科学有序开展各项工作。6月16日,大理漾濞"5·21"地震灾后恢复重建工作启动仪式在漾濞县举行,根据《大理州漾濞县"5·21"地震灾后恢复重建规划》,漾濞县初步规划灾后恢复重建项目9个专项67个项目,涉及民房恢复重建、基础设施建设、市政设施建设、次生灾害综合治理、历史文化名城保护等内容。

同日 《云南省人民政府办公厅关于印发云南省加强全民健身场地设施建设发展群众体育若干措施的通知》发布。

5月24日 《云南日报》报道，云南第一产业增加值由2015年末的2055.71亿元提高到2020年的3598.91亿元，年均增长5.84%，由全国第14位提升到第9位，首次进入全国前10，占全国第一产业增加值比重由3.56%提升到4.63%。

5月25日 省委常委会召开会议，传达学习习近平总书记在中央政治局会议上关于一季度经济形势的重要讲话，听取关于大理漾濞6.4级地震抗震救灾工作情况汇报，研究建设现代化边境小康村、加强边疆党建长廊建设和新时代少先队工作等。会议强调，要坚决克服困难推动经济高质量发展，始终把人民群众生命安全放在第一位。会议审议并原则通过《云南省建设现代化边境小康村规划（2021—2025年）》《关于进一步加强边疆党建长廊建设深化抓党建促强边固防工作的意见》。

同日 中国（云南）自贸试验区昆明片区管委会与中老磨憨—磨丁经济合作区管委会签订《联合创新合作协议》。根据协议，双方将在创新跨境商事服务、推进跨境产能合作、促进跨境电商发展、联通跨境物流通道、推动教育医疗旅游合作、加强人才交流合作、推进服务贸易发展、推进跨境园区建设8个方面创新联动发展。

同日 《云南日报》报道，"十三五"期间，全省人均期望寿命从2015年的72.76岁提升到2020年的75.26岁，是全国进步幅度最大的省份。孕产妇死亡率从2015年的23.63/10万下降到2020年的12.42/10万，婴儿死亡率从2015年的8.7‰下降到2020年的4.73‰，持续优于全国平均水平。

5月27日 《云南省人民政府办公厅关于做好防汛抗旱减灾救灾

工作的通知》发布。

5月27日—28日 省委、省政府召开红河现场办公会。会议强调，红河哈尼族彝族自治州要立足新发展阶段、贯彻新发展理念、构建新发展格局，实现高质量发展，努力成为世界一流"三张牌"示范区、沿边开放示范区、民族团结进步示范区。

5月28日 《云南日报》报道，"十三五"以来，省委、省政府把畜牧业作为骨干支柱产业来建设，把畜牧业作为农民脱贫增收致富的大产业来培植。2020年，云南猪牛羊禽肉类总产量达416.04万吨，比2019年增长2.9%；牛奶产量67.3万吨，5年间年均增长5.2%；禽蛋产量41.8万吨，5年间年均增长8%。2020年云南农村居民人均经营净收入中，畜牧业收入为1433元，占农村居民人均经营净收入的22%。

同日 《云南日报》报道，"十三五"时期，云南居民消费价格总水平累计上涨10.5%，年均上涨1.6%，比"十二五"时期年均上涨1.76%缩小0.16个百分点。

同日 省十三届人大常委会第二十四次会议在昆明闭幕。会议表决通过省人大常委会关于修改《云南省奖励和保护见义勇为人员条例》的决定，批准了《云南省德宏傣族景颇族自治州旅游条例》《云南省德宏傣族景颇族自治州城市建设管理条例（修订）》《云南省孟连傣族拉祜族佤族自治县南垒河流域保护条例》《云南省双江拉祜族佤族布朗族傣族自治县古茶树保护管理条例（修订）》。

同日 省十三届人大常委会第二十四次会议表决通过《云南省赤水河流域保护条例》《云南省人民代表大会常务委员会关于加强赤水河流域共同保护的决定》。《条例》和《决定》于2021年7月1日起正式施行。

5月30日 全省巩固拓展脱贫攻坚成果同乡村振兴有效衔接工

作座谈会在昆明召开。会议强调,要深入学习贯彻习近平总书记关于巩固拓展脱贫攻坚成果同乡村振兴有效衔接的重要指示批示精神,落实党中央决策部署和省委、省政府工作安排,巩固拓展脱贫攻坚成果,全面推进乡村振兴,促进农业强农村美农民富。

5月31日 全省加强换届风气和干部选拔任用监督暨选人用人巡视检查问题整改工作推进会在昆明举行。会议强调,要绷紧严明换届纪律这根弦,保持思想不松懈、工作不松劲、作风不松弛,一鼓作气抓严抓实换届风气监督工作,始终保持整治不正之风高压态势,确保换届风气清明清正清新。

同日 省政府常务会议召开,传达学习国务院常务会议精神,听取大理漾濞地震抗震救灾、全省食品安全工作情况汇报,研究建立健全扶志扶智长效机制、全面推行林长制、加强社区矫正等工作。会议强调:要深入学习贯彻习近平总书记重要指示和李克强总理等中央领导批示精神,坚持人民至上、生命至上,继续做好大理漾濞地震受灾群众基本生活保障、灾情核查评估、次生灾害防范、灾区新冠肺炎疫情防控和灾后卫生防疫等工作;要加快建立健全扶志扶智长效机制,不断巩固拓展脱贫攻坚成果;要认真践行"两山"理念,明确主体责任,加快建立林长制责任体系。

6月1日 省委常委会召开会议,传达学习习近平总书记在两院院士大会、中国科协第十次全国代表大会上的重要讲话和致世界环境司法大会贺信精神,学习《中国共产党组织工作条例》,研究支持昆明高质量发展、加强食品安全、深入开展爱国卫生运动等工作。会议审议并原则同意《关于支持昆明高质量发展的若干意见》《关于深入开展爱国卫生运动的实施意见》《云南省行政复议体制改革实施方案》。

同日 《云南省人民政府办公厅关于建立健全养老服务综合监管

制度促进养老服务高质量发展的实施意见》发布。

6月2日 《云南省人民政府关于2020年度科学技术奖励的决定》发布。

同日 全国深化"放管服"改革着力培育和激发市场主体活力电视电话会议结束后,省政府召开全省电视电话会议,安排部署贯彻落实工作。会议强调,要深入学习贯彻习近平新时代中国特色社会主义思想和习近平总书记考察云南重要讲话精神,按照李克强总理讲话要求,持续深化"放管服"改革,着力培育和激发市场主体活力,让全省市场主体多起来大起来活起来强起来。

6月3日 省生态环境厅发布《2020年云南省环境状况公报》显示:2020年全省环境空气质量继续保持优良,主要河流水质保持稳定,湖泊、水库水质总体良好。全省自然生态环境状况总体为优,植被覆盖度总体较好、生态系统相对稳定、生物多样性丰富。

6月7日 省委常委会召开会议,听取关于全省第一批政法队伍教育整顿进展情况的汇报,审议《中央第十二督导组督导云南省第一批政法队伍教育整顿中期反馈意见整改方案》,研究部署有关工作。

6月8日 云南省党政代表团赴上海学习考察,与上海市共同举行上海云南对口协作第二十四次联席会议,贯彻落实习近平总书记关于深化东西部协作重要指示精神,学习上海改革开放和经济社会发展经验,对接交流沪滇协作工作。

同日 全省首个"新居民之家"落户呈贡,为居住在呈贡区的流动人员提供了一个找得到、办得了事的综合性服务管理场所。

6月9日 全国"人社服务快办行动"首批试点——昆明市"智慧人社"综合服务平台在呈贡正式上线。这是全省范围内首次使用"智慧人社",实现人社系统全业务无差别、一体化公共服务。

6月10日—11日 省委、省政府召开普洱现场办公会。会议强调，普洱市要发挥优势，找准路径，埋头苦干、艰苦奋斗，努力建设成为绿色经济示范区、兴边富民示范区、国际生态旅游胜地。

6月11日 《云南日报》报道，国务院公布了第五批国家级非物质文化遗产代表性项目名录，云南23个项目上榜。其中，都玛简收、独龙族民歌、阿数瑟、宣抚司礼仪乐舞、傣族白象马鹿舞、昭通端公戏、白族吹吹腔、大本曲、打陀螺、佤族织锦技艺、银胎掐丝珐琅器制作技艺、云南围棋子（云子、永子）制作技艺、德昂族酸茶制作技艺、砍扎扎节、特懋克节、三多节、普米族拈达则封山仪式、阔时节、傣族服饰（花腰傣服饰）19项入选第五批国家级非物质文化遗产代表性项目名录，纳西族童谣、四筒鼓舞、彝族花鼓舞、腾冲玉雕4项入选扩展项目名录。

6月15日 省政府常务会议召开，传达学习国务院常务会议精神，听取端午节假日期间全省综合情况、楚雄双柏和德宏盈江抗震救灾工作情况汇报，研究乡村振兴、兴水润滇、消防安全、北移亚洲象群安全防范等工作。会议强调，要贯彻落实乡村振兴促进法和继续做好抗震救灾工作。

同日 省政府召开全省安全生产电视电话会议。会议强调，要深入学习贯彻习近平总书记关于安全生产的重要论述和对湖北十堰燃气爆炸事故作出的重要指示精神，压实责任，全力做好防风险、保安全、护稳定工作，为庆祝建党100周年营造良好安全稳定环境。

6月16日—17日 省委、省政府召开楚雄现场办公会。会议强调，楚雄彝族自治州要明确目标定位，找准正确路径，拿出具体措施，努力建设成为滇中崛起增长极、现代农业示范区、民族团结进步示范区。

6月22日 省委常委会召开会议，学习贯彻习近平总书记对滇池保护治理的重要指示精神、在中央政治局第三十次集体学习时的重要讲话以及关于湖北十堰燃气爆炸事故的重要指示精神，听取关于贯彻落实全国和全省安全生产电视电话会议精神及云南省危险化学品安全生产工作情况的汇报等，研究部署相关工作。会议强调，要深入学习贯彻习近平生态文明思想，把生态环境突出问题坚决彻底全面整改到位。

6月23日—24日 省委、省政府召开玉溪现场办公会。会议强调，玉溪市要深入分析市情特点，明确目标定位和发展路径，努力建设成为滇中崛起增长极、乡村振兴示范区、共同富裕示范区。

6月25日 中国共产党成立100周年云南省优秀共产党员、优秀党务工作者、先进基层党组织表彰大会在昆明隆重举行。会议强调，要深入学习贯彻习近平新时代中国特色社会主义思想和习近平总书记考察云南重要讲话精神，动员激励全省各级党组织和广大党员干部，铭记奋斗历程，担当历史使命，汇聚起推动云南高质量发展、全面建设社会主义现代化的磅礴力量。

同日 全省首个中药配方颗粒重点实验室和工程研究中心——云南神威施普瑞药业有限公司中药配方颗粒重点实验室、工程研究中心在楚雄市揭牌。

6月26日 《云南省人民政府关于印发云南省全面推行"证照分离"改革全覆盖进一步激发市场主体发展活力实施方案的通知》发布，指出，力争2022年底前建立健全简约高效、公正透明、宽进严管的行业准营规则。

6月29日 庆祝中国共产党成立100周年"七一勋章"颁授仪式在北京隆重举行。中共中央总书记、国家主席、中央军委主席习近平向张桂梅颁授"七一勋章"。张桂梅在"七一勋章"颁授仪式上发言。

同日 省委常委会召开会议，学习贯彻习近平总书记在"七一勋章"颁授仪式上的重要讲话及近期重要指示精神,传达学习各民主党派中央、无党派人士开展长江生态环境保护民主监督工作启动会精神,听取近期云南省新冠肺炎疫情防控工作情况汇报,研究部署相关工作。会议强调:要学习先进,大力弘扬共产党人的高尚品质和崇高精神;压实责任,坚决打赢疫情防控的人民战争、总体战、阻击战。会议审议并原则同意《2021南亚东南亚国家商品展暨投资贸易洽谈会总体方案》。

同日 云南省庆祝中国共产党成立100周年成就展在云南省博物馆开幕。

6月30日 省委、省政府召开滇池沿岸违规违建整改工作现场会。会议强调,要深入学习贯彻习近平生态文明思想和习近平总书记对滇池保护治理的系列重要指示精神,真正在思想认识、治湖措施、体制机制上扎扎实实来一场"湖泊革命",动真碰硬抓好整改,坚定不移铁腕治湖,以实际行动践行"两个维护"。

同日 《云南省人民政府办公厅关于切实做好防汛减灾救灾工作的紧急通知》发布。

6月 省政府发布关于2020年度科学技术奖励的决定,中国电建集团昆明勘测设计研究院有限公司教授级高级工程师张宗亮获云南省科学技术杰出贡献奖。

7月1日 庆祝中国共产党成立100周年大会在北京天安门广场隆重举行。中共中央总书记、国家主席、中央军委主席习近平发表重要讲话。同日,云南省学习贯彻习近平总书记在庆祝中国共产党成立100周年大会上的重要讲话精神座谈会在昆明举行。会议强调,要深入学习领会习近平总书记在庆祝中国共产党成立100周年大会上的重要讲话精神,迅速兴起学习宣传贯彻讲话精神的热潮,凝聚起推动云南高质量发展的强大动力。

后 记

"纪录小康工程"是党中央交给宣传思想战线的一项重大政治任务，出版丛书是"纪录小康工程"的重要组成部分。

《全面建成小康社会云南大事记》作为省级丛书之一，由中共云南省委宣传部统筹，中共云南省委党史研究室、云南日报报业集团和云南出版集团共同编撰出版。

本书编撰工作，由中共云南省委常委、宣传部部长曾艳同志任组长的"纪录小康工程"丛书领导小组领导指导；中共云南省委宣传部副部长、云南省人民政府新闻办公室主任彭斌，省委宣传部一级巡视员杨安兴牵头负责；云南日报报业集团党委书记、社长何祖坤，云南日报报业集团总编辑田静，省委党史研究室副主任马琳分工组织；云南日报报业集团副总编辑王雪飞，省委宣传部新闻处处长张莹、新闻处二级调研员王松，省委党史研究室三处处长杨伍荣、三处三级调研员端和巧具体负责。

《全面建成小康社会云南大事记》大纲拟定和全书统稿工作由中共云南省委党史研究室负责，参与编写的人员有李正美、李新喜、杨燕、赵妍等同志。

时间是一条流动的长河，记录着小康来时路，记录下一个个山乡巨变、一幅幅锦绣画卷，记录下4700多万云岭儿女与全国人民一道奔赴幸福生活的奋斗史，记录下成就彪炳史册、不畏关山万重的初心与使命。

《全面建成小康社会云南大事记》将时间长河中纵横交错的历史事件、重要会议，将云南经济建设、政治建设、文化建设、社会建设和生态文明建设等一颗颗灿烂华丽的珍珠，连点成线、串珠成链，再现全面建成小康社会路上波澜壮阔的伟大行军，全面呈现了全省各族人民攻坚克难、砥砺前行、乘势而上的小康纪实，讲好全面建成小康社会中的云南故事，同心同向在全面建设社会主义现代化的新征程上续写新的辉煌。

本书编写中主要参考了《中国共产党云南历史第二卷（1950—1978）》《云南改革开放二十年》《中国共产党云南改革开放大事记（1978—2008）》《当代云南大事纪要（1949—1995）》《中国共产党云南历史大事记（2008.12—2016.12）》等书籍，以及《云南日报》等相关报刊。

谭雅竹、殷洁、吴珺等同志辅助参与了本书的编写。殷筱钊、柳文娟、王成、朱海涛、高婧婕、连惠玲、刘蕊等同志做了大量的工作，为本书的出版提供了保障。云南人民出版社杨昆芹同志对本书进行了编辑加工整理。

在此谨对所有给予本书帮助支持的单位和同志表示衷心感谢。

本书编写时间较紧，不足之处，敬请批评指正。

本书编写组
2022年6月